カルロ・ギンズブルグ

ミクロストリアと世界史

歴史家の仕事について

上村忠男編訳

みすず書房

Latitude, Slaves, and the Bible:
An Experiment in Microhistory (2005)

Provincializing the World:
Europeans, Indians, Jews (1704) (2011)

Our Words, and Theirs:
A Reflection on the Historian's Craft, Today (2012)

Le forbici di Warburg (2013)

Inner Dialogues: The Jew as Devil's Advocate (2014)

Microhistory and World History (2015)

Revelacíones involuntarias. Leer la historia a contrapelo (2015)

by

Carlo Ginzburg

序文――日本の読者へ

本書（この形態では他のどの言語にも存在しない）を出版するよう促してくださったのは、上村忠男教授である。かねてよりわたしの仕事に関心を示され、それを日本の読者に提供すべく不断の努力をなさってこられたことにたいして、深く感謝する。上村教授の示唆にしたがって、わたしはここ一〇年間におけるわたしの仕事の支配的なテーマのいくつかを――とりあげた素材こそさまざまであるが――示しているとおもわれる一群の論考を選んだ。もしわたしの判断が間違っていなければ、これらの論考すべてにおいて、経験的研究と方法論的分析とが密接に絡まりあっている。

「方法」という語に接するたびに、わたしは決まって、ジョルジュ・デュメジルの伝えるフランスの有名なシナ学者マルセル・グラネの「方法というのは、人が通り抜けたあとでできる道のことである（la méthode, c'est la voie après qu'on l'a parcourue）」という言葉を想い起こす。ギリシア語の語源が示唆しているように、方法――メタ・ホドス（metà hodòs）――は文字どおりには「道のあと」という意味で、研究のための処方箋のようなものではまったくなく、回顧的な省察のなかから姿を現わす

（あるいは現わすのでなければならない）。回顧的な――しかし、どの段階においてであろうか。「わたしたちの言葉と彼らの言葉」や「無意志的な啓示」のような論考からは、分析の道具を消毒する必要が生じるたびに人の研究がたどる軌道に句読点を打たなければならなくなっていることがわかる。

もし間違っていなければ、この方法論的関心はわたしの仕事をそもそもの出発点以来ずっと支配してきたものだった。わたしが公表した最初の論考「魔術と民衆の信仰心」（一九六一年）は、魔女であるとして告発されたひとりの農婦、キアーラ・シニョリーニにたいする十六世紀の異端裁判に焦点を合わせたものであったが、「キアーラ・シニョリーニのケースは、それの還元不可能な個人的側面にもかかわらず、なんらかの仕方で模範《パラディグマ》的な意義（un significato paradigmatico）をもつことがありうるのである」という文章でもって終わっていた[1]。今日では、「模範《パラディグマ》的」という語を聞けば、ただちにトマス・クーンの「パラダイム」のことが思い浮かぶ。しかし、彼の多大な影響をおよぼすこととなった『科学革命の構造』が出版されたのは、わたしの論考が公表された一年後の一九六二年のことであった。個々のケースとそれらに含まれる一般的な（ときとして範例的な）意味にたいする関心は、すでにそのわたしの最初の研究の核心に存在していたのだった。そして、「緯度、奴隷、聖書――ミクロストリアの一実験」や「世界を地方化する――ヨーロッパ人、インド人、ユダヤ人（一七〇四年）」の読者なら容易に見てとることができるように、それ以来ずっと核心でありつづけてきたのである。ラ・クレキニエールとかピュリといったほとんど無名に近い個人でも、はるかに大規模な現象にかんする省察への道を拓くことがありうる。「ミクロストリアと世界史」（本書の標題にもなっている論考）は、互いに両立不可能であるどころか、相手を強化しあうのだ。
事例研究《ケース・スタディーズ》とそれらの含意へのわたしの深い関心は、多くの学者たちからインスピレーションを得てきた。なかでも最もきわだった人物がアビ・ヴァールブルクだった。「ヴァールブルクの鋏」はわたしが彼の仕事に知的に負っているものにかんしてなにがしかの光を投げかけてくれるだろう。「神は細部に宿る」とヴァールブルクは言っていた。これは「悪魔は細部に潜んでいる」という諺をもじったものである。悪魔ではないまでも、少なくとも悪魔の代言人が、わたしの知的旅における親しい同行者であった。もうひとつの論考「悪魔の代言人としてのユダヤ人」がその理由を説明してくれている。

ボローニャ、二〇一六年六月

カルロ・ギンズブルグ

（1）　Carlo Ginzburg, “Stregoneria e pietà popolare. Note a proposito di un processo modenese del 1519” (1961), in: Id., *Miti emblemi spie. Morfologia e storia* (Torino: Einaudi, 1986), p. 21.〔カルロ・ギンズブルグ「悪魔崇拝と民衆の信仰心」『神話・寓意・徴候』（竹山博英訳、せりか書房、一九八八年）、四三頁〕

目　次

緯度、奴隷、聖書

——ミクロストリアの一実験

わたしの小論はミース・ファン・デル・ローエの有名な言葉、"Less is more"〔より少ないことはより多いことだ〕をモットーに採用してもよかっただろう。より少なく知ることによって、わたしたちの探求の範囲を狭めることによって、わたしたちはより多くのことを理解する希望をもつ。この認知上の移動はカメラのレンズの拡大と圧縮にたとえられてきた[1]。このアプローチをミクロストリアと呼んでもよいのかもしれない。しかし、どんなレッテルを貼ろうと、それらは究極的にはことがらの本質とは無関係である。

1　ミクロストリアへのわたしのアプローチは大部分をエーリヒ・アウエルバッハの仕事から着想を得てきた。その最も創造的な歳月をナチス・ドイツからの亡命地イスタンブールで過ごした偉大なユダヤ人学者である。第二次世界大戦中にイスタンブールで書かれた彼の傑作『ミメーシス』の最後で、アウエルバッハは書いている。「もろもろの戦いの下層で、あるいは戦いをつうじて、いまや経済的・文化的な平均化のプロセスが進行しつつある。地上人類の共通の生活への道はいまなお遠いが、すでにゴールは見えはじめている」と。(2)

それから半世紀後、わたしたちの眼の前で起きつつあるいわゆる「グローバリゼーション」を「経済的な平均化のプロセス」というように描写するのには人は躊躇する。他方、「文化的な平均化」、アウエルバッハが憂慮の念を深くしながら眺めていたもろもろの文化的特殊性の抹消のほうは、疑問の余地のない現実である。もっとも、それを把握するのは容易ではないが。一九五二年に発表されたあるエッセイで、アウエルバッハはゲーテの「世界文学（Weltliteratur）」概念はわたしたちの果てしなく拡大していく視界にはしだいに適応しえなくなってしまったと指摘している。文献学者は単独の文化的伝統からどのようにすればかくも多くの言語、かくも多くの文化的伝統が相互に作用しあっている世界にアプローチすることができるのだろうか。アウエルバッハは、取っかかり点（Ansatzpunkte）、すなわち、グローバルなプロセスをそこから帰納的に再建することのできる具体的な細部を探し求めなければならないと信じていた。(3) 現在進行中の世界の統合化は、とアウエルバッハは『ミメーシス』の結論部分で書いている、「さまざまな人々のランダムな時点における生活を、内面と外面の双方から、なんの先入見もなく、精密に描写するなかで、いまや最も具体的に目に見えるものになる」と。(4)

出発点を蒐集し練りあげるというアウエルバッハの戦略は、彼がそれ以前にマルセル・プルーストとヴァージニア・ウルフの作品のうちに探し当てていた認識モデルにもとづいたものであった。(5)

2　双方のあいだのこの対称性《シンメトリー》についてはあとで立ち戻ることにする。何年か前、別のプロジェクトの仕事をしていたとき、わたしは *Mémoire sur le Pais des Cafres, et la Terre de Nuyts, par raport à l'utilité que la Compagnie des Indes Orientales en pourroit retirer pour son Commerce*（『カフィール人の国とヌイツ・ランドにかんする報告——東インド会社の貿易にとって有益性の観点から考察された』）（アムステルダム、一七一八年）というタイトルの小冊子に出会った。わたしがカリフォルニア大学ロスアンジェルス校のリサーチ・ライブラリーで調べたのは原本の写真複写版で、同じくアムステルダムで一七一八年に出た *Second Mémoire sur le Pais des Cafres, et la Terre de Nuyts*（『カフィール人の国とヌイツ・ランドにかんする第二の報告』）と合本になっていた。二つの小冊子の巻末には著者の名前が明かされている。ジャン＝ピエール・ピュリ（Jean-Pierre Purry）という、わたしがそれまで一度も耳にしたことのない名前であった。二つのテクストを一見して、わたしは即座に興味をそそられた。その理由についてはこれから述べることにするが、こうしていまもなお終結からはほど遠い地点にあるひとつの研究プロジェクトが始まったのだった。この講義は進行中のわたしの仕事にかんする予備的な報告である。

3　ジャン＝ピエール・ピュリは一六七五年ヌーシャテルでカルヴァン派の家族に生まれた。(6) 父のアンリは（その父および祖父と同様）ブリキ職人であったが、ジャン＝ピエールが一歳のときに死んだ。翌年、アンリの未亡人マリ・エルスレルは裕福なルイ・ケンシュと再婚することによって彼女の運命を改善させた。十代後半にジャン゠ピエールはヌーシャテル近郊の小さな町ブードリの収税人（receveur）に指名される。が、一年後、理由はわからないが、そのポストを辞する。一六九五年九月二十六日、ジャン゠ピエールはセリエールの牧師シャルル・シャイエの娘リュクレース・シャイエと結婚。一六九六年と一七一〇年のあいだに八人の子どもが生まれるが、うち四人は幼くして亡くなっている。(7) 一七〇九年、ジャン゠ピエールはリニエールの市長に任命される。(8) しかし二年後、市長職を辞することを余儀なくされて、彼の早咲きの政治的キャリアは突然終わりを迎える。火事で彼の家屋が消失し、イングランドに輸出する予定であった二年もののワインが被害を受けて、破産に追いこまれたのだった。

二〇〇〇年ものあいだヌーシャテル湖を取り囲む斜面はぶどう畑で覆われていたことからして、ジャン゠ピエールがワイン貿易にかかわるようになったこと自体は驚くべきことではない。また危機のあいだ彼が彼および彼の妻の親族から支援を受けたことも驚くに値しない。そして結局のところ、三度の結婚がピュリ家をシャイエ家に結びつけることになったのだった。(9) ただ、あとから振り返ってみると、これらの事件は注目すべき特異性を帯びていることがわかる。あるひとつの運命をくっきりと描き出しているのだ。ジャン゠ピエール・ピュリの人生はそれ自体、ワイン、イングランド、そして大失敗となって終わることとなる大きな危険を冒すことも厭わない性向が決定的な星をなしていたひとつの星座系のもとで展開されることとなるのだった。

4　リニエールの住民が彼らの市長が辞職したことを知らされたときには、ピュリはすでに生地をあとにしてはるかに広い世界へと旅立っていた。[10] 一七一三年五月二十六日、彼は東南アジアにおけるオランダの経済的・政治的膨張の道具であったオランダ東インド会社の所有する船に伍長として乗りこんだ。七〇人の水兵のリーダーとしての立場のなかでピュリはオランダ語の知識をある程度習得したにちがいない。船はケープタウンに停泊したあと、一七一四年二月二日にバタヴィアに到着した。ピュリはそこで四年間を過ごし、オランダ東インド会社の職員として働いたのち、一七一七年十二月十一日にバタヴィアを離れ、計理士としてふたたび船に乗りこんだ。そして船はいつものとおりケープタウンに停泊したのち、一七一八年七月十七日にオランダに到着した。[11]

これらの事実データがコンテクストとなって、わたしの出発点となったテクスト、ピュリの二篇の『カフィール人の国とヌイツ・ランドにかんする報告』は書かれたのだった。これらのテクストをより詳しく見てみることにしよう。

5　オランダ東インド会社を主導していた一七人会議に宛てて提出された最初のパンフレットのなかで、ピュリは会社の総督にカフィール人の国（今日の南アフリカ）か、それともヌイツ・ランド（今日のオーストラリア西海岸部）のいずれかを植民地化するよう説得しようと努めていた。[12] 一七一八年九月一日の日付をもつ、ヨーロッパに帰ってしばらくして書かれた第二の『報告』のなかでは、ピュリは彼の所見に反対する者たちの異議に答えるとともに、ヌイツ・ランドの植民地化のほうを力をこめて進言している。

ピュリのプロジェクトは気候・風土についての理論に根ざしたものであって、それを彼は最初の『報告』のなかで長々と説明している。彼は「温暖」とか「寒冷」といったレッテルを漠然としすぎているという理由で拒絶する。またフランスが地理学上、温暖地帯の真ん中、北緯四二度と五一度のあいだに位置することに浴びせられた標準的な讃辞をばかげているとして拒絶する。北緯五一度で生長したぶどうの木はとても飲めたものではないワインしか産み出さないというのだ。世界中で最適の気候は緯度で三三度の地帯に見いだされるとのことである。

ピュリの理論はワインで知られる地方に生まれた元ワイン商人の理論であった。だが、一見したところでは皮相な彼の指摘には、もっと込みいった意味合いが含まれていた。彼は緯度で三〇度と三六度のあいだに位置する国のリストを提供している。バーバリー〔アフリカ北部地方〕、シリア、カルデア、キプロス、ペルシア、モンゴル、「シナの中央部」、日本。しかし、なかでも三三度に近い国が「肥沃さにおいて他の国々をはるかに凌駕している」。これはカナンの地においてすら確認できることであって、それを構成している地方のうちでもガリラヤが最も美味なワインができる地方のひとつなのである[13]」。

論述のついでになされたこの控え目な暗示（「すら」）は、「民数記」一三に決定的なかたちでの言及をしたものであった。それはピュリの論拠に突然のねじりを与えている。そこで、ピュリが第二の『報告』（二六―二七）で全文を引用しているその聖書の言及箇所の意味するところを明らかにしておくことにしよう。

6

「そして主はモーセに言われた、わたしがイスラエルの人々に与えようとしているカナンの土地を偵察させなさい、と」。モーセは主の命令に従って、イスラエルのそれぞれの部族から一名ずつ「カナンの土地の偵察に」遣わせた。そして偵察に遣わすにあたって、「彼らに言った、この道を南のほうへ上り、さらに山を登っていって、その土地がどんなところか調べてくるがよい、[…]そしてその土地の果物を採ってくるがよい、と。それはちょうど、ぶどうの熟す時期であった」。偵察隊はヘブロンに到着し、それから「エシュコルの谷に降りていって、一房のぶどうの付いた枝を切り取り、棒に下げて二人で担いだ」(「民数記」一三・一―二、一七―一八、二三)。

ここでもまた、ぶどうの木とワインだ。棒にぶらさげて二人の男が担ぐ巨大な一房のぶどうは、約束の地の尋常ならざる豊かさを象徴していた。カナンへの言及のおかげで、ピュリのプロジェクトの隠された核心が明らかとなる[14]。彼の二篇の『報告』のうちには、二つの基礎的なタイプの引用が存在している。一方では、旧約聖書への一七回の言及(および二回の暗々裡の示唆)とコリント人へのパウロの第一書簡からの一度の引用。そして他方では、彼の同時代人による地理学的および歴史的説明への一五回におよぶ言及。しかし、聖書への言及は世俗的なことがらについて述べたくだりの意味するところを解く鍵を提供している。なによりもまず、完全な緯度は約束の地の緯度なのだった。ピュリの植民地計画は聖書における出エジプトの記述に依拠していたのである。もっとも、彼の聖書読解は、これから見ることになるように、たとえば、北半球においても南半球においても三三度を完全な緯度と見ることを彼に許容するほど柔軟なものではあったが。

7 出エジプトの物語がおよぼした長期にわたる影響力のことはよく知られている。何年も前のことであるが、マイケル・ウォルツァーは、イスラエルの子たちの隷従から自由への、エジプトから約束の地への旅は、何世紀にもわたる時間の経過のなかでメシア的意味合いを剝奪されたひとつの革命モデルを準備してきた、と論じたことがあった。そしてウォルツァーがゲルショム・ショーレムの主張を復唱して指摘しているところによると、それは近代のシオニズム運動にインスピレーションを与えているという。[15] しかし、それらの革命的解釈は出エジプト物語のうち、征服、つまりは約束の地に住んでいたカナンの民にたいする戦争という部分を無視していることをウォルツァーは認める。シオニスト右翼の提供する出エジプトの読み方を拒絶することによって、ウォルツァーは暗々裡に「土地なき民［ユダヤ人］が民なき土地［パレスティナ］を見いだした」というリベラル派シオニストのモットーと連携することとなっている。この読解のもとでは、カナンの民は沈黙したまま聖書の物語から消し去られている。同様にして、パレスティナ人はイスラエル史の公式版から括弧にくくって締め出されてきた。そしてこのことによってイスラエル史の公式版はここのところイスラエルの歴史家たちの若い世代の批判の標的となってきたのだった。[16] より一般的な解釈学のレヴェルでは、二つの問いが頭に思い浮かぶ。第一、カナンの征服をたんにその征服が現代の政治的論争のなかで象徴的に利用されてきたやり方が気にくわないという理由だけで聖書の物語から締め出してしまうことは許されるのだろうか。第二、そのような締め出しは、聖書の物語の意味はそれについてのもろもろの解釈の範囲と最終的に合致するという、（これもまたショーレムに由来しており、たしかに議論へと開かれている）ウォルツァーの原理と両立しうるのだろうか。[17]

ピュリは暗々裡にカナンの民とイスラエルの子らによって彼らにしかけられた戦争の双方を聖書の物語にとって決定的な意味をもつ特徴とみなしていた。彼の読解のなかでは、約束の地への旅はヨーロッパによる世界征服のモデルであるとともにそれを正当化するものでもあったのだ。[18]

8

ピュリはオランダ東インド会社に南アフリカかオーストラリアのどちらかに移民を送るよう説得に努めていた。しかし、その地域に移民しそうなヨーロッパ人の数が相対的に少なかったため、彼は別案を考え出した。「人が働き手を見いだすことすらできないときには、奴隷に土地を耕させることができる。ローマ人は自分たちの土地をそれ以外の方法では耕していなかった」というわけである。[19]

なぜピュリは奴隷制を正当化するにあたって、いつものように旧約聖書から引用するのではなくて、世俗の先例を持ち出したのだろうか。ノアが自分の裸を見たハムの子らにかけた呪いが奴隷制を生まれつきの焼き印に結びつけているようにみえたためであろうか。[20] ピュリの態度は異なっていた。奴隷には限られた学習能力しかないという考えを彼は却下する。ジャワでは男女の奴隷が仕立て屋、大工、靴職人として働いているのを彼は見てきた。結婚式のときには彼らは楽器を演奏したし、また舞踊も得意だった。それらは「習慣と持続的な実践の結果以外のなにものでもない。だから、なぜ奴隷には農業の知識を学ぶ能力がないと言わなければならないのか、わたしにはその理由がわからないのである」。すると、ここにいたってひとりの想像上の反対者が重大な異議を差し挟む。「この場合には正義と衡平が、われわれがヌイッツ・ランドに居を定めて、そこに数千年ものあいだ父祖代々住んできた人々に損害を与えるのを禁止するであろうし、またこれまでなんらの危害もわれわれに加えたことのない彼ら土地の住民を追い立てることも禁止するであろうとの異議が出るだろう(21)」。

9 ここにはヨーロッパ人による植民地化そのものへの驚くべき、そしてまったくもって率直な異議申し立てが存在する。これにさらに驚くべき反駁がつづく。ヨーロッパによる植民地化にかんしては二つの理由から不正義は存在しない、とピュリは答える。第一には、「大地はそのすべての所有権が永遠に神に属する。そしてわれわれはそれの使用権しかもたない。それは一家の父が皿を彼の息子や召使いの前に並べさせるのと似ている。父はめいめいに取り分を割り当てることはしない。めいめいが正直に自分のためにつかみとるだけの分が彼のものとなるのである。もっとも、その前には彼は他の者たちよりも大きな権利をもっていたわけではなかったし、他の者たちのほうが彼に食べ物のあれこれの部分をとる許可を与えたわけでもなかったのだったが(22)」。

大きな一家が食卓の周りに集まっていて、子どもらや召使いたちが陽気に自分たちの食べる分をつかみとろうとしている。この家父長的な光景は、ピュリが引用している「レビ記」二五・二三のくだり、「土地を売らねばならないときにも、それを買い戻す権利を放棄してはならない。土地はわたし

〔主＝神〕のものであり、おまえたちはわたしの土地に寄留し滞在する者にすぎないのだから」にかんする暗々裡のコメントであった。

最近になってようやく気づいたのだが、ピュリの言葉は別のテクストからも影響を受けていた。ジョン・ロックの『統治論』第二篇がそれである。「はじめは全世界がアメリカであった」とロックは書いている。「神は世界を人間に共有物として与えた」。しかし、所有権は労働にもとづいているので正当な権利であった。そうではなくて、とロックは論じている、「共有で与えられたものの一部をある人が占有するためには、すべての共有権者の明白な同意が必要だというなら、父親や主人から共有のものとして肉を与えられても、子どもらや召使いたちは、すべての人にそれぞれ割り当てをしてからでなければ、肉を切ることもできないだろう」と。ピュリはロックの『統治論』第二篇を英語の第一版が出た翌々年の一六九一年にアムステルダムで出版され、その後たびたび再版されたダヴィド・マゼルのフランス語訳で読んでいたに相違ない[23]。

ピュリはロックの省察に独自の捩れを与える。「すべての人間が」とピュリは続けている、「彼らにこの共通にもたれている権利を与えてそれを行使できるようにしようという創造主の意図のおかげで、世界のもろもろの財富にたいして生まれつき同じ権利を所有しているのだから、ただたんに所有しているというだけで、たとえそれが何千年も前からのものであろうとも、それを特権的にだれか一人の他の者たちにたいする権利主張の根拠にするというのは、彼らの同意がなくては、すなわち、その件にかんして彼らが彼らのあいだでつくりあげた意見のなんらかの一致がなくては、およそ考えられないことである。そして各人が必要としているものだけを自分のものにしているかぎり、他の者たちの権利を侵害してはいないのであり、ひるがえって他の者たちのほうでは、やろうとおもえば、なんらかの仕方で最初に占有した者の特権を主張することができるのである」[24]。

ピュリはひとつの暗々裡の問いに答えているのだった。ヨーロッパ人による世界の征服は法的に正当化されるのだろうか、という問いがそれである。そのような問いを提起すること自体が、すでに疑いとまでは言わないとしても距離をとることを含意していた。ピュリは彼の回答を聖書のくだりから引き出した自然法の用語を使って表明している。もっとも、この点については、反対に、ロックの『統治論』第二篇からインスピレーションを得た自然法概念がピュリの聖書読解にインスピレーションを与えているのだと論じることもできないわけではない[25]。「互いに完全に自然状態に」いる「アメリカの森林でスイス人とインディアンを」結びつける人間のきずなについて言及したロックのくだり[26]は、スイス人のピュリに格別訴えかけるものがあったにちがいない。神の前では位階秩序は存在していない。そしてどの人間も大地を使用する同じ権利をもっている。その土地土地でのきずなは神に訴えることによって無化される。古代の場合、何千年も昔からの伝統に根ざす権利の主張には、なんらの効力もない。所有権を永遠に保持することはできないのであって、現在だけが計算に入れられるにすぎない。大地は食べもののようなものであって、原則的にはだれでもその分け前にあずかる権利があるが、上からの指図で分配されることはないだろう。そして事実としても分配がなされることはまったくないだろう。分け前を要求するにあたって、神の子らはもちろん「公平に」ふるまわなくてはならないが、「他の者たちの権利」への言及は兄弟的な関係を示唆したものではない。「他の者たちの権利」は万人を統治するひとつの法に言及したものである。そして聖書の「寄留者」という言葉は人間と神のあいだの関係だけでなく、厳密には人間同士の関係をも定義している。人はだれでも他人にとって寄留者なのだ。この共通に分かちもたれている条件は、ピュリのグローバルな展望のもとでは、「出エジプト記」二三・九を活気づけている「おまえは寄留者を虐げてはならない。おまえたちは寄留者の気持ちを知っている。おまえたちはエジプトの国で寄留者であったのだから」という同情の感情を誘い出すことにはなっていない。「ひるがえって他の者たちのほうでは、やろうとおもえば、なんらかの仕方で最初に占有した者の特権を主張することができる」ときには、どの個人も暗黙のうちに「あれこれの部分をとる」権利をさずけられているときには、自然法は相互略奪の法に転化する（とわたしたちは結論してもかまわないようである）。力が法になる。この時点で、ピュリの第二の公理、そして道徳性が導入される。

「野蛮で粗野な人々はなによりも怠惰な生活を好む。そして［…］ある国民が単純で野卑であればあるほど、それだけいっそう労働に就こうとする度合いは小さい。これにたいして、物が豊かで娯楽に満ちた生活には多量の気遣いと心労がともなう。くわえて、この種の野蛮で怠惰な人々の住む国々では人口が稠密であることはけっしてない。このようなわけで、立派なヨーロッパ植民地《コロニー》を建設することはヌイツ・ランドの住民たちに危害を加えたり、彼らに取って代わったりすることになるどころか、彼らに文明化された生活を与え、もろもろの技芸と学問を彼らに教えることによって、彼らにあらゆる種類の利益と便宜を提供することとなると信じてよいだけの理由が十分にあるのである」[27]。

わたしたちは一連の重なりあった、申し立てによると自明の対立項に直面させられている。文明化された生活と野蛮な生活、勤勉と怠惰、物の豊かさと不足、等々。「立派なヨーロッパ植民地」の建設は野蛮人たちを彼らの罪深い怠惰から救い出し、彼らのために「文明化された生活」を提供することになるだろう。[28] ヨーロッパ人によってもたらされる変化は、とピュリは書いている、「人が優しくふるまい、彼らを野卑でまったく無知ではあるが、それでもわれわれと同じように人間社会の構成員である可哀想な被造物とみなすかぎり」、道徳的でだれにとっても有益であったことだろう、と。[29]

アメリカ・インディアンをまるで獣であるかのようにあつかっていたスペイン人とポルトガル人は冷酷無情で野蛮であるとして軽蔑されていたとピュリは指摘している。これとは逆に、自分の植民地計画は「[現地の]住民たちに苦痛を与えたり、あるいはなんらかの不正義をはたらいたりすることなく」遂行されうるだろう。「これらの利益はなんらの良心の呵責をもけっしてもたらすことがなく、また人が誠実な人間にしてキリスト教徒としての資質にいささかも損害を与えることなく得ることのできるものであって、わが光栄ある会社に真にふさわしいものである」[30]。

この種の道徳的理由づけを貪欲な本性を覆い隠した仮面であるとかまったくの嘘であるとして片づけてしまうのは、単純に過ぎるだろう。ピュリが良心の呵責をなんとかして払拭しようと努力していることは、それ自体意義深いことである。ヨーロッパ人による植民地化は、この場面やいくつかの環境のもとでは、やましい心を生み出すことも十分にありえた。そしてその感情は道徳性、文明化、利益の名において沈黙させられていたのだった。どの人間も神の前では平等であり、等しく文明化に従うべく定められているという自然法にもとづいた議論は、長い目で見たなら、さまざまな種類の反奴隷制と反植民地主義の運動に寄与することだろう。だが、そのようなことが起きる前には、それはヨーロッパ人による植民地化を正当化するためのよく練りあげられた理論として奉仕することになるだろう。

10　ジャン゠ピエール・ピュリは大洋を渡航することに慣れていた。彼はヨーロッパに生まれ、何年間かをアジアで過ごし、アフリカを訪れ、そして空しくもニュー・オランド——今日のオーストラリア——の植民地化を擁護したのち、北アメリカで生涯を終えた。ピュリは地球を一個の全体として見ることができた。彼以前にこれほどグローバルで包括的な見方を所有していた人間は多くはいない。また自分たちが見たものやそれについて考えたことを文章化する機会や能力に恵まれた者はさらに少ない。どのようにしてピュリはこのことを成し遂げたのだろうか。

彼がかなり教養のある人物であったことは明らかである一方で、彼の受けた教育の背景についてはは知られていない(31)。なによりもまず、ピュリは聖書とともに考えていた。これは彼が彼以前および彼以後の無数の個人と分かちもっていた経験である(32)。聖書は彼に言葉、論拠、物語を与えた。そして彼は言葉、経験、出来事を聖書に投射した。そのほかの本は彼に聖書を読むさいの媒体となるレンズを提供したのであり、またその逆でもあった。

二、三の例を見てみよう。南アフリカに大規模な植民地《コロニー》を建設しようというピュリのプランにたいして異議が提出されたとき、彼はそれらの異議をさも軽蔑しきったような口調で拒絶している。「なぜなら、人々には自分の親しく付き合っている者たちや友人や親類縁者を見棄てる決心をする能力がないなどといった言明は、人が頭のなかにとりこんでいる愚かな妄想にすぎないからである」[33]。

この主張を立証するためにピュリは二つのまったく異なる集団を同時に呼び出している。カナダに移民したフランス人とイスラエルの子らである。前者は後悔の念とともに「彼らの生地でのメロンの香りやヤマウズラの芳ばしい匂いやほかにも生活を悦ばしいものにしてくれる多くのもの」について語っていた[34]。そして後者はモーセとアロンに向かって不平を述べたてていた。「われわれはエジプトの国で主の手にかかって死んだほうがましだった。あのときは肉のたくさん入った鍋の前に座り、パンを腹いっぱい食べられた。ところが、あなたたちはわれわれをこの荒れ野に連れ出し、この全会衆を飢え死にさせようとしている」と(「出エジプト記」一六・三)。

ピュリは人々のそのような実際的態度にはっきりと共鳴している。「ほかにも生活を悦ばしいものにしてくれる多くのもの」への一見したかぎりでは話のついでに口をついて出たようにみえる言及は、あらゆる種類の禁欲主義にたいする根深い敵意から飛び出してきたものであった。彼にとっては、文明とは物が豊富にあることを意味していた。しかし、ここでひとつの矛盾が彼の心のなかに出現する。一方では、豊かさは勤勉とつらい労働をつうじてのみ得ることができると彼は主張する。しかし他方では、彼はなんの苦労をしなくても豊かさが湧き出ている土地についての古い神話に賛同している。

「よい国」と言うとき、人々はなにを言おうとしていたのだろうか、とピュリは理想的な緯度についての議論の途中で問うている。そしてつぎのような彼自身の回答を与えている。「わたしにかんして言えば、よい国とはミルクや蜜だけでなく、総じて、われわれの官能に訴えるところがあり、われわれの生活を歓びで満たすあらゆるものがふんだんにある国のことだと理解している。生活に必要なものをすべて、ほとんど働かなくても容易に安価で産み出す、肥沃なコカーニュと御馳走の国。これが、わたしの貧しい概念によって簡潔に表現するならば、よい国なのである[35]」。

しかし、ピュリの反禁欲主義は、コカーニュの国〔ヨーロッパ中世の伝説にある、ケーキでできた家々が建っている夢の楽園〕への言及が示唆しているようにみえるかもしれないような、貧しい農民のユートピアのなごりではなかった。ピュリの『報告』で引用されている著者のなかには、フランソワ・ベルニエとウィリアム・テンプル卿の名前が出てくる。前者はモンペリエ大学の医学教授で、哲学者であり、旅行家でもあった。後者は政治家でエッセイスト、そしてジョナサン・スウィフトのパトロンであった。テンプルもベルニエも（二人は知り合いであった[36]）、ともに異教徒の哲学者エピクロスの再評価の動きに寄与していた。十七世紀なかばにピエール・ガッサンディによって開始されたヨーロッパ思想史上の大事件である。エピクロスの快楽礼讃を踏襲して、テンプルは彼のエッセイ「エピクロスの庭園について」（一六八五年）のなかで文明を有益なことにも野心と貪欲に支配された社会の形態として描いている。よく知られているようにバーナード・デ・マンデヴィルの『蜂の寓話』のなかで展開されることとなる、距離を置いたところからの、アイロニカルな描写である。テンプルのエッセイはピュリに大きな影響を与えた。

「あらゆる種類の最良の果実を産み出すための最適の気候は［…］緯度にして約二五度から約三五度であるようだ」というテンプルの指摘[37]について思いをめぐらせているピュリの姿が思い浮かぶ。ピュリが聖書をテンプルのエッセイと地理学的著作のフィルターをとおして読んだことが、完全な緯度は三三度であるという彼の理論の定式化へと彼を導いていったのだった。

11

ピュリの計画案はオランダ東インド会社の経営者たちによって検討され、一七一九年四月十七日、最終的に斥けられた。[38] しかし、これは驚くべきことではない。会社は植民地化よりも貿易のほうを優先したのだった。それよりも驚かされるのは、その直後、どういう事情があったのかはわからないが、ピュリはフランス「インド会社」〔通称「ミシシッピ会社」〕の理事長になったという事実である。[39] 一七二〇年には彼はパリにいて、スコットランド出身の財政家ジョン・ローと彼の「システム」〔具体的には、フランス領ルイジアナのミシシッピ開発の成功を担保にした不換紙幣の発行を指す〕によって産み出された財政的一大騒動のなかに頭のてっぺんまで浸りっきりになっていた。ピュリはバタヴィアで当初少しばかり成功して稼いだ金を投資する。[40] ある友人の話によると、ピュリは「ここではだれもが百万長者の話で持ちきりだ。ぼくもいつか二、三〇〇〇万の金持ちになるだろうから、資産を売却して換金しようとおもう」と言って、断固決心し、一か八かの賭けに出たのだという。[41] しかしミシシッピ・バブルははじけ、ピュリはすべてを失ってしまう。

それでも彼は彼の理論も彼の計画も断念することはなかった。一七二四年六月六日、彼はホレイショ・ウォルポールに手紙を書いてニューキャッスルの公爵を紹介してくれるよう求める。するとウォルポールは翌日、ただちに要請に応じる。[42]同じ年にロンドンで公刊された公爵に宛てた報告のなかで、ピュリは数百人のスイスのプロテスタントたちによるサウス・カロライナの植民地化を提案している。南半球での計画が挫折したピュリは北緯三三度に彼の焦点を移したのだった。

彼の最初のアメリカ探検旅行は失敗に終わる。そしてピュリは無一文になって彼の故郷の町に舞い戻る。[43]彼は彼の一族によってヌーシャテルからほど遠くない山の農場に幽閉される。そこからピュリは彼の異母兄弟たちにへりくだった手紙を送って、便箋やタバコなどちっぽけな出費のために金を要求している。しかし、ここでも、彼は彼のアメリカ計画に言及するのを抑えることができない。[44]ピュリは惨めな現在と壮大な未来への期待のあいだで宙づりになりながら何年間かを過ごしていたにちがいない。するとそのとき、なにごとかが起きる。ついに公式のパトロンが現われたのだ。一七三一年三月十日、ジョージ二世は勅許状に署名し、英国陸軍大佐ジャン゠ピエール・ピュリにサウス・カロライナに都市を建設してピュリスバーグと名づけることを認可する。ピュリが提案していたとおり、そこにはスイスのプロテスタントたちが入植することになった。[45]

ピュリがしかけた広告宣伝活動が彼の植民地《コロニー》へ移民が流れこむのに寄与したにちがいなかった。サウス・カロライナにかんするピュリの詳細な記述はスイスで出版され、ドイツ語と英語に翻訳された。[46]一七三二年に出版された彼のパンフレットの第二版に付けられている「注解」のなかで、ピュリは新しく到着した入植者たちの不平不満に応答している。たとえば、だれか入植した地域の気候について不満をもらす者がいた。すると、機会があればいつも緯度についての自分の理論を吹聴したがっていたピュリは、さも驚いたような口ぶりで言い返すのだった、「カロライナ地方がヨーロッパ人、とりわけスイス人にとっては暑すぎると言うのは、シリア、あるいはかつてカナンの地として知られていた地方について不満を口にするのと同じくらいばかげている」と。(47)

モーセ(彼のお気に入りだったとおもわれるメタファー)と同じく、ジャン＝ピエール・ピュリは産業革命の約束の地を見ることを許されなかった。彼は自分の名前の付いた町で一七三六年八月十八日に死んだ。(48) 町自体もその後衰退し、最終的に消滅してしまった。ジャン＝ピエールの長男のシャルルは、一七五四年に奴隷の反乱で殺害された。ヨーロッパにとどまっていたもう一人の息子のダヴィドは大富豪になった。そして一七八六年に死去したとき、彼は自分の金を——その一部はブラジルとの奴隷貿易をつうじて得られたものだったが——ヌーシャテルの貧民に遺贈した。ヌーシャテルの中央広場の真ん中に彼の銅像が設置されていて、彼の名前が刻まれている。

12　ジャン＝ピエール・ピュリの色彩ゆたかな生涯はたしかに詳細な復元に値する。人は彼についての物語を、それもよい物語を語ることもできるだろう。しかし、わたしのプロジェクトの目的はそれとは別のところにある。調査研究の当初から、わたしはつぎの問いに答えようと努めてきた。すなわち、個別の事例《ケース》も、深く探査したなら、理論的に意味のあるものになることができるのではないか、という問いがそれである。

最初にピュリの二篇の『報告』を見たとき、わたしはすぐさまマックス・ヴェーバーの『プロテスタンティズムの倫理と資本主義の精神』のことを考えた。最初一九〇四—五年に公表されたこの有名な論考で、ヴェーバーは彼が「世俗内禁欲（innerweltliche Askese）」と呼ぶ、カルヴィニズムとそのピューリタンたちのあいだでの展開によって活力を得た態度の出現が、経済活動を合理的コントロールのもとに従わせることによって資本主義の出現において決定的な役割を演じたと論じた。[49] それ以来議論の的になってきたヴェーバーのテーゼは、変化の行為主としての企業家に焦点を絞っており、召命（Beruf）のような宗教的概念の心理的インパクトを強調している。しかし、指摘されてきたように、プロテスタンティズムの思想の影響を受けた企業家は、驚くべきことにも、ヴェーバーの論考には姿を現わさない。ヴェーバーがその省察を繰り返し引用しているベンジャミン・フランクリンは遅れてやってきた、それもどちらかといえば世俗化されたケースである。[50] これにたいして、ジャン＝ピエール・ピュリはヴェーバーのテーゼを完璧に例示した人物であるようにみえる。じっさいにも、彼はカルヴァン派の企業家で、プロテスタンティズムの大義に全面的に関与しており、自分の植民地化計画を論じるために幅広く聖書を引用し、カナンの地に中心を定めた地理学的理論にしたがって自分の人生を形づくっているではないか。しかし、わたしの調査研究が実際に始まるやいなや、その目的はそれほど自明のことではなくなっていったのだった。

ただちに気づいたことだが、ヴェーバーの議論を立証したり反証したりするというのは、そもそも的外れのことなのだった。一方では、ヴェーバーはけっして彼のケースを「すべてのスワンは黒い」といったような明快ではっきりと反証できる言明として論じているわけではなかった。白いスワン、カルヴァン派ではない企業家は、いうまでもないことながらヴェーバーの議論になんらの影響も及ぼしてはいないのである。他方では、ピュリのようなカルヴァン派の企業家は、けっしてヴェーバーのような議論を立証することはできなかった。ヴェーバーの議論はひとつの抽象的な理念型のかたちをとって定式化されていたからである。ヴェーバーが繰り返し強調しているように、「理念型（Ideal-typen）のかたちで語るということ」は「ある意味では」「歴史的現実に暴力をはたらく」ことを意味している。[51] プラトンのイデアと同じく、理念型はもろもろの矛盾から免除されている。[52] ヴェーバーの定義によると、「歴史的個体［というのは］、われわれが歴史的現実における諸関連をその文化的意味の観点から概念的に組み合わせてひとつの全体にしたものである」。[53] 人間はもちろんもっと予測不可能な、矛盾したと言ってもよいほどの存在である。ジャン＝ピエール・ピュリと理念型的なカルヴァン派の企業家とのあいだのギャップは、もともとヴェーバーの公準の一部をなしているのである。しかしヴェーバー自身は、理念型の構築はたえず経験的調査研究のテストにかけられなければならない、と繰り返し主張していた。ピュリの場合にもとづくテストの結果はどのようなものでありうるのだろうか。

わたしがすでに述べた収斂点とならんで、同じく明々白々ないくつかの相違点も浮上してくる。ピュリの反禁欲主義、そして彼自身の聖書読解、とりわけ出エジプトの物語にもとづく、ヨーロッパの世界征服の（奴隷制と力の行使をふくむ）正当化がそれである。第二の点は、ヴェーバーの『プロテスタンティズムの倫理と資本主義の精神』の起源と意味にいくばくか興味深い光を投げかける。多くの読者はそれをマルクス主義に反対する議論であるとみなした。資本主義に経済的な理由づけではなくて宗教的な理由づけをおこなったものと受けとってきたのだった。しかし、このような受けとめ方にたいしては、ヴェーバーは強く異議を申し立てている。自分の目的は「文化と歴史についての一面的な唯物論的因果的解釈に代えて同じく一面的な唯心論的解釈を定立する」ことではなかったというのだ。[54] ヴェーバーのマルクスとの論争的な関係は、じつのところ、通常そうと信じられているよりもずっと微妙で接近したものであった。ヴェーバーの『プロテスタンティズムの倫理と資本主義の精神』はマルクスの『資本論』第二四章の「本源的蓄積の秘密」とともに始まるセクションに反対して書かれただけでなく、そのセクションといっしょになっても書かれたのであり、そのくだりのいくつかを集めなおしてひっくり返したものであった、とわたしは論じたい。[55]

マルクスの議論はつぎのような文章によって開始される。「この本源的蓄積が経済学において演じている役割は、原罪が神学において演じている役割とほぼ同じである」。この「神学的」ヴァージョンによると、「昔々、一方には勤勉で悧巧で、とりわけ倹約に努める選ばれた者たちがおり、他方には自分のもっているすべてのものを、またそれ以上を浪費する、怠惰なごろつきどもがいた」という。ところが「現実の歴史においては」とマルクスは続けている、「よく知られているように、征服、隷従化、強奪、殺人、要するに暴力が、最も大きな役割を演じている」と。[56]

ある意味では、ヴェーバーは本源的蓄積の「神学的」解釈を支持するための精妙な論証の枠組みを意識して練りあげたのだった。一方では、彼は資本主義的倫理において禁欲的倹約の演じている役割を強調する。その一方では、彼は資本主義的冒険家と純粋の資本主義的企業家とのあいだに確固とした境界線を引く。資本主義的冒険家はあらゆる種類の社会に「どこでも存在していた」[57]。これは「海外政策では彼らは植民地的企業家として、奴隷ないしは直接・間接に強制された労働を使用する植民者として機能してきた」という注解[58]とは両立しがたい奇妙な指摘である。最後の点は決定的であった。ヴェーバーの見方によれば、純粋の資本主義的企業家は強制とはなんの関係もないのだった[59]。

これにたいして、マルクスは本源的蓄積の過程では植民地が役割を演じていると指摘する。「ヨーロッパにおける賃金労働者の隠蔽された奴隷制は、新世界における無条件の奴隷制を脚台として必要としたのだった」[60]。プランテーション植民地における原住民のおぞましい取り扱い方に読者の注意を喚起したのち、マルクスは「本来の植民地においても、本源的蓄積のキリスト教的性格は裏切られることはなかった」と記している。そしてこの主張を裏づけるべく、つぎのような例示がなされている。「一七〇三年、かの謹厳なプロテスタンティズムの代表者、ニューイングランドの清教徒《ピューリタン》たちは、彼らの州議会の決議によって、インディアンの頭蓋皮一枚および捕虜一人につき四〇ポンドの賞金を懸けた」。そして一七四四年には、「一二歳以上の男の頭蓋皮一枚に新通貨で一〇〇ポンド、男の捕虜に一〇五ポンド、女と子どもの捕虜に五五ポンド、女と子どもの頭蓋皮に五〇ポンド」の賞金を懸けた[61]。

このような冷淡な形式張った几帳面さを「本源的蓄積のキリスト教的性格」と銘打つというのはいかにも皮肉屋のマルクスらしい仕草である。同じような仕方でマルクスはエリザベス朝イングランドに無慈悲で形式張った救貧法が導入された経緯を描写するにあたって「プロテスタンティズムの「精神」[62]を引き合いに出している。これにひきかえ、ヴェーバーが「資本主義の精神」という語を使うときには（これは「どこかもったいぶった言い回し」であると彼は認めている）、いささかもアイロニーの痕跡はない。本源的蓄積のキリスト教的（より特殊的にはカルヴィニズム的）性格を論証しようとする彼のこころみは真面目そのものである。マルクスの激越な批評はひっくり返されて、ヴェーバーの論考の出発点になっている。しかし、ヴェーバーが「厳密な計算[63]」を合理的な資本主義組織の特性として称賛するとき、彼はたぶんアメリカ・インディアンについてのピューリタン的計算のことを想い起こしてはいなかったのだった。

ヴェーバーが『プロテスタンティズムの倫理と資本主義の精神』において資本主義の初期の歴史から暴力を故意に抹消しながら提出したモデルは、マルクスのそれよりも大きく劣っている。その一方で、ヴェーバーが宗教の影響を受けた行為主たちの演じた役割に焦点を絞ったのはたしかに正しかった。これはマルクスがなおざりにしていた決定的な論点である。だが、それはどんな種類の行為主だったのだろうか。ピュリ、怠惰で文明化されていない現地民たちを豊かさの王国に連れていくためには強制力が必要であると主張していたプロテスタントの企業家は、ヴェーバーの理念型とは両立しない。もしわたしがまちがっていなければ、ピュリの事例《ケース》は現代の二人の最も影響力のある社会思想家のそれぞれの強みと弱みをひとつの鋭く焦点を絞った予想外の角度から比較しながら考察しなおすことをわたしたちに要求しているのである。

13 ミクロストリアへのわたしのアプローチは、人々がそれまで無意味で取るに足りないとみなしてきたいくつかの手がかりにもとづく文学作品や絵画作品の解釈を発展させたエーリヒ・アウエルバッハ（彼については冒頭で言及した）のような学者たちの仕事に多くを負っている。ミクロストリアのこのヴァージョンは、社会科学とその方法の批判に向かおうとする志向がいっそう鮮明なもうひとつのヴァージョンと対比させられてきた。(64) わたしの見るところ、この対置の仕方には根拠がない。なぜなら、ミクロストリアの二つのヴァージョンとも、正反対の方向からではあるが、ねらっている理論的標的は同じであるからである。「理論」という語がこのコンテクストのなかでは自明のものとして受けとることができないことはわたしも承知している。社会科学では、理論はしばしば暗黙のうちにマックス・ヴェーバー風の幅広いアプローチと同一視されており、ミクロストリアは辺境の敗北した民の生活を忘却から救い出すための、焦点を狭く絞ったこころみと同一視されている。もしこれらの定義を受け入れたなら、ミクロストリアは周縁的で根本的には理論性をもたない役割を演じるにすぎないものに限局されてしまい、もろもろの支配的な理論はなにひとつ変化することなく残されてしまうことになるだろう。資本主義による世界征服の初期の予言者ジャン＝ピエール・ピュリの事例《ケース》は、ミクロストリアと理論を分断しようとする思想の障壁をとりこわすためのチャンスである。(65) ランダムに選ばれたひとつの人生が世界を統合しようとするこころみとそれが含意しているもののいくつかを具体的に可視化してくれることもありうるのだ。

こう述べるとき、わたしはアウエルバッハの言葉を復唱している。しかし、そのアウエルバッハはそれとなくプルーストに言及していたのだった。プルーストを最後の言葉にするのを許してもらうことにしよう。「鈍感な人たちは、社会的諸現象の広大な次元が人間の魂のなかにより深く入りこむ絶好の機会を提供すると想像している。彼らは逆に、一個人のなかに深く降下することによってこそ、それらの現象を理解するチャンスを得ることができることに気づくべきなのだ[66]」。

世界を地方化する
――ヨーロッパ人、インド人、ユダヤ人(一七〇四年)

1 これから語ろうとおもう本にわたしが出会ったのは偶然の機会にであったが、まぐれ当たりではなかった。わたしはローマのアンジェリカ図書館で十八世紀における「文明」という語の意味にかんしてなにがしかの光を投げかけてくれるかもしれない著作を探していた。これはそれぞれ歴史家のリュシアン・フェーヴルと言語学者のエミール・バンヴェニストによって書かれた有名な論文のなかで分析されていたトピックであった。[1] わたしが探していたのは、アムステルダムで一七二三年から一七三七年のあいだにジャン゠フレデリック・ベルナールによって *Cérémonies et coutumes religieuses de tous les peuples du monde*〔『世界の諸国民の儀礼と宗教的習俗』〕というタイトルで出版され、それから二、三年後に *The Ceremonies and Religious Customs of the Various Nations of the Known World* というタイトルで英訳された、ベルナール・ピカールによる挿絵の付いた宗教にかんする七分冊からなるフォリオ判の壮麗な著作であった。[2] アンジェリカ図書館は探していた本を所蔵していなかったので、わたしは十八世紀関係の主題別カタログをチェックすることから始めた。すると、「非ヨーロッパ諸国の歴史」と名づけられたセクションのなかに、一七〇四年にブリュッセルで出版された *Conformité des coutumes des Indiens Orientaux, avec celles des Juifs et autres Peuples de l'Antiquité*, par Mr. de la C***〔『東インド人の習俗とユダヤ人およびその他の古代の諸国民の習俗との一致』〕という、どうやらわたしには未知のものであるらしいタイトルに出会った。[3] そのタイトルはただちにわたしを惹きつけた。とても期待がもてるものにおもわれたのだ。もっとも、その理由はあとになってからわかりはじめたのだったが。[4] ＵＣＬＡ〔カリフォルニア大学ロスアンジェルス校〕の図書検索室の電子版カタログをざっと閲覧してみたところ、著者の名前が“Monsieur de La Créquinière”であることがわかり、また今日ではジョン・トーランドの手になるとされている英訳本が *The Agreement of the Customs of the East-Indians with Those of the Jews* というタイトルで一七〇五年に出版され、その後数回にわたって再刊されていることも判明した。[5] それからしばらくしてわたしはラ・クレキニエールの本がわたしが当初「文明」という語の使われ方を探査しようと思い立って参考にしたいと考えていた著作、*Cérémonies et coutumes religieuses de tous les peuples du monde* のなかに——何カ所か省略し、著者の名前は伏せ、挿絵も削除して——収載されていたことを発見した。[6]

2　ラ・クレキニエールの名は学者たちにはよく知られているけれども、この人物が実際に存在したのかどうかについて近年いくつかの疑義がもちあがっている。しかし、わたしは新しい証拠にもとづいて、ラ・クレキニエールは偽名ではなく、(当人が本のなかで主張しているとおり)三年か四年のあいだ、当時インドのフランス領ポンディシェリーで過ごしたことのある官吏の名前であったことを確認することができる。ただ、サンジャイ・スブラーマニアムも記しているように、彼が「謎めいた人物」であることに変わりはない。(7) 彼は教養のある人物で、ラテン語とギリシア語の文献にもかなり通じていた。彼がいかにも古遺物研究家に似つかわしい態度をとっていたことは、彼の小さな本――二三〇頁で、一〇枚の挿絵が付いている――への序文の最後、ローマの歴史家クイントゥス・クルティウス・ルフスが書いている飲用水の度量法の大きさについて議論しているくだりから浮かびあがってくる。しかし、これ以上のことは、事実上、彼についてなにひとつとして確かなことはない。一例をあげるなら、ラ・クレキニエールの背景は空白のままである。さらには、好奇心から、わたしたちはいくつもの問いを立てたくなる。たとえば、なぜ彼はインド人の宗教的儀礼と古代のギリシア人、ローマ人、そしてユダヤ人のそれらとのあいだの比較をしてみようと思い立ったのだろうか。

伝記的な情報が欠如しているため、わたしたちは他のコンテクストを探さなければならない。第一には、彼の本のタイトルの冒頭の語、“conformité”〔一致〕がそれである。五〇年前、フランク・マニュエルは宗教史の起源にかんする彼の研究――『十八世紀、神々に立ち向かう』――を、ラ・クレキニエールの『一致』を復唱して、「異教徒の一致(Heathen Conformities)」と題する章でもって始めた。マニュエルが注記しているところによると、ラ・クレキニエールは彼自身のプロジェクトがオリジナルなものであると強調したが、その新しさがどこにあるのかを指し示すことに失敗したという。マニユエルの今日もなおとても役に立つ著作がみずからに課している制約がこの失敗の理由を説明してくれるかもしれない。『十八世紀、神々に立ち向かう』への序文でマニュエルは書いている。彼自身のプロジェクトは「まさしく十八世紀における諸観念の歴史に属している。それは古典研究の成長に向けてくわだてられたものでもなければ、人類学の発展に向けてくわだてられたものでもない」と。[8] じつはラ・クレキニエールの『一致』はまさしく両者〔古典研究と人類学〕が交差するなかで出現したのであり、人類学は古遺物研究家的興味から誕生したというアルナルド・モミリアーノの示唆の正しさを確認させてくれているのである。[9]

3

"conformité" およびさまざまな言語においてそれに該当する語の歴史は長く曲がりくねっているが、ここではこの歴史を扱うことはできない。[10] ここではただ、ラ・クレキニエールが読んでいたにちがいないひとつの有名な、どちらかといえば時間的に隔たった例を挙げるにとどめる。一五六五年、偉大な人文主義者で出版人でもあったアンリ・エティエンヌはジュネーヴで彼の *Traicté de la langage François avec le Grec*（『フランス語とギリシア語の一致にかんする論考』）を印刷した。近代語と古代語の類似点を追跡して近代語の高貴さを立証しようとする、十分に確立されていた十六世紀の文学ジャンルのひとつの変形体《ヴァリエーション》である。[11] その一年後、エティエンヌは彼の *Introduction au traité de la conformité des merveilles anciennes avec les modernes, ou, Traité preparatif à l'apologie pour Herodote*（『古代の驚異と近代の驚異との一致にかんする論考への序論、あるいはヘロドトスのための弁明への予備的論考』）

のなかで比較の含意するものについて開陳している。この『序論』は、彼がヘロドトスの『歴史』のラテン語訳と合わせて出版したばかりの「ヘロドトスのための弁明」の論争的な性格の改訂版であった。[12] 古代の伝統はヘロドトスを嘘つきとみなしてきた。これにたいしてエティエンヌはヘロドトスを弁護する。海を渡る冒険をしたことのある旅人の報告は、遠方の諸国の見慣れない習俗についてのヘロドトスの記述に新しい光を投げかけてくれた。ヘロドトスはもはや信頼の置けない人物にはみえなかったというのだ。[13] 逆に、ヘロドトスの説明は今日の世界に予想もしていなかった光を投げかけてくれるのではないだろうか。もしヘロドトスやだれか他の古代の歴史家が人食い人種（anthropophages）とならんで、象を食べる人間とか蚤を食べる人間とかイナゴを食べる人間とか“theophagi”（神を食べる人間）とかのことに言及していたとしたなら、とエティエンヌは書いている、われわれはどう反応しただろうか。神を食べるなどということはありえない、と言っただろうか。それでもわれわれは毎日、神を食べる人間（theophages）とか神に排便する人間（theochezes）のうわさを耳にする。そして彼らはわれわれのあいだで生活しているのだ――同じ国、同じ町、同じ家のなかで。エジプトの宗教のほうが（エジプト人が宗教と名づけているもの、とエティエンヌは厳密に記している）はるかに尊敬に値する、と。[14]

アンリ・エティエンヌの場合が示しているように、“conformité”はキリスト教徒のあいだでの宗教戦争において武器として作動することもありえたのである。ヘロドトスは聖餐を異化し、カトリックの儀式において神を食べる人間たちをなにか偶像崇拝的なエジプト人よりも悪い存在に変えてしまうのに役立った。もろもろの宗教への比較研究的なアプローチは、この二重の、互いに絡まりあった、年代学的でもあれば地理学的でもある距離から出現したのだった。[15]

4　アンリ・エティエンヌの『古代の驚異と近代の驚異との一致にかんする論考への序論』は、ラ・クレキニエールが彼の『東インド人の習俗とユダヤ人およびその他の古代の諸国民の習俗との一致』のなかで展開したインド人の儀礼へのアプローチに影響を与えたにちがいないのだった。だが、このようにユダヤ人に力点が置かれているのはなぜなのか。この問いに答えるためには、わたしたちはいままでとは違った方向をすこしばかり覗いてみなければならない。

一六三七年、一冊の本がパリで *Historia de gli riti hebraici. Dove si ha breve, e totale relatione di tutta la vita, costumi, riti e osservanze de gl'Hebrei di questi tempi*（『ユダヤ人の儀礼の歴史——現代のユダヤ人の全生活、習俗、儀礼、儀式の簡潔にして完全な報告』）というタイトルのもと、出版された。著者のヴェネツィアのラビ、レオーネ・モデナがこの本を書いたのは、二〇年も前のことだった。そしてそれが出版されたことで彼は驚きに捕らわれたとみえて、翌年ヴェネツィアで出版された第二版では、彼は異端審問官たちの怒りが生じるのを避けるためにかなりの量の文章を削除している。[16]

モデナの自伝では、ユダヤ教徒にもキリスト教徒にも同様に賭けようとする彼の抑えがたい情熱もふくめて、彼の内面生活と外面生活について、注目すべきことにも包み隠さずに説明されている。彼の『ユダヤ人の儀礼の歴史』のほうは完全におもむきを異にしている。第三人称複数形で書かれた、利害関心を離れた説明は、キリスト教徒の読者に、距離を置いたところから見た「ユダヤ人」と彼らの習俗についての詳細な記述を提供しているのだ。モデナは彼の本の第二版への序文で書いている、「わたしはユダヤ人であることを忘れ、たんなる中立的な報告者であると思いなしていた（figurandomi semplice, neutrale relatore）」と。[17] わたしたちが眼前にしているのは、アウトサイダーであると称するネイティヴによって書かれた一種の旅行記なのだ。

モデナの著作は偉大な聖書学者リシャール・シモンによって、*Cérémonies et coutumes qui s'osservent aujourd'hui parmi les Juifs*（『今日ユダヤ人によって観察される儀礼と習俗』）というタイトルのもと、一六七四年にフランス語に翻訳された。一六八一年に出た第二版にシモンは *Comparaison des cérémonies des Juifs et de la discipline de l'Eglise*（『ユダヤ人の儀礼と教会の規律との比較』）と題された長い注解を付け加えた。ずっと昔であるが、『通過儀礼』の著者アルノルト・ファン・ヘネップは、十六世紀と十八世紀初頭のあいだのフランスにおける民族誌的方法の歴史にかんする論考を書いたさい、シモンの『比較』の重要性を強調している。[18] ラ・クレキニエールの『一致』はこのコンテクストのなかで分析されなければならない。

5　ラ・クレキニエールは彼の本への序文で書いている。「わたしの計画は、叶うものならアジアじゅうを旅して回ることだった。そしてそのなかでほかならぬ最もちっぽけな事物を観察することだった。たとえば、普通の人々の古い習俗、祭り、ことわざ、家屋を建てたり食べ物を摂取したり衣服を身に着けたり土地を耕したりする方法がそれである。というのも、もしそこに古代のなんらかの足跡が見いだされるとするなら、それらは最も単純で最も平明な人々のあいだ、砂漠に住んでいる人々のあいだ、そして総じて、ほとんど文明化されておらず、新しい流儀を発明しようとか領主が発明したものを自分たちも取りいれようという野心もなければ富もなく、その結果、彼らの祖先たちの流儀をけっして変えることのない人々のあいだに出会われるにちがいない、とわたしは確信しているからである[19]」。

そのような計画は――完遂されることはついになかったが――民族誌は古遺物研究家的興味から出現したというモミリアーノの議論や民族誌へのファン・ヘネップの言及の意味を確定するのに役立つ。フランスの宗教史家ポール・アルファンデリは、その後の宗教史学界で忘れ去られてしまったようにみえる洞察力に富むノートで、わたしがいま読んだくだりを引用したうえで、ラ・クレキニエールを十九世紀末から二十世紀にかけて比較人類学をつくり出した者たちの「直観的な先駆者」と呼んでいる[20]。だが、どのような種類の比較を彼はおこなったのだろうか。アルファンデリが指摘しているように、ラ・クレキニエールの方法はアヴランシュの司教ピエール＝ダニエル・ユエが展開した系譜学的アプローチからは可能なかぎりかけ離れたものだった。ユエは『福音の論証』（一六七九年）のなかで、異教徒の神話に登場する一連の英雄たちはモーセをモデルとしたものであったと論じ、それをユダヤ教がヨーロッパからアジアとアメリカにいたるまで世界中に及ぼした影響力の証拠として引用している[21]。これとは対照的に、ラ・クレキニエールは東インド人とユダヤ人の習俗のあいだに類似点が認められることはあるひとつの遺産が分かちもたれていることを意味しているなどとはけっして示唆していない。彼はただ、インド人の「特異な習俗」を「古代の貴重な遺風」として観察したと記しているにすぎない。それらの習俗の範囲は、割礼（第二項）から葬儀（第二五項）にまで、「彼らのイナゴの食べ方」（第一二項）から「あらゆる種類の**酒**にたいして彼らが示す嫌悪感」（第二九項）にまで及んでいる――すべて伝統的に古遺物研究家的興味をもつ者たちによって扱われてきたトピックである。[22]「オリエント諸国には」とラ・クレキニエールは説明している、「無数の古代の遺風が見つかるが、それは総じて東方諸国民はヨーロッパ人よりも変化する度合いが少ないからである。わたしが言っているのは、宮殿の遺跡や断片のことではない。これらは疑いもなくアジアよりもヨーロッパで頻繁に見つかる。わたしが言っているのは、人々の習俗であり、生活様式である。これらは実際上、最も遠い古代の遺風なのだ」と。[23]

6　このくだりの背後に存在するもろもろの想定は、自明というにはほど遠い。ラ・クレキニエールは、のちに『教会史』の著者として有名になるクロード・フルーリが一六八一年に出版した本、『イスラエル人の習俗』から着想を引き出したのだ、とわたしは主張したい。ファン・ヘネップが早い時期の民族誌のひとつの見本として紹介したこの本は、最近、「聖書の人生と習俗についての牧歌的な描写」として片づけられてしまった。[24] しかし、より詳細に読んでみるなら、この判断は支持しえないものであることがわかる。

「古代イスラエル人の習俗（moeurs）は」とフルーリは書いている、「われわれの習俗からあまりにも異なっているので、われわれはショックを受ける。［…］彼らの血なまぐさい生け贄は吐き気を催させる。［…］彼らは野獣的で無知であって、彼らの習俗は称賛すべきものというよりも卑しむべきものである、とわれわれは容易に納得させられてしまう」と。[25] しかし、とフルーリは続ける、「イスラエル人の習俗をわれわれがきわめて高く評価しているローマ人、ギリシア人、エジプト人やその他の古代の住民たちの習俗と比較するやいなや、われわれの先入見は消えてなくなる」と。

この比較の枠組みは聖書への理想化された、しかしまた驚くべきことにも世俗的なアプローチへの道を開くこととなった。「わたしが与えようとしているのは讃辞ではなくて」とフルーリは書いている、「とても遠方の国々を見てきた旅人たちの提供する報告にたとえることのできるような、ごく簡素で飾り気のない報告（une relation très simple）である」と。[26]

ヴェネツィアのラビ、レオーネ・モデナは、自分は「たんなる中立的な報告者（semplice, neutrale relatore）」であると主張していた。フルーリは、意識してか無意識のうちにか、これらの言葉を復唱しつつ、現代のユダヤ人についてのモデナの利害関心を離れた検証作業を聖書のイスラエル人へのまなざしに置き換えたのかもしれない。いずれにしても、フルーリが旅行記との並行関係に言及していることは、聖書にどのようにして接近することができたのかを示唆している。キリスト教徒たちは「われわれの国とわれわれの時代に属するもろもろの観念を脇に置いて、イスラエル人を彼らが生活していた時代と場所に関係した環境にしたがって観察し、彼らを彼らと密接に結びついていた諸民族と比較し、こうして彼らの心と彼らの生活原理のなかに分け入る」よう求められているのである。

歴史に通じていない者たちだけが、とフルーリは続けている、習俗（moeurs）が時代と場所に応じて変化することを見ることができないでいる、と。われわれは同じ国に住んでいるにもかかわらず、ゴール人とも七、八〇〇年前に住んでいたフランス人とも完全に異なっている。そしてわれわれの世紀においても「われわれの習俗とトルコ人やインド人やシナ人の習俗との関係はいかなるものであろうか。もしわれわれがこれら二種類の距離を考慮に入れるなら、三〇〇〇年前にパレスティナに住んでいた人々がわれわれとは異なる習俗をもっていたことがわかっても、われわれは驚かないだろう。逆に、なんらか一致した（conforme）慣行が見つかった場合には驚くだろう」[27]。

「二種類の距離（deux espèces d'éloignement）」。過去はひとつの異国のようなものである。そして異国は過去からの断片を保存していることがあるかもしれない（ラ・クレキニエールはこの二重の教訓を見逃さなかった）。聖書において描写されているもろもろの習俗――羊飼い＝王、農民＝王、血なまぐさい生け贄、はては一夫多妻――に驚いてはならない。世界各地を見て歩いた旅行者の報告から学ぶことができるように、それらはけっしてユニークな習俗ではない。歴史への（そして聖書への）この比較的なアプローチは十八世紀にきわめて強い影響力を及ぼすこととなった段階説の先駆けであった。段階説の多面的なルーツのひとつは一六八一年に出版されたボシュエの『世界史論』のいくつかのくだりのうちにあることが突きとめられてきた[28]。しかし、それよりもはるかに説得力のある見本を『イスラエル人の習俗』が提供している。ボシュエの『世界史論』と同じ年に出版され、ボシュエの被保護者のひとりであるクロード・フルーリによって書かれた本である。[29]

7　聖書へのフルーリのアプローチは長期にわたる省察の結果もたらされたものであった。彼の考え方についての最初のいくつかのヒントがひとつの貴重な文書資料、一六六五年、彼が二十五歳だったときに書かれた、ホメロスについての彼のノートから引き出せるかもしれない。[30]ホメロスの文体を「素朴で粗野（simple et grossier）」であるとし、彼の詩篇で描かれている習俗を「下品で田舎くさい（basses et rustiques）」として片づけてしまっていた支配的な潮流にフルーリが反逆したとき、彼はまだパリ高等法院の司法官だった（のちに彼は司祭になる）。フルーリは、彼の法曹教育によるものではないかとおもわれるコンテクスト重視のアプローチをとって、ホメロスは彼の時代の習俗と趣味に順応しなければならなかったのだと論じている。聖書の「雅歌」やそれ以外の詩篇を見てみればわかるように、フルーリの比較はオリエントの文体を追跡しながらなされている。[31]そしてこう結論している、「ホメロスに欠点があるのかどうかは定かでない。というのも、われわれが彼のうちで嫌悪をおぼえるものはわれわれにはまったく疎遠な彼の習俗と言葉遣いから生じているのであるが、われわれはつねにわれわれ自身のものを好んでいるので、それを判断することはできないのである」と。[32]

フルーリのホメロス擁護には二重の意味合いがある。「古代人と近代人の論争」〔新旧論争〕における古代派として、彼は単一の文体規範という考えに強く反対する。いわく、「ヘロドトスをティトゥス・リウィウスにもとづいて判断するとしたら、噴飯ものだろう。モーセの文体を彼よりも一八〇〇年後に書いたタキトゥスの文体と異なっているという理由で見下げるとしたなら、まったく尊大というものだろう」[33]。

だが、文体の多様性へのこの趣向は、自分たちとは異なる、遠く離れた習俗にたいする開かれた態度への道を開くものでもあった[34]。見てきたように、フルーリは『イスラエル人の習俗』でも同じ指摘をしていた。しかし、オリエントの本としての聖書との類似点については、すでに彼の若いころのホメロスにかんするノートで告知されていた。ソロモンの同時代人であったホメロスはアジアに生まれた。ホメロスの詩篇において描写されているようなギリシア人とトロイア人の生活様式はわれわれが聖書のうちに読むことのできることどもと同等である。羊飼い＝王と農民＝王――「もっとも、ギリシア人のほうが文明化の度合いが低いようにみえるけれども」。ホメロスの詩篇のうちには、とフルーリは書いている、「聖書を文字どおりに理解するうえでこのうえなく有益な彼の時代の人々の生き方にかんする無数のデータ」が見つかる、と。フルーリは彼のノートを改訂したさい、同じ指摘をふたたび、いっそう力をこめておこなっている。すなわち、ホメロスは「文字どおりの意味だけを求める者たちにとっては聖書の最良の解釈者のひとりである」と[35]。

8　ホメロスにかんするフルーリのノートは没後の一七二八年にはじめて出版された[36]。ラ・クレキニエールは一度もそのノートを読んでいない。しかし、彼の『一致』のなかで似たような議論を展開している。インド人の習俗との比較は、とラ・クレキニエールは書いている、「古代の著作家たち、そしてとくに聖書の多くの場所をわかりやすく説明するのに役立つかもしれない。オリエントの習俗について十分な情報が欠如していたために大部分の学識ある解釈者たちがしばしば寓意的《アレゴリカル》な意味だけを与えてきたいくつかのくだりに文字どおりの説明を与えるためには、これらの情報は絶対に必要とされるからである」と[37]。

フルーリとラ・クレキニエールのあいだにこのような一致点が見られることはアウグスティヌスへの——より正確には、よくは知られていないアウグスティヌスの思想の一側面への——共通の参照によって説明される。彼が聖書の寓意的な解釈よりはむしろ文字どおりの解釈ということを強調している点がそれである[38]。『告白』と『キリスト教の教えについて』を並行して読んでみると、アウグスティヌスが当初『旧約聖書』のなかで「ばかげている」とみなしていたことどもを二つの相異なる戦略に訴えることによって克服できたことがわかる。彼がミラーノ司教アンブロシウスから学んだ霊的読解と、弁論術を中心に置いた彼の初期の教育から着想を得た、文字どおりの、コンテクストに即した読解がそれである[39]。ラ・クレキニエールは後者を選択する。「聖書のなかには、最初聞いたときには耳障りにおもわれる多くの場所や多くの語がある。しかし、東方諸国民のもとに少しばかり足を運んだあとには、それらはわれわれにとって馴染みやすくなる。なぜなら、われわれが聖書や一般にユダヤ人その他の古代の国民について語っている書物のうちに出会う古代のこれらの記号のすべてが、いまもなおそれらのうちに見いだされるからである」[40]。

ここで言われている「ユダヤ人（les Juifs）」というのは、現代のユダヤ人のことなのだろうか、それとも古代のユダヤ人のことなのだろうか。実際には、その両方のユダヤ人のことを指しているのだった。結論の部分でラ・クレキニエールはインド人とユダヤ人のあいだの彼の比較について、予想もしていなかった、しかもじつに意義深い観点から省察をめぐらせている。

あるひとりのローマ人が、ティトゥス［エルサレムを征服した皇帝］の治世下で彼らの双方［すなわち、ユダヤ人とインド人］を知っていたなら、彼らをつぎのような仕方で描写していたことだろう。

ユダヤの国民とはるか遠方のインド諸地域に住んでいる国民とは彼らの気質、習俗、統治様式においてみごとなまでに一致している。

第一に、彼らの双方とも厳しい束縛状態のもとで生活しており、しかもその束縛状態に彼らはみずから進んで服従している。なぜなら、彼らはそれを愛しているからであり、それどころか、自分たちが囚われの身であることを賛嘆すらしているからである。わたしが言っているのは律法のことであって、律法は最も厳しい奴隷制にほかならなかったのである。

これら双方の国民はあまりにも几帳面に古代に身をゆだねているため、諸科学においていかなる進歩も達成できないでいる。しかしまた彼らは彼らの先祖たちの無知の状態のままで居つづけることを喜んでもいる。というのも、ちょっとでも新しく見えることはなんでも彼らを恐怖させるからである。そして古代の人々が言ったことどもに少しでも改善をほどこすことは彼らのあい

だでは罪にほかならないのだ。(41)

ヨーロッパとオリエントのあいだの対立を強調し、それを新しさと古さ、科学の進歩と停滞というかたちで表現することには、なんらオリジナルなところはないようにもおもわれる。だが、これらは一七〇四年の時点ではありふれた言辞ではなかった。たとえば、モンテスキューの『ペルシア人の手紙』が出たのは一七二一年であった（もっとも、モンテスキューに大きな影響を与えた著作、マラナの『トルコの密偵』は一六八四年に出ている）(42)。ヨーロッパとオリエントを対置させるやり方はいまようやく出現しようとしていたばかりのころであった。それはインド人とユダヤ人の類比のための枠組みを準備する。当初の過去への——ローマ皇帝ティトゥスとユダヤの民への——言及はすばやく現在への言及に転換する。「これら双方の国民はあまりにも几帳面に古代に身をゆだねている〔…〕」。インド人の儀礼についての詳細なプロト民族誌的説明に立脚したラ・クレキニエールの『一致』はユダヤ人をも標的にしていた。そして彼らは彼にとっては古代およびオリエントと同義なのであった(43)。

9　ユダヤ人にたいするラ・クレキニエールの態度は攻撃的な「近代」概念に鼓舞されていたとついつい想像したくなる。しかし、このなんでもかんでも包みこんでしまう言葉を使うことはしないで、一六八八年にシャルル・ペローが公刊した『古代人と近代人の論争』およびそれに続いて起きたことを想い起こしたい(44)。ちなみに、「近代」と「近代人」の違いは一見したかぎりでは些細なことにみえるが、観察者のイディオムと行為者のイディオムの違いである。
ラ・クレキニエールは、古代から脱け出す最も効果的な道は「帝国」という名前をもっていることを明らかにする。

ユダヤ人の先祖たちは彼らがローマ人のくびきにつながれていることを最大の苦痛ではあるが彼らの利益に転じることもありうるかもしれないとみていた。なぜなら、彼らがそれによって世界で最も洗練され最も学識のある国民と取り結ぶこととなった交際は、彼らの目を開かせ、将来に向かって自分自身で考える自由な状態に彼らを置き、彼らが彼らの父親たちの意見に盲目的に従うという奴隷状態を払いのけるのを手助けすることとなったからである。そしてじつにそのとき以来、彼らのうちのある者たちは他の諸国民の歴史を学び、それまでは彼らには知られていなかった優れた技芸の研究に没頭するようになったのだった。(45)

これらの名指しされていないユダヤ人歴史家の一人はヨセフスだったのではないだろうか。ラ・クレキニエールのメッセージが言わんとしているところは明確であった。ローマ帝国への服従はユダヤ人が律法のくびきから自分たちを解放することを可能にした。インド人も隷従をつうじて自分たちを自由にするかもしれないが、そのテンポはずっと遅いだろう、というのだった。
「異教徒の鎖がなおも全面的かつ包括的に存在しつづけている。そしてだれか文明化された国民がそれらの鎖を打ち砕いて彼らを自らの帝国に服従させることができていたなら、それは彼らにとって〔ユダヤ人の場合と〕同じく幸せなことであっただろう」。さらに付言して、「もしギリシア人がもう少し長く滞在していたなら、彼らは確実にインド人に洗練された卓越した学識を伝えていたことだろう」と。[46] だが、アレクサンドロス大王にはそれほど辛抱強く滞在するだけの余裕がなかった。

ここまではラ・クレキニエールはみずからを帝国とヨーロッパ人による植民地化の無条件的な賛同者として提示していた。ところがここにいたって突然姿勢を転じて、まったく別の議論を持ち出す。それはたぶん彼自身のもうひとつの側面であった「古遺物研究家」によって語られる議論である。「古遺物研究家」(an Antiquary)、あるいは厳粛な人間(an Austere Man)は、ユダヤ人とインド人についてまったく別なふうに話すだろう。彼は彼らそれぞれの宗教のあいだになんらの区別も設けず、彼らを同じ地点に立っているものとみなすだろう」。こう述べたあとで、ラ・クレキニエールは書いている。

> ユダヤ人とインド人は、少なくともかなりの程度まで、世界の原始時代の単純さを保存してきた。そのことは彼らの食べ物、衣服、娯楽からうかがうことができるのであって、そこでは彼らはつねに最も自然なものを追求している。なぜなら、最も容易に彼らの考えに受け入れることができ、最も自然に彼らの空想を喜ばせるものを彼らは最も愛するからである。〔…〕
>
> 彼らは彼らが信仰する宗教が定めている規則をすべてきわめて几帳面に実践する。そして、人

はだれも独立して生きることはできず、ある意味では服従するために生まれてきたと考えているので、ほとんどすべての他の諸国民がそうであるように気まぐれと野心の奴隷であるよりは、彼らの神々に奉仕し、その神々の命じる律法に盲目的に従うほうを好む。［…］

彼らは生活に必要でない科学はすべて無視する。そしてそれらを、人々をたしかにより学識のある存在にするが、しばしばより悲惨で、ほとんどつねにより空疎な存在にするような達成物であるとみなす。［…］

彼らはけっして新しいものに頭を悩ませることなく、彼らが父親たちから学んだ交易の仕方を踏襲する。そしてこの点で彼らはわれわれが洗練されたとか文明化されたと呼んでいる国民とははなはだしく相違している。というのも、後者の国民のほうは彼らの先祖が残したものにけっして満足せず、たえずなにか新しいものを考案しようと懸命になっている。そして、こう言ってよければ、自然に暴力を加えようとしている（et à forcer, pour ainsi dire, la nature）からである。

「そして、こう言ってよければ、自然に暴力を加えようとしている」。ベーコン卿のメタファーが自然とラ・クレキニエールの脳裡に思い浮かんで、無限に進歩を追求しつづけている国民と、「少なくともかなりの程度まで、世界の原始時代の単純さを保存してきた」国民、そして「最も自然なものを追求している」国民とのあいだの距離を表現するのに使われているのだった。進歩は不自然である。なぜなら、それは気まぐれ、野心、虚栄心、そして流行によって衝き動かされているからである。

「ほとんど文明化されていない人々は［…］新しい流儀を考案したり領主たちが考案した流儀を真似したりする野心も富もない。その結果、彼らの祖先たちの流儀をけっして変えることはないのである[47]」。

ルソーの『学問・芸術論』（一七五〇年）に先駆けて提出されたラ・クレキニエールの進歩批判は、たんなる修辞的な所作として片づけられてはならない。人はそれを啓蒙主義によって投げかけられたひとつの影にたとえることができるだろう。

10　ラ・クレキニエールが指摘するように、新しいもののあくなき探求が科学的進歩を生み出した。彼はたぶんピエール＝ダニエル・ユエの広く知られた著作、『小説の起源について』の一節を復唱していたのだった。

> ものごとを学び知ろうとする欲求は人間に特有のものであって、理性に劣らず、人間を他の動物から区別します。［…］これはわたしたちの魂の能力の及ぶ範囲が広すぎることからやってくるのではないかとおもいます。それらは現在の事物によって満足させられるには広大すぎるものだから、魂は過去や将来のうちに、真実や虚偽のうちに、想像上の空間や従事し実践することの不可能なもののうちに探し求めるのです。獣どもは彼らの魂の能力を彼らの感覚に立ち現われる事物で満たしていて、それ以上進もうとはけっしてしてしまいません。このため、人は人間の精神をたえ

ず悩ませて、新しい知識を求めに向かわせ、もしできることなら事物を能力に釣り合わさせて、激しい飢えを満たしたときや長い渇きのあとで水を飲むときにも似た歓びを見いだす、休むことのない飢餓感を彼らのうちに見いだすことはけっしてないのです。(48)

人はこの頁のうちにパスカルの忘れがたい声がこだましているのを容易に見つけ出すことができる。じじつ、ユエの現代の編者は、『小説の起源について』の手稿ではこのくだりの余白部分にパスカルの『パンセ』の一篇が走り書きされていたと語っている。(49) しかし、この――パスカルからユエへ、そしてラ・クレキニエールへの――伝達の連鎖のなかで、メッセージは変化する。パスカルは、人間の終わることのない探求は唯一の無限の変化することのない存在――神によってのみ充足されうる、と指摘していた。(50) これにたいして、アヴランシュの懐疑的な司教ユエは、人間の終わることのない探求を他の動物たちの瞬時の満足に対置させる。そしてラ・クレキニエールは、ヨーロッパ人と彼らの終わることのない探求をたやすく満足してしまうオリエント人に対置するのである。語ってあまりある連鎖である。

11　オリエント人――そして彼らとならんでユダヤ人。ユダヤ人をオリエント化するというのが、すでに指摘したように、クロード・フルーリの――最初はホメロスにかんする若いころのノートにおける、そしてついでは『イスラエル人の習俗』における――聖書へのアプローチの下に横たわっている目標のひとつであった。ラ・クレキニエールの『一致』も同じ道をたどっている。この動きが与えた長期間におよぶ衝撃は現在もなおわたしたちのもとに残響をとどめている。エドワード・サイードは『オリエンタリズム』への序文のなかで書いている。「ほとんど逃れることのできない論理によって、わたしは自分が西洋の反セム主義のひとりの見知らぬ秘密の共有者の歴史を書いているということに気づいた。反セム主義と［…］オリエンタリズムとが互いにたいへんよく似ていることは、ひとつの歴史的、文化的、政治的な真実である。そしてこの真実のもつアイロニーは、アラブ＝パレスティナ人にとっては、多言を費やすまでもなく完全に理解しうることなのである」(51)。

わたしたちはサイードの辛辣なアイロニーを見過ごすことができない。が、多くの者たちはこれらの言葉が暗々裡に意味していること、すなわち、彼が考察の出発点に選んでいる時期が遅すぎるということを見過ごしてきた。反セム主義についてのサイードのコメントは、サイードがぞんざいにしか扱っていない十八世紀には部分的にしか当てはまらない。たとえば、ラ・クレキニエールは（彼の名はサイードの本のなかでは一度も出てこない）なんら反セム主義をひけらかすようなことをしていない。彼にとっては、ユダヤ人（これは人種的な意味合いをまったくもたないカテゴリーである）は十分に文明化の主流に参入することができるのだった。もし彼らが律法への奴隷的な服従を捨て去るなら、そしてその場合にのみである。しかし、ラ・クレキニエールはユダヤ的要素を一掃してしまったら、キリスト教には関与していない。じっさいにも、彼がキリスト教に言及している箇所はほんのわずかである。彼自身の宗教的態度にかんしては「旅にかんする省察」と題された付録のなかで遠回しに言及しているにすぎない。

宗教の異なる多くの国民に出会っていると、彼らが神とその神への崇拝をあまりにも多くの異なった仕方で口にしているのに聞き慣れてしまうので、とても危険なことにも、このようにしてその旅人は宗教にたいする理神論に近い一種の無関心な状態におちいってしまう。だから、このことに鑑みて、現代の有能の士、すなわちラ・ブリュイエール氏は言ったのだった。きまって人は長い旅行から出かける前よりも宗教心をなくして帰ってくる、と。(52)

ラ・クレキニエールの本は一七〇四年に出版された。わたしは（すでに述べたように）一七〇五年にロンドンで出た、一般にジョン・トーランドの手になるとされている匿名の英訳本から引用した。ラ・クレキニエールの利害関心を離れた比較的アプローチはあらゆる歴史的宗教から距離をとることを含意していて、トーランドの攻撃的な理神論からさほど離れてはいなかった。

12 自分の本が即刻翻訳されたことで意気があがったのだろう、ラ・クレキニエールは大幅に拡大された第二版の準備にとりかかった。改訂版の手稿は検閲官によって承認された。そして一七〇六年四月十日、国王は出版を認可した。しかし、拡大版は出版されることなく終わってしまった（拡大版は現在も手稿のかたちで保管されている）。(53)その説明はラ・クレキニエールの手で転写された大量のリーフレットのなかに横たわっているのかもしれない。それらのリーフレットはすべてひとつの〔『一致』とは〕おもむきを大きく異にする文学的プロジェクト――おそらくはひとつの"roman à clé"〔モデル小説〕――に関連している。これらのノートは三冊本にまとめられて、最初はバスティーユの文書館に保存されていたが、今日では陸軍造兵廠《アルセナル》図書館の所蔵本となっている(54)。どうやらラ・クレキニエールは投獄されていたらしいのだ。理由は不明である。

現在進行中のわたしの仕事の最終ヴァージョンで、これらのノートとラ・クレキニエールの『一致』の刊行されずに終わった拡大版の両方を分析する予定である〔本書所収の「ミクロストリアと世界史」参照〕。ここでは第一版が *Cérémonies et coutumes religieuses de tous les peuples du monde*〔『世界の諸国民の儀礼と宗教的習俗』〕に収録されている件に焦点を絞っておきたい。このさまざまな宗教的儀礼の一大書目集には出版人のジャン＝フレデリック・ベルナールによって書かれた長い序文が付いている(55)。その結論部分にはこうある。

> あらゆる時代に実践され、あらゆる宗教によって奉献され、ただたんに最高存在の崇拝のうちにとどまっているのに必要とされる勇気も徳も欠いていた（ni le courage ni la vertu qu'il faut avoir pour être simples dans le culte de l'Etre Suprème）者たちの唯一の避難所とみなされていた無数の儀礼がどんなものであったか、その概観をわれわれはわれわれの読者に提供すべきであると考えたしだいである(56)。

そのような宣告をくだすことはロベスピエールをすら躊躇させたことだろう。

13 ラ・クレキニエールの匿名のテクストについてコメントし批判したベルナールの脚注も、同様の態度でなされている。[57] 最近の挑戦的な論考のなかでサンジャイ・スブラーマニアムは「ラ・クレキニエールは、ある意味では、ベルナールの使う忍び馬になっている」と指摘している。[58] しかし、ベルナールの態度はたぶんもっと両価的なものであった。彼は最初、匿名の『一致』――「とても珍奇なことども」がいっぱい盛りこまれた本、と彼は言っている――から"le civil"〔世俗的なことがら〕、すなわち宗教的性格をもたない儀礼や習俗に関係するすべてのセクションを削除する可能性について考慮していた。しかし最終的には他人のテクスト、「東インド諸国の世俗的および宗教的な歴史への案内」とみなしうる著作に介入しないことに決めたのだという。[59]

「世俗的」と「宗教的」というこれら二つの形容詞が使われていることは注目に値する。ベルナールのプロジェクトが最初、一七二〇年に予告されたときには、それは四冊本で宗教的な儀礼と世俗的な儀礼の両方ともカヴァーすることになっていた。ところが、それでは範囲があまりにも広大すぎることがわかって、ベルナールは宗教的な主題だけに限定して七冊本を出版するのだった。しかし、総序のなかで明らかにしているように、彼は当初のプランになおもこだわっていた。[60] じっさいにも、世俗的な儀礼と宗教的な儀礼のあいだの結びつきは、偶像崇拝をしていた住民たちの宗教的儀礼をあつかった二冊の巻の巻頭に配されている、ベルナール自身によって書かれた匿名の長い論考のなかでも姿を見せている。タイトルはラ・クレキニエールのタイトルをこだまさせて、"Dissertation sur les peuples de l'Amerique, et sur la conformité de leurs coutumes avec celles des autres peuples anciens et modernes"（「アメリカの住民および彼らの習俗と古代ならびに近代の他の住民の習俗との一致にかんする論考」）となっている。[61] こだまさせながらも、そこでは注目すべき一句が付け加えられている。一致の探求は近代の住民にまで拡大されているのだ。非宗教的な習俗や儀礼をもふくめた比較はラ・クレキニエールのテクストでは時たま折に触れてなされているにすぎなかった。これにたいして、ベルナールはそのような習俗を社会生活の基本的な側面としてあつかうのである。彼のモデルよりもはるかに優れた、はつらつとして才気に満ちあふれた文体でもって、彼はネイティヴ・アメリカンの儀礼ならびに習俗との比較を近代ヨーロッパの住民にたいする諷刺の武器へと向き変える。「祖国愛について」と題された章でベルナールは書いている。「なぜわれわれはギリシア人とローマ人、フランス人とスイスの住民やオランダの住民に、一言でいえば、自分たちの祖国と自分たちの自由を守ったということでわれわれの歴史家たちによって不死の存在に仕立てあげられてきた者たちに与えられている正義をアメリカ人に拒否しなければならないのだろうか。アメリカ人もわれわれの半球の住民を鼓舞してきたのと同じ精神によって鼓舞されてきたのだった。ところが、彼らはわれわれと同じように自由な存在として生まれていながら、われわれに彼らの善と自由を与えるという恩恵にあずかってこなかったのである」。

しかしながら人の祖国への愛も、とベルナールは続ける、さまざまな病的形態をとることもありうる、と。「ギリシア人とローマ人は自分たち以外のすべての人間を蛮族と呼んでいた。シナ人は自分たちを世界で唯一の文明化された国民であると想像していた」。メキシコ人も英国人もフランス人もこの偏見を分かちもっている。そしてプロヴァンス地方ではこの偏見は極端にまで達している。「世界を一瞥しながらなにひとつとして目にはいっていないわれわれフランス人のうちのひとりの言うことに耳を傾けてみよう。フランスは世界でも卓越した国であるということに彼はなんの疑いももっていない。全世界は彼の王の前にひざまずくべきだと彼は考える。彼は力をこめて宣言する、彼の祖国は他のどれよりも優れている、と[62][…]」。

わたしたちは通常、コスモポリタニズムを平和的な理想と考えている。しかし、民族的自尊心にたいするコスモポリタンな反応はときとして露骨な脅迫となって浮上することもある。「アメリカの住民にかんする論考」の貿易にささげられた章のなかで、古代のギリシア人は自由人を奴隷の身分にしてしまうのを避けるのを常としていた、とベルナールは指摘している。ところが、歴史家のティマイオスによると、この習慣をキオスの住民たちが最初に逸脱したために、彼らは神々によって罰せられたのだという。「彼らは彼らがその自由を抑圧した奴隷たちによって抑圧された。同じ種類の貿易にたずさわって、アフリカの沿岸に船を走らせ、黒人を満載して、彼らを西インド諸島で売っている、キリスト教徒たちにも同様の運命が待ちかまえていると覚悟すべきである[63]」。

まるでひとりのアウトサイダーであるかのようにして、ベルナールはヨーロッパ社会に批判的なまなざしを投げかけている。人はどうしても一年前に公刊されたモンテスキューの『ペルシア人の手紙』のことを想い起こさずにはいられない。だが、じつはモンテスキューのほうが一七一一年に出版されたベルナールの『道徳的・諷刺的・喜劇的省察』から影響を受けていたのであって、そこにはあるひとりの「ペルシア人哲学者」によって書かれた一連の辛辣な手紙が収録されていたのだった。[64] ベルナールについて言うなら、彼はラ・クレキニエールの『一致』とその両価的な結論部分から影響を受けていたのかもしれない。そのなかでは終わることのない新しいものの党派と古代と自然の党派のあいだの論争にたいしていかなる答えも提供されていないのである。

ヨーロッパはみずからを二つに分割し、ヨーロッパ人によって征服され奴隷化された人々の目をとおして自分自身を見つめることを学びつつあった。これが、啓蒙主義、すなわち、ヨーロッパのあとに到来しつつある、またやがて到来するだろう者たちに提供されるヨーロッパの遺産の、力強くて議論好きで矛盾した言語なのだ。

わたしたちの言葉と彼らの言葉
――歴史家の仕事の現在にかんする省察

「化学はその性質上みずから名乗ることができない事物を対象にするという大きな利点をもっていたのである」
――マルク・ブロック

1 マルク・ブロックは没後に『歴史のための弁明もしくは歴史家の仕事』と題して公刊された方法論的省察のなかで記していた。「歴史家たちにとって大いなる絶望の種《たね》であることにも、人々には暮らしぶりを変えるたびに語彙を変える習慣がない」と。(1)

このように人々の暮らしぶりの変化と語彙の変化とが喰い違う結果、意味論的な曖昧さが生まれる。わたしたちが知的ならびに情動的な生活のなかで用いている語彙において基本的な位置を占める言葉を取りあげてみよう。「自由」という言葉がそれである。この言葉がもつ多様な意味をめぐる考察こそ、長期間にわたってブロックの関心のまさに核心をなしつづけていたのだった。それらの意味をいま少し立ちいって見てみれば、言葉が人々の暮らしぶりの変化にもかかわらず存続しつづけていることとそれらの意味が移り変わっていくこととのギャップに直面した歴史家たちの「絶望」についてブロックが皮肉まじりに強調しているのはなぜなのか、その理由についてもなにがしかの答えが得られるだろう。ブロックが「歴史家たち」と言うとき、彼は自分自身のことを念頭に置いている。しかし、彼の個人的な反応は、はるかに遠く、またはるかに込みいったルーツをもっている。

2

「歴史」は、わたしたちの語彙のうちで、ギリシア語の historia から始まって、さまざまな言語に翻訳されながらも、二五世紀にわたって同一でありつづけつつ、その意味は変化させてきたもうひとつの言葉である。(2) 自然学者、解剖学者、植物学者、古遺物研究家によって「記述」と「調査」の両方を含む意味で用いられてきたのち、「歴史」はほとんどもっぱら人間的行動の領域に関連させられてきた。もっとも、それ以前の使用法の痕跡は患者の“clinical history”〔臨床履歴〕といったような言い回しのうちに見いだされるにしてもである。「歴史」という語の意味する範囲がこのようにしだいに狭まってきたことは、ガリレオの『偽金鑑識官』のつぎの有名な一節のうちに象徴的なかたちで見てとることのできる歴史上の転回点のひとつの副産物である。

哲学はわたしたちの目の前にたえず開かれたまま横たわっているこの広大な書物のなかに書かれているのです（わたしが言っているのは宇宙のことです）。しかし、まずもって、その言語を理解し、そこに書かれている文字を知るすべを習得しないかぎり、理解することはできません。それは数学の言語で書かれています。そしてその文字は三角形や円やその他の幾何学図形であって、そうした手立てがなくては、その言葉を理解することはわたしたち人間には不可能とされているのです。[…](3)

ガリレオは、自然研究に非数学的な仕方でアプローチしていた科学者たちと密接なつながりをもっていたにもかかわらず、自然の言語は数学の言語である、あるいはそうなるよう運命づけられている、と告知するのだった。(4) 逆に、歴史の言語は、ヘロドトスの時代以降、つねに人間的な言語であった。じっさいにも、統計と図表によって補佐されている場合ですら、それは日常生活で使われている言語である。(5) しかし、歴史家が依拠する証拠もまた、大部分は日常生活の言語で書かれているのである。ブロックは、この〔歴史家が依拠する証拠と日常生活の言語との〕近接関係ならびにそれの含意するものについて、集中的に省察をめぐらせた。彼の没後に公刊された省察のもうひとつのセクションには、つぎのような記述がある。「歴史学はその語彙の大半を研究の素材そのものから得ている。歴史学が受け入れる語彙は、長い使用によってすでに疲弊し変形された語彙である。しかも、しばしば、専門家たちが厳密に協議した努力から生まれたのではないあらゆる表現体系と同様、そもそもの最初から曖昧な語彙である」。(6) こうして歴史家たちは、彼らの証拠のなかで用いられている用語をそのままおうむ返しに用いるか、それとも、それとは無縁な用語を用いるか、という二つの選択肢に直面することとなる。それらのうち前者の選択肢はどこにも導いていかない、とブロックは言う。あるときには、本質的に曖昧な言葉がいつまでも存続しているせいで、それらの言葉の意味に変化が生じているという事実が隠蔽されてしまう。またあるときには、意味が似通っていても、用語が多数存在するせいで、その類似性が隠蔽されてしまうというのだ。そこでわたしたちには後者の選択肢しか残らないことになるが、これはこれできわめて危険な選択肢であると言うほかない。たとえば、「工場システム」といったような術語は、〔歴史学が対象とする時代に人々のあいだで使用されていた言葉に取って代わって〕分析のために必要とされる代替詞であるように見えるかもしれないが、これはこれで「時間の学において犯される罪のなかでも最も許容しがたい罪であるアナクロニズム[7]」を促進させることになりかねない。では、どうすればよいのか。学者間での意見交換のみが最終的に人間科学に共通の語彙の構築へと導いていくだろうが、その場合でも、新しい言葉を発明するほうが人々のあいだで共通に用いられている言葉のなかに新しい意味を暗々裡に投影させるよりは好ましいのではないか。こうブロックは結論している[8]。

したがって、厳密な語彙を用いるなら、歴史学もそれに本質的に内在する弱点——歴史学がそれの依拠する証拠と分かちもっている日常言語——をうまく切り抜けることができるのかもしれない。ブロックの記述のなかに再三再四顔を見せる化学の人工的な術語への言及は、このことを物語って余すところがない。めったにないことだが、ここでは彼は実証主義すれすれのところまで近づいている。しかし、実証主義の古典的テクストのひとつ、クロード・ベルナールの『実験医学序説』（一八六五年）

は――この本にブロックはいくつかの留保付きで言及しているのだが――、「実験的批判は言葉ではなく事実を直視すべきである」と題されたパラグラフのなかで、化学の約定的な言語の場合でも曖昧さの危険は払拭されずに付きまとうと記していたのだった。

人がある現象を特徴づけるためにひとつの言葉を創作するとき、当座はこの言葉によって表現しようとおもっている観念、またこの言葉に与えられる正確な意味にかんして、だれもが一致している。しかし、時が経つにつれて、学問の進歩によって、言葉の意味がある人にとっては変化するが、他の人にとってはその言葉が最初の意味のまま使われるという事態が起きる。その結果、不一致が生じ、しばしば、人々は同一の言葉を使用しながらはなはだ異なる観念を表現しているというようなこととなる。わたしたちの言語は実のところ近似的なものでしかない。そして科学においてさえ、言葉ははなはだ不正確であるから、もしわたしたちが言葉に拘泥して現象を見落としてしまうなら、わたしたちはたちまちにして現実の外に追いやられてしまうのである。(9)

3　それにしても、歴史家の見地からは、そもそも、言葉――証拠から得られる言葉――と現実の関係はどのようなものなのだろうか。この問いかけへのブロックの答えのうちに、人はたがいに絡みあった多くの要素を見てとることができるのではないだろうか。なによりも第一に、情念、感情、思考、欲求など、言葉を産み出すものに、言葉は十分に適合しえないでいるという意識がブロックにはある。このような不適合の事例をブロックはあるひとつの極端なケースを引き合いに出すことで提示している。

> もしも――昨日の神であれ今日の神であれ――わたしたちが身分の卑しい者たちの口から真実の祈りの言葉を聞くことができたなら、どれほど教えられることか！　もちろん、それはあくまで、彼らがみずから自分たちの心の躍動を損なうことなく伝えるすべを知っていたと仮定しての話である。
>
> なぜかといえば、結局そこには大きな障害が横たわっているからである。人間にとって、自分を表現する以上にむずかしいことはないのだ。［…］人々のあいだで最も普通に使われている用語は近似的なものでしかないのである。[10]

ブロックの個人的な調査経験にもとづいて発せられたこれらの述言を鼓舞していたのは、懐疑主義ではない。まったく逆である。書かれたものであれ話されたものであれ、どんな言葉もそれを産み出したものに十分に適合しえないでいるという自覚はブロックにもろもろの間接的な戦略をとるよう示唆することとなったのであって、彼が中世の史料を逆なでしながら〔肌理に逆らって〕読むことを可能にしてきたのだった。瘰癧《るいれき》に罹り、国王の手で触れてもらうことによって奇跡的に病を治してもらおうと、はるばる遠方から旅してやってきていた男と女たちに捧げられた『奇跡をおこなう王』の壮大な頁を想い起こしてみてもよいだろう。[11] しかしまた同じ自覚は、『奇跡をおこなう王』の場合がそうであったように、証拠で用いられているのとはどうしても隔たったものとならざるをえないカテゴリーや術語に立脚した比較史へのブロックの関与を強めることともなったのだった。

4　これらの要素は、「ヨーロッパ諸社会の比較史のために」と題された一九二八年の論考[12]で前面に出てきている。この論考は一種の方法論的宣言であって、今日でもなお不可欠の参照点をなしている論考である。ブロックは彼の論考を締めくくるにあたって、比較史を類似点の探求と同一視する先入見が依然として根強く存続していることを想起する。そのうえでブロックは力説するのだった。比較史の要点はそれが取り扱う現象のあいだに見てとることのできる相違点をきわだたせることにこそある、と。そのためには、人はあらゆる偽りのアナロジーを捨て去らなければならない。たとえば、ヨーロッパ中世の領域でイギリスの villainage〔隷農身分〕とフランスの servage〔農奴身分〕が同じものとみなされてきたことがそうである。たしかに、両者のあいだにいくつかの交点が存在することは否定できない。

> serf と villain は、両者とも、法律家によっても世論によっても、「自由」を奪われた者とみなされている。そのため、いくつかのラテン語のテクストでは、彼らは servi と称されている。[…] ここから、学識ある者たちは、彼らには「自由」が欠如していて隷属状態に置かれている

ということを根拠にして、彼らをローマ時代の奴隷にたとえるよう導かれていったのだった。

しかしながら、ブロックによると、これは

表面的なアナロジーにすぎない。というのも、非自由の概念は、内容にかんして見るかぎり、時代と場所が異なるのに応じて、多くの変化をこうむってきたからである。(13)

約言するなら、わたしたちが手にしているのは、イギリスとフランスという二つの相異なるコンテクストであり、villain と serf という二つの相異なる言葉なのだ。それを中世の法律家や学識ある者たちはローマ時代の奴隷を指すのに用いられていた servi と同一視してきた。villains も serfs も servi も自由を奪われてきた存在と想定されていたからである。ところが、ブロックは、偉大なロシア系イギリス人中世史家ポール・ヴィノグラドフを含む一群の学者たちによって提起された論証にもとづいて、この結論を表面的であるとして斥ける。つまりはこういうことである。すなわち、イギリスでは、一三〇〇年ごろには、villains は「自由な保有農民」というカテゴリーに算入されていた。これにたいして、同じ時期のフランスでは、保有農民は serfs から画然と区別されていたのである。ブロックはイギリスとフランスのあいだでのこのような相異なる歴史的道筋をたどりなおしたうえで、つぎのように結論するのだった。

十四世紀には、フランス語の serf と英語の villain は二つのまったく異なる階級に所属している。それでも、両者を比較することには意味があるのだろうか。たしかに意味がある。しかし、この比較はそれぞれの容貌がまったく相違していることを明確にし、二つの国民の発展過程のあいだには注目すべき断絶が存在することを示唆して終わるだろう。(14)

ここでブロックは、同じ論考の他の頁でもそうであるが、「階級（classes）」という言葉を中世の法律家たちによって誤って同一視されていた二つの相異なる社会的現実を同定するために用いている。しかしまた、重い農業賦役（corvées）を遂行しなければならなかった者たちは自由の度合いが少ないものとみなす、イギリスの法律家たちが採用していた規範についてのブロックのコメントは、別の方向に向かう。ブロックは書いている。「それらの規範はオリジナルというにはほど遠いものだった。彼ら〔イギリスの法律家たち〕は、大陸とブリテン諸島双方の中世社会内部でずっと以前に雑然としたかたちでつくりあげられていた集合表象の層に依拠していたにすぎないのである。農業労働にはどこか本質的に自由と相容れないものがあるという観念は、人間精神の古くからの習性に起因するものである。このことは、蛮族たちによってこの種の仕事を指すために用いられた opera servilia〔奴隷の仕事〕という言葉が例証している」と。(15) ここでは、ブロックは史料に裏づけられた術語の領域を捨て去って、唐突にも、「集合表象」という、よりつかみどころのない、仮説的な地盤へと移行している。

この概念はデュルケームから採ってこられたものである。じじつ、ある脚注のなかではデュルケームの名がわざわざ引き合いに出されている。また先立つくだりでは、ブロックは「時代が経つにつれて多かれ少なかれ不分明になっていく民衆の表象の古い宝庫」(16)に言及している。

中世における自由と隷従の問題は、ブロックによって数年後に発表された別の論考でもふたたび姿を見せており、より長い時間的な展望のもとで考察されている。いくつかのケースでは、隷従に言及した法律用語に変化は見られない。しかし(とブロックは指摘する)、カロリング朝時代の文書が示しているように、それらの用語の意味は時とともに一見したかぎりではそうとわからないさまざまな変化をこうむってきた。それらは「明らかに無意識的な」一連の移行をおこなっているのであって、その移行の過程は言葉ではなく実態に即して査定されなければならない。言語学者たちは、同様の手続きを踏んで、ある時点で labourer というフランス語がラテン語の arare、「耕す」という意味をもつようになったことを指摘してきた(17)。この言語学者たちの手本にしたがって、歴史家たちも過去に与えられた解釈を彼ら自身の解釈で置き換えるようなことは自制すべきである、云々(18)。

これはいささか意外な感のある述言である。「ヨーロッパ諸社会の比較史のために」では、ラテン語の servi という言葉から着想を得て中世の隷従制度を古代の奴隷制と同一視することは根拠がないとして斥けられていたからである。それでも、中世の法律家たちの見方を再構築することと彼らの限界を強調することはけっして両立不可能ではないとは言えるのでないだろうか。しかも、それ以上のことがある。ブロックが歴史家たちに言語学者たちを手本にするよう要請した一九三三年の論考は

「中世、とくにフランスにおける人身の自由と隷従——階級分析のための一寄与」と題されている。ブロックにとって、「階級」という近代的なカテゴリーは、中世の法律家たちによって採用されていたさまざまなカテゴリーの影を薄くしてしまうものであるどころか、それらのカテゴリーをわたしたちのものであって彼らのものではないひとつの見方のなかにしかと刻みこむものだったのである。この点は論考の最終節で強調されている。

かくてわたしたちはどの方面からも同じ教訓へと連れ戻される。人間の制度は心理的な種類の現実であることからして、階級なるものも人がそれについて思い描く観念によってしか現実にはけっして存在しないのである。隷従状態の歴史を書くということは、なによりもまず、自由の剝奪という集合的な概念の歴史をその概念の発展の複雑に込みいった変化する曲線のなかでたどり直すということを意味しているのだ(19)。

言うまでもなく、ブロックによって提起された心理学的な階級解釈については、それとは別のさまざまな分析カテゴリーにもとづいて受け入れたり議論したり斥けたりすることができる。しかし、彼の省察はさらに一般的なひとつの問いを誘い出す。観察者のカテゴリーと中世の文書から復元される当事者のカテゴリーの関係はどのようなものか、という問いがそれである。ここからはもうひとつの問いがただちに出てくる。中世の法律家たちは観察者であると同時に当事者でもあった。その中世の法律家たちが分かちもっていた隷従状態についての表象と奴僕たちが分かちもっていた隷従状態についての表象との関係はどのようなものなのだろうか。

5　この最後の問いをブロックは明示的には提起していない。しかし、この問いは彼自身の研究から抗しがたく出現してくる。この点にかんして、わたしは横道に逸れて、個人的なエピソードを語っておかなければならない。一九五九年、当時わたしは二十歳だったが、『奇跡をおこなう王たち』を読んで、歴史家の仕事について学ぶよう努力しなければならないとの思いを強くした。そして数カ月後、魔術関係の裁判の研究に、迫害そのものよりも裁判官たちの前に立たされた男や女たちに焦点を合わせて取りかかろうと決意した。そうした方向にわたしの関心を向けさせたのは、何冊かの本（アントニオ・グラムシの『獄中ノート』、カルロ・レーヴィの『キリストはエボリで止まってしまった』、エルネスト・デ・マルティーノの『呪術的世界』）と同時に人種迫害の痛ましい記憶であった。しかし、戦時中ユダヤ系の子どもとしてわたしが受けた迫害の経験がわたしをして魔術をおこなった嫌疑で裁判にかけられた男や女たちと一体化させるよう導いていったということを自覚するようになったのは、何年もあとになってからであった[20]。

わたしは指導教授であったデリオ・カンティモーリの進言に従って、まずもってはモデナの国立文書館に保存されている異端裁判（それらの多くは魔術やそれに関連した犯罪を扱っている）の記録を調べることから研究を開始した。それから他の文書館にも調査の範囲を拡大していったが、それはまったく当てずっぽうな旅であった。わたしにはこれといって決まった計画があるわけではなかったからである。そんなふうにして文書館を渡り歩いていた一九六〇年代初めごろのことである。ヴェネツィアの国立文書館に保存されている異端裁判記録に目を通していて、わたしは完全なアノマリー〔変則的事例〕をなしていることが一目見ただけでわかるひとつの文書に出会った。フリウリ出身の若い牛飼いメニキーノ・デッラ・ノータの尋問を記録した、一五九一年のほんの二、三頁の文書である。メニキーノは裁判官の質問に答えて、自分はベナンダンテ（benandante）だと言う。この言葉がなにを意味するのか、わたしにはわからなかったが、裁判官にもわからなかったとみえて、裁判官は被告の物語る話にただただ驚き呆れて耳を傾けるのみであった。メニキーノは語る。自分は胞衣《えな》を被って生まれてきたので、年に三回、肉体をあとに残し、「煙となって」、他のベナンダンテたちといっしょに出かけていって、ヨサファットの牧草地で「信仰のために」「ストレゴーネ〔男性の魔法使い〕たちと」戦わなければならないのだ、と。「ベナンダンテたちが勝つとき、それは豊作になるしるしです」とメニキーノは話を締めくくっている。(21)

何年も前になるが、その文書にほんの偶然に出会ったときのわたしの反応について回顧的分析をおこなったことがある。その文書はわたしがのちにウディネの聖庁の文書館で発見した五〇の裁判のうち最初の裁判の記録だったのだが、それらの裁判の帰趨はすべて、「ベナンダンテ」という一語をどう解釈するかにかかっていた。その一語が裁判官たちからのさまざまな問いを誘発するのだった。そして被告たちによって提供される答えは異例なまでに細かな説明で満ち満ちていた。裁判の記録からは裁判官たちがまもなく決心を固めたことがわかる。ベナンダンテたちは、自分たちの霊魂はストレゴーネたちやストレーガ〔女性の魔法使い〕たちと戦ったのだと主張しているけれども、実をいうと彼ら自身がストレゴーネたちだったのだ、というわけである。裁判官たちのこのような決めつけは、ベナンダンテたちからの憤激に満ちた否定を引き起こす。ベナンダンテたちは、彼らの「職務」を——あるときには誇らしげに、またあるときには逃れようにも逃れられない不分明な衝動の結果として——描写しようとして譲らない。しかし、最終的には、五〇年にわたる尋問ののち、自分たちは善の側に立って戦っているのだと信じていた者たちは、彼らを審問した者たちがつくりあげていた「善に敵対する者」というイメージを受けとることとなる。これは暴力——といっても、いまの場合には、大部分は象徴的なものであったが——を胚胎したあるひとつの文化的衝突の結果であった。裁判官たちの威信は、差し迫る拷問と火刑の脅威とともに、絶大で避けようにも避けられないものであることを立証したのだった。

一九六六年に出版した『ベナンダンテたち——十六世紀から十七世紀にかけての時期における魔術と農耕信仰にかんする研究』と題する本〔上村忠男訳『夜の合戦——16－17世紀の魔術と農耕信仰』（みすず書房、一九八六年）〕のなかで、わたしはベナンダンテたちによって提供された話を農民文化の一断片が異端裁判官側のステレオタイプを押しつけられるなかで徐々に歪曲されていったものとして分析した。論拠となったのは、「ベナンダンテ」という語が実際に意味しているところをめぐって被告と異端裁判官のあいだで激しい見解の相違がみられるということであった。異例ともいえるフリウリの証拠を歴史家にとってかくも価値あるものにしているのは、劇的なまでに不平等な対話にかかわっている両サイドのあいだのコミュニケーションの欠如にほかならなかったのである。

多年にわたる中断ののち、わたしは魔術裁判にかんする仕事を再開した。そのときになって自覚させられたのだが、聖俗双方の裁判官たちへのわたしのアプローチは多くの点で不適切なものであった。彼らの振る舞い方の特徴をなしていたのは、しばしば、被告たちの信念と行為をなんとかして理解しようとする純然たるこころみ以外のなにものでもなかった。もちろん、その目的はそれらを根絶やしにすることであったにしてもである。裁判官と被告のあいだに立ちはだかる文化的な距離は理解と比較と翻訳の努力を生み出しうるものだったのだ。極端ではあるが事態をよく照らし出してくれるひとつのケースを想起させてほしい。一四五三年、ブリクセンの司教——哲学者のニコラウス・クザーヌス——は、近隣の渓谷からやってきた二人の老女が語る話に耳を傾けていた。それから少し経っておこなった説教のなかで、司教は二人の老女を「なかば恍惚状態にある（semideliras）」というように描き出した。二人の老女は彼女らが「リケッラ（Richella）」と呼ぶ夜の女神を崇拝していた。「リケッラ」はイタリア語の「リッケッツァ（ricchezza）」に由来する名称で、「富」と訳すことができる。そこで学識のある司教はその「富の女神」＝「リケッラ」をディアーナ、アブンディア、サティアと同類の女神であるとみなした。いずれも、中世の百科事典や教会法にかんする論述のうち、民間に流布している迷信を扱ったセクションで言及されている名称である。(22) このような解釈のこころみはとりたててめずらしいものではなかった。クザーヌスほど有名ではない裁判官や審問官も、概要や翻訳を作成しては入れ子になった中国の箱のなかに詰めこんで、近代の解釈者――いまの場合にはわたし自身――でも利用可能なかたちにして後世に残していた。こうして、いささか当惑させられながら、わたしは心情的には犠牲者たちと一体になっていたにもかかわらず、知的にはかえって迫害者たちと近接した位置にある自分を発見することになったのだった。わたしが置かれていたこの状態については、「人類学者としての異端裁判官」と題する論考のなかで分析に努めたとおりである。(23)

6　もしブロックの著作に出会っていなかったとしたら、わたしの研究――なによりも、わたしがフリウリの文書館でおこなった研究――がどんな方向をたどっていたのか、想像もできない。いまから振り返ってみると、わたしはどうやら、ベナンダンテたちが脱魂状態で見た夢をブロックが呼び起こしている身分の卑しい者たちの「真実の祈り」にたとえようとこころみていたようである。どちらの内的経験についても、言葉は（前者の場合には記録文書化されており、後者の場合には想像上のものであるが）不適切な仕方でしか記録にとどめていない。ベナンダンテたちの場合、わたしたちが目にしているのは、異端裁判官に強要されて発せられ、書記係によって筆写された言葉である。この（法による支配のもとにあるとはいえ）権力的な関係のコンテクストは、どうしても勘定に入れておかなければならないものである。しかし、重要であるにもかかわらず、そのコンテクストは証拠をなしてはいないのだ。

いまではわたしは、どの歴史家もこんなにも見えすいた権力関係を見落とすようなことはあるまい、と信じたい気持ちになっている。これよりもはるかに見通しにくかったのは、わたしが異端裁判官たちと近接した位置に立っているということである。この事実にわたしが気づいたのは何年もあとになってからであった。自分が異端裁判官たちと近接した位置に立っているという事実がわたしの心に重くのしかかってきたのは、おそらく、わたしの研究計画をそもそもの始まりから形づくっていた予備的な選択の背後にはいくつもの深い根っこが存在することに気づくようになったときでしかなかったのではないだろうか。

心情的には犠牲者たちと一体化しながら、知的には異端裁判官たちと近接した位置にあるということ――わたしたちはいま、ブロックが描き出している歴史研究のモデルにおいては実証主義すれすれのもののようにみえる諸要素からは、はるかに隔たった地点に立っている。術語にかんするブロックの省察では、権力的な抗争関係は行為当事者の側でのみ姿を見せている。たとえば、二十世紀の労働者とかフランス革命前夜の農民の階級意識といったような比較的遅い時期に出現した現象について述べている場合がそうである(24)。その一方で、観察者である歴史家の言語にかんしては、ブロックはそれをできるかぎり自然科学の中立的で利害関心を離れた言語に合致させようとしており、こちらの側での権力的な抗争関係にはなんら言及していない。

わたしが推奨している観点では、批判的で利害関係を離れた態度は目標点ではありえても出発点ではない。目的はブロックがめざすものとさほど異なっていないけれども、それにいたる道は異なっている。歴史家の言語と証拠史料の言語のあいだには危険に満ちた近接関係が存在することを顧慮した場合、分析の道具を滅菌消毒しておくことがかつてないほど緊要になる。観察者と観察者であると同時に行為当事者でもある者たち（人類学者としての異端裁判官、歴史家としての異端裁判官）のあいだに近接関係が存在する場合は、とくにそうである。

7　わたしがフリウリの文書館で一九六〇年代と七〇年代におこなった調査にかんするこれらの回顧的な省察は、一部分、後年アメリカの言語学者で人類学者でもあり宣教師でもあったケネス・L・パイクの著作に出会って得た着想によるところがある。パイクの著作では、観察者による分析と行為当事者による分析の二つのレヴェルのあいだに対立が存在することが強調されている。そして、それぞれに、（フォネティック phonetic〔音声の〕から採って）エティック etic ならびに（フォニーミック phonemic〔音素の〕から採って）イーミック emic という名称が付けられている。パイクがつくりあげようとしたのは、人間行動の構造の統一理論であった。このことは彼の最も野心的な本（『人間行動の構造の一般理論との関連における言語』）のタイトルでも謳われているとおりである。本は最初一九五四年から六〇年までに三部に分けて出版され、一九六七年に増訂版が出た。

パイクは説明している。エティックな観点はもろもろの言語や文化を比較の展望のもとで検証し、イーミックな観点は「文化的に特殊的であって、あるひとつの言語か文化に一回だけ適用される」と。[25]しかし、この静態的でどちらかというと人を戸惑わせがちな対置は、引き続くくだりでは、もっと実効性がある動態的な展望へと転換されている。

準備的な提示と最終的な提示。エティックなデータはシステムへのアクセスを提供する。そしてこれが分析の出発点をなす。それらのデータが与えるのは、あくまでも試験的な結果であり、試験的なユニットである。しかしながら、最終的な分析ないし提示がなされるのは、イーミックなユニットにおいてであろう。全体的な分析のなかでは、当初のエティックな記述は漸次洗練されていく。そして最終的に、――原理上は、しかし実際上はたぶんけっしてそうはならないだろうが――全面的にイーミックなものである分析によって置き換えられる。[26]

ブロックのニュアンスに富み洗練された省察になじんできた大半の歴史家たちは、これらの指摘に苛立ちを覚えて、それらを抽象的に過ぎると評することだろう。それに、そもそもパイクが語りかけているのは歴史家ではなくて言語学者と人類学者である。[27] そして長いあいだ、それら二つのグループ〔言語学者と人類学者〕はイーミックなレヴェルとエティックなレヴェルの区別について論じてきた。これにたいして、歴史家たちは、わずかの例外を除いて、それを無視してきたのだった（わたし自身、イーミックとエティックの区別について自覚するようになったのは、ベナンダンテたちの研究に着手してから二〇年後のことであった。そしてそのときにはパイクの主著の第二版が刊行されて二〇年が経過していた）。[28] しかし、いましがた引いたパイクのくだりを歴史研究と連結した言葉を用いて翻訳してみるのは無意味ではないかもしれない。翻訳してみると、つぎのようになるだろう。

「歴史家たちはどうしてもアナクロニスティックなものにならざるをえない言葉を使った問いから出発する。そして調査の過程で、新たに発見された証拠にもとづいて、行為当事者たちの言語のなかで発せられている答えをよみがえらせ、このことによって当初の問いは修正される。行為当事者たちの言語は彼らの社会に特有のカテゴリーと関連したものであって、わたしたちの言語とはまったく相違しているのである」。

エティックな展望によって産み出される「試験的な結果」についてのわたしの翻訳――「歴史家たちはどうしてもアナクロニスティックなものにならざるをえない言葉を使った問いから出発する」――は、ブロックによってなされた指摘を復唱したものである。[29] 出発点をなすのは、あくまでも問いであって、答えではない。この区別は、不注意にも歴史研究におけるアナクロニズムの役割を強調してきた者たちによっても、アナクロニズムがひとつの適切なカテゴリーであること自体を否定してきた者たちによっても見落とされてきた。[30] しかし、人はエティックな問いから出発して、イーミックな答えをめざすのである。[31]

わたしの試験的な翻訳を、アルナルド・モミリアーノが何年も前に「古代史研究におけるゲームの規則」と銘打って提出した十戒のひとつと比較してみてもよいかもしれない。その規則はどの時期の歴史にも適用される。

ユダヤ教、キリスト教、イスラム教といった歴史研究の分野に入りこむやいなや、証拠をそれぞれの宗教に特殊的な問いに従属させるようにと、マルクス、ヴェーバー、ユング、ブローデルはわたしたちに教えている。そのさい、それらの問いは証拠が提供する答えに影響を及ぼすことはない。歴史家の恣意的な意志は、史料を解釈しはじめるやいなや消えてなくなるのである。(32)

わたしの見るところ、エティックとイーミックの区別の必要について論じているパイクのくだりと、それについてのわたしの解釈とモミリアーノの規則とは、さして違わない。わたしが相違していると見るものは別のところにある。消し去ることができないとパイクが見ているエティックな要素の残存は、語源的には解釈と同義語である翻訳の活動に内在する本質的な要素として、むしろ積極的なかたちでとらえられるべきなのだ。わたしたちの問いとわたしたちが証拠から獲得する答えとのあいだに存在する緊張関係は、証拠がわたしたちの当初の問いを修正することがあるにしても、そのまま生かしつづけておかなければならないのである。(33) わたしたちの言葉と彼らの言葉のあいだに存在する相違が注意深く保たれているなら、それはわたしたちが二つの罠に陥るのを防止してくれるだろう。感情移入と腹話術という罠がそれである。(34) 両者はじっさいにも関連しあっている。行為当事者たちが透明な存在であると想定することで、わたしたちはわたしたちの言語とわたしたちのカテゴリーが彼らのものでもあるかのようにとらえているのであり、その結果、知らぬ間に事実を歪曲してしまっているのである。これは「ホモ・エコノミクス〔経済人〕」といったようなアナクロニズムもはなはだしい想定を立てるより（正確に指摘するのがむずかしいため）はるかに危険である。

ラテン語の interpres は、どんな解釈も翻訳であり、またどんな翻訳も解釈であることをわたしたちに想起させる。翻訳の問題はパイクの提起した論点に刺激を受けた論争のなかでも浮上している。一群の反応が『イーミックスとエティックス――インサイダー／アウトサイダー論争』と題された本となって出版された。一九八八年にフェニックスで開催された会議の記録であるが、参加者の一人で、「根本的翻訳」にかんする省察で有名な哲学者のウィラード・クワインは、彼の講演を以下のように締めくくっている。

それにもかかわらず、アウトサイドとインサイドのあいだには致命的な不均斉が残る。わたしたちの科学へのわたしたちの暫定的でありながらも責任あるコミットメントは、わたしたちが外国産の文化について語るものには及ぶが、インサイダーたちがそれの内部で語るものにまでは及ばないのである。[35]

クワインによって（そして彼よりも前にパイクによって）強調されたわたしたちの言葉と彼らの言葉のあいだの不均斉は、歴史家たちによっても経験されてきた。それは「過去は外国である」という格言にあるとおりである。[36] 要するに、このような不均斉が人類学者によって言表され理論化されたとしても、なんら驚くにはあたらないのである。通常人類学者たちをいわゆる「ネイティヴたち」から隔てている言語的かつ文化的な距離は、人類学者たちに自分たちは自分たちが付き合っている人物たちと親しくなったと、歴史家たちがしばしば想定しているのと同じように想定するのを防止する。さきにも指摘したように、腹話術は多くの歴史家が罹っている職業病なのだ。しかし、言うまでもなく、歴史家のすべてがそうであるわけではない。

かつて、マリノフスキーの言う「ネイティヴの観点」を救い出そうとして、イーミックな人類学なるものを提唱した者がいた。[37] これにならって、人はイーミックな歴史叙述なるものについて語ることができるのかもしれない。三つの輝かしい例を挙げておくだけで十分だろう。「ヒューマニスト」という言葉の起源にかんするポール・オスカー・クリステラーとアウグスト・カンパーナの論考、それにひとつの時期および運動としてのルネサンスにかんするエルンスト・ゴンブリッチのあまり知られていない講義である。[38] これら三つの例はいずれも、観察者たちのカテゴリーから区別されたものとしての行為当事者たちのカテゴリーを復元しようとこころみている。観察者たちのカテゴリーはしばしば職業歴史家たちのサークルをはるかに超えて拡がっているあるひとつの集団的思考の存在を告げ知らせている。カンパーナは、論考の最後で、最近（この論考は一九四六年に書かれている）「新しいヒューマニズム」ということを語った者がいると指摘していた。そして「その古い言葉には新しい理想が吹きこまれた。それらの理想については将来の文献学者や歴史家が扱うだろう」と述べていた。しかし、翌年に書かれた後記では、カンパーナはさらに強い言葉を使っている。クリステラーは、同じ主題について独立に書かれた論考のなかで、「ルネサンス・ヒューマニズム」という近代的な概念はもはや「支持しえない」ことを明らかにしていたというのだ。[39] ここで「支持しえない」というのは、もちろん、文献学的な観点からは支持しえないということであって、わたしたちが「ルネサンス」というようなカテゴリーを使うのをさまたげるものではない（カンパーナ自身、その後も使いつづけているとおりである）[40]。しかし、どれほど有用なものであろうとも、そのようなラベルはあくまでも約定的なものにとどまるということは、つねに注意していなければならない。「ヒューマニズム」「ルネサンス」「近代」「二十世紀」の本質的な特徴を掘り出そうといった努力をしている者たちは――控え目に言って――時間をあたら無駄に費消しているのである。

8

わたしが歴史叙述のなかに見いだすようにと実験的な仕方で提唱したイーミックな次元は、もっと古くからあってもっとなじみ深い言葉で描き出すことができる。文献学、古遺物研究という言葉がそれである（人類学は古遺物研究から生まれたのだった。かくて円はここで一巡して閉じられることとなる）。しかし、イーミックとエティックの対立を歴史叙述のなかに機械的に移し入れると、誤解を招きかねないだろう。歴史家たちは彼ら自身が実践していることを根拠にして、イーミックとエティックの二分法はどこか単純に過ぎるところがあると指摘するかもしれない。わたしのフリウリのケースが示しているように、歴史叙述の場ではイーミックな次元とエティックな次元の双方がともに抗争の舞台をなしている。前者の場合には異端裁判官たちとベナンダンテたちのあいだの抗争、後者の場合にはたがいにまちまちな方向をとろうとしている学者たちのあいだの抗争の舞台をなしているのである。それでもなお、イーミックとエティックの区別について意識するようになれば、それは歴史家たちがエスノセントリック〔自民族中心主義的〕なバイアスから身を解き放つ手助けにはなるかもしれないのである。これはグローバリゼーションによって形づくられている世界にあってはますます喫緊のものとなりつつある課題なのだ。グローバリゼーションそのものは何世紀にもわたって進行してきたが、その過程がほんとうに気違いじみたペースをとるようになったのは最近数十年のことである。

歴史家たちはこの挑戦を受けて立たねばならない。だが、どのようにしてか。ひとつの答えが文学テクストをめぐる論争によって提供されてきた。エーリヒ・アウエルバッハの「世界文学(Weltliteratur)の文献学」から出発するのがよいだろう。一九五二年に現われ、今日ほとんど予言的な音色を奏でている有名な論考である。(41)

それはまことに陰鬱な予言である。冷戦のさなかにアウエルバッハは文化的同質性への傾向が拡りつつあるのを見てとる。この現象は東西どちらの陣営にも——両者のあいだには明らかな相違が存在したにもかかわらず——影響を及ぼしていたのだった。世界はますます似たものになりつつあった。過去には文化的差異化の原因者であった国民国家ですら、その力をおおかた失ってしまっていた。大衆文化《マス・カルチャー》が——この用語をアウエルバッハは使っていないが、これこそが彼の分析の要諦をなす点なのであった——地球の表面全体を覆い尽くそうとしていた。あるひとつの「世界文学」が、ゲーテが想像していたのとはまったく異なるコンテクストのもとで出現しつつあった。そして、そこではヨーロッパはごく周辺的な役割しか演じていなかったのである。この時空両面にわたる巨大な膨張を目の前にしては、アウエルバッハほどの射程の広い学者ですら、自分の手にしている道具が時代に適合しえなくなったと感じざるをえないのだった。そこで彼は若い文学研究者たちに消極的であるとともに積極的でもある忠告を与える。一方では、彼は若い研究者たちに「ルネサンス」とか「バロック」といった一般的な概念と一人の作家の作品を土台にしたモノグラフィックなアプローチの双方を避けるよう示唆する。とともに、他方では、取っかかり点（Ansatzpunkte）となるような特別の細部を探し求めるよう勧めるのである。

アウエルバッハがそれとなく言及していたのは、彼の大著『ミメーシス』を鼓舞していた方法であった。しかし、彼がほんの一〇年足らず前に『ミメーシス』の最終節で提出していた省察は、いまや別の方向に発展させられていた。ヨーロッパの文学的伝統のもつ重要性がもはや自明のものとして認められえなくなってしまったのだとしたら、そのときには一般化をめぐる問題が暗々裡にではあれ前面に出てきているのだった。しかし、その一般化はどこから出発するのか。また、なにをめざすのだろうか。

何年か前、フランコ・モレッティが「世界文学にかんするもろもろの推測」と題された論考のなかで（この論考では不可思議なことにもアウエルバッハへの言及はなされていない）、勇敢にもこれらの論点を提起したことがあった。[42] 比較文学を専攻する学者でも全部を読みつくすことは到底かなわない膨大な数のテクスト群がしかけてくる挑戦に直面して、モレッティは大胆な解決策を示唆する。又聞き的読解（second-hand reading）という解決策である。文学への比較的アプローチをとろうとしている学者たちは、おおかたの場合、あるひとつの国民文学に専念して限定された視野のもとで仕事をしてきた学者たちの洞察を吸収することで、一般的な問いを立てようとする。それゆえ、比較文学研究は作品に密着した読解ではなくて作品から距離を置いた読解に依拠することになる。わざと挑発的な口調で提起されたこの提案を組み立てているのは、わたしの出発点をなしていたマルク・ブロックの論考「ヨーロッパ諸社会の比較史のために」を拠りどころにした論拠である。そこで、二つの重要なくだり——まずはモレッティのくだり、それからブロックのくだり——を比較してみると手助けになるだろう。

モレッティはつぎのように書いている。

比較社会史について書くためにマルク・ブロックはかつてひとつの威勢のいい「スローガン」をつくり出したことがあった。「綜合の一日のための分析の数十年」というスローガンがそれである。そして、もし諸君がブローデルかウォーラーステインを読んでみたなら、ブロックがなにを念頭に置いていたか、ただちに見てとることだろう。厳密にはウォーラーステインのテクストであるが、彼の「綜合の一日」は、一頁のうちの三分の一、四分の一、ことによると半分を占めていて、残りは引用である（引用は『近代世界システム』の第一巻に一四〇〇回も出てくる）。分析の数十年、すなわち他の人々が長い年月をかけておこなってきた分析を、ウォーラーステインの本はひとつのシステムへと綜合してみせているのだ。[43]

たしかにブロックは書いている。「綜合の一日のための分析の数十年、という古くからの格言はつねに真実である」と。そのさい彼が言及していたのは、フュステル・ド・クーランジュが一八七五年に公刊された『ローマ時代のガリア』に付した序文の一節である。ブロックは脚注で「綜合の一日のためには分析の数十年が必要とされる」というフュステル・ド・クーランジュの正確な原文を提供している。しかし、その格言の創案者についての再評価より重要なのは、それに続くブロックのコメントのほうである。

しかし、この格言はあまりにもしばしば、必要な修正をくわえることなく引用されている。「分析」を「綜合」のために用いることができるのは、分析がはじめから綜合を視野に入れ、かつ綜合に役立つものになろうと努めている場合でしかないのである。(44)

ここでブロックがほどこしている条件付与はモレッティの読解とは正反対の方向を指さしている。(45) 人は、建築家の（あるいは比較文学の教授の）心のなかにのみ存在する建物をつくりあげるのに、実証主義者たちが考えているように、煉瓦、すなわちモノグラフィックな調査を積みあげていけば事足りると考えるべきではない。証拠はすでに綜合的なアプローチに向かいつつあるアジェンダにしたがって集められるのでなければならない。言い換えるなら、人は一般化に導いていくようなもろもろのケース〔事例〕をみずからつくり出さなければならないのだ。しかし、大半の証拠はすでにわたしたちの立てる問いとは異なった問いから出発した従前の学者たちによって蒐集され、濾過装置をとおして接近がなされてきた以上、歴史叙述の歴史が歴史研究のうちに組みこまれる必要がある。第一次的証拠からのわたしたちの距離が大きければ大きいほど、間に介在した者たちやわたしたち自身によって立てられたさまざまな仮説に捕らえこまれてしまう危険は増大する。言い換えるなら、わたしたちが見つけ出すのはあくまでわたしたちが探し求めているものであって、それ以外のなにものでもない、という危険をわたしたちは冒しているのである。

ブロックのくだりについての右のような曲解的な読み方にはとりわけ人を驚愕させるものがある。というのも、モレッティ自身、「世界文学についてのもろもろの推測」と同時期に発表されたすばらしい論考のなかで、公刊されたものの忘れ去られてしまったテクストがとても全部を読みとおせないほど膨大な量にのぼることからやってくる挑戦を受けて立つ唯一の方途は、ケース・スタディ〔事例研究〕、すなわち、あるひとつの問いによって同定される限定されたテクストについての〔又聞きではなく〕直接的な分析（first-hand analysis）に立脚して仕事を進めることだ、と述べているからである。この第二番目の論考は「文学の屠場」と題されており（ヘーゲルのアフォリズムに暗に言及したものである）、コナン・ドイルが彼の探偵物語の核心にほとんどそれと意識することなく設定していた、証跡を手がかりにしての推理という文学上の工夫について論じている。[46] 何年も前、わたしもシャーロック・ホームズとそれ以外のトピックをまったく別の展望のもとで扱った「証跡」という論考を書いたことがあった。[47]

もしわたしが間違っていなければ、フランコ・モレッティの論考も、わたしの論考も、いずれもmise en abyme〔紋中紋〕として知られる工夫を含意している。ひとつのトピックとしての証跡が分析されるのは証跡にもとづくアプローチを介してなのであるから、細部は全体を模写したものとならざるをえないのである。[48]しかしまた、証跡は又聞きではなく直接史料にあたっての読解（first-hand reading）を要求する。そして、最終的な綜合に責任を負っている人物は、この仕事を他人に委ねるわけにはいかない。くわえて、テクストに密着した分析的な読解は膨大な量の証拠と両立可能である。文書館での調査になじみのある者たちは、人はだれでも、無数にあるファイルの頁をめくっていっては素早く数えきれないほどの箱の内容を調べあげ、突然、何年にもわたって精査するに値するとおもわれる文書を見つけて手を止める、という経験をすることがあるのを知っている。これは、鶏が（このような比較をしたからといって仰天しないでいただきたい）辺りを見回しながら前後に歩いていて、突然、虫を見つけてはその虫が地中に隠れる前についばむのに似ている。ここでもまた、わたしたちはAnsatzpunkte〔取っかかり点〕に立ち戻ることとなる。アウエルバッハが論じたように、一般化可能なポテンシャルを具えた細部におよぶ調査計画のための種子を提供してくれる特殊な点、ひとことで言うなら、ケース〔事例〕である。なかでも異例のケースからはとりわけ期待しうるところが大きい。というのも、キルケゴールもかつて言ったことがあったように、異例にはいつも変わりなく規範が含まれているがその逆ではないかぎりで、認識の観点からは、異例のほうが規範よりも豊かだから

である。(49)

9　何年か前からケース〔事例〕という対象がしだいに注目されるようになってきたが、それは一部分、ミクロストリアをめぐって進行中の論争と関連している。そしてそのさい、「ミクロストリア」という語の接頭辞――ミクロ――は、繰り返し（もっとも、たぶん十分にではないにしても）強調されてきたように、検査中の対象の大きさ――そうと想定されているものであれ現実にそうであるものであれ――ではなく、顕微鏡による分析的な眼差しを暗示している。(50)しかしまた、ミクロストリアは分析的な（ひいては又聞きではなくて直接自分の目で確かめた）調査にもとづくものでありながらも、それがめざすのは一般化なのだ。ところで、この「一般化」という言葉は通常、誤って、あえて説明の必要もない言葉と受けとられているが、それはさまざまな出発点（問いや答え）、さまざまな種類のアナロジー（換喩的、隠喩的な）等々にもとづいていて、その多様な拡がりの範囲を探査するには、さらなる省察が必要となる。(51)

グローバル化した世界にはミクロストリアの余地はない、と異議を申し立てる向きがあるかもしれない。この異議にたいして、わたしとしては、事態は正反対であることを論証したい。ミクロストリアが国際的に受容されていることは、いともたやすく政治的な展望のもとで解釈することができる。ミクロストリアへの関心の第一波は、それがイタリアで誕生したのち、ドイツ、フランス、イギリス、アメリカ合州国で起こった。そして、それに続いて第二の波がフィンランド、韓国、アイスランドといった周辺諸国ないし準周辺諸国で起こった[52]。ミクロストリアは、検査に付された対象が本質的な重要性をもつものであることがア・ポステリオリに証明されたことで、既存のヒエラルヒーを覆す機会を提供してきたのだった。これは「アングロ・グローバリズム」というラベルを貼られてきたもの、すなわち、ほとんどが英語で書かれた研究にもとづいて、ほとんどが英語以外の言語で書かれた文学テクストを扱う、英語で書かれた比較文学研究の、意図せざる帝国主義的な特権化とはまったく性質を異にしている[53]。

ミクロストリアを拠りどころにして政治と歴史叙述の分野におけるヒエラルヒーを覆そうというくわだては、その根っこを遠い過去に沈めている。重要なのは部族Xではなく部族Xに投げかける問いである、とかつてマリノフスキーは語ったことがあった。同様の精神でもって、マルク・ブロックも、地方史には一般的な意味をおびた問いをつうじて取り組まなければならない、と論じた。わたしがここまで述べてきたことに照らしてみるなら、人類学と歴史学には近似するものがあることがだれの目にも明々白々になってくるだろう。何人かの歴史家たちがミルチャ・エリアーデの「ホモ・レリギオース ス〔宗教人〕」の擬似普遍性に反撥して「宗教」という語のローマ的およびキリスト教的なエスノセントリズム的次元を強調しているわたしたちの世界のような世界では、特殊的なコンテクストにかかわるケース・スタディは、新しい一般化を可能にしてくれるため、もろもろの新しい問いと新しい調査研究を産み出してくれるものと期待される[54]。イーミックな答えはエティックな問いを産み出すのであり、また逆にエティックな答えはイーミックな問いを産み出すのである。

最後に一言。わたしはミクロストリア讃歌を歌うことでわたしの省察を終えようとはおもわなかった。わたしはラベルには関心がない。そして悪いミクロストリアからは悪い歴史しか生まれないのだ。どんな方法も、もろもろの制約や過ちからわたしたちを守ってはくれない。わたしたちが次の世代に語りかけるときには、率直に自分の欠点を認めなければならない。そのうえで、わたしたちが万難を排してなにをおこなおうとこころみてきたのかを描き出してみせることだ。次の世代はわたしたちの話に耳を傾けるだろう。そして、いつの世でもそうであったように、なにかわたしたちとは別のことをするだろう。「自分の師匠を乗りこえない弟子はなんと哀れなことよ」とレオナルド・ダ・ヴィンチは言った。

ヴァールブルクの鋏

1

「パトスフォルメル（Pathosformel）」、すなわち「情念定型」は、アビ・ヴァールブルクの言語的霊感によって考案された数多くの造語のなかでも最も著名なものである。しかし、この用語はきわめて頻繁に引用されながら、その起源、その意味や含蓄は、明確というにはほど遠い[1]。のちに見ていくように、いままで考慮に入れられなかったひとつの資料が、これらの点を解明する助けとなる。

アビ・ヴァールブルクがはじめて「パトスフォルメル」に言及したのは、一九〇五年十月にハンブルクでおこなわれたデューラーとイタリアにおける古代のイメージについての講演でのことだった。ヴァールブルクは、オルフェウスの死を描いたデューラーの有名な素描（図1）とマンテーニャのサークルから出てきた同テーマの版画（図2）を接近させてみせた。たしかにデューラーの素描はこの版画に着想を得ている。しかし、今日ではもはや同定不可能となった、両者のあいだに存在する一連の鎖の環をとおして、版画は、死にゆくオルフェウスの身振りのなかに、ギリシアの壺によって裏づけられる「考古学的に真正な情念定型（「パトスフォルメル」[2]）」を復元していたのだった（図3）。

ヴァールブルクによると、これは孤立した例ではなかったという。ルネサンス初期の美術は古代から「強調された感傷性をおびる身振りのモデル」を引き出していた。それは、ヴィンケルマンが提起した「静謐なる偉大さと高貴な簡素さ」としての古代という、よく知られた定義においては無視された要素だった。数カ月後、ヴァールブルクは、このオルフェウスの死の様式論的、図像学的解釈はほとんどがニーチェから着想を得たものであった、と日記に記している[3]。しかし、ニーチェの傍らにはブルクハルトがいた。何年ものちにフリッツ・ザクスルは未公開のヴァールブルクのメモを使って、

図1　アルブレヒト・デューラー《オルフェウスの死》、素描。ハンブルク、クンストハレ

図2　フェッラーラ派《オルフェウスの死》、版画。ハンブルク、クンストハレ

中世の宗教的信仰によって検閲を受けてきた異教の熱情的な身振りを、ルネサンスは古代の石棺をつうじて再発見した、と言っている。(4)『イタリア・ルネサンスの文化』のなかの十五世紀ローマの謝肉祭における古代の凱旋式の痕跡に捧げた一節で、ブルクハルトはつぎのように書いていた。「なんらかのパトスが出現したとき、それは古代的な形式で呈示されなければならなかった」。エルンスト・ゴンブリッチによると、これらの言葉のうちにこそ、ヴァールブルクの「パトスフォルメル」の種子は探し求められるべきなのである。(5)

図3　オルフェウスの死が描かれているアッティカ赤絵様式のスタムノス（壺）、紀元前 470 年ごろ。パリ、ルーヴル美術館

ゴンブリッチによるこの足早な示唆はアビ・ヴァールブルクの知的生涯についての彼の伝記の脚注の一行のなかに閉じこめられているのだが、大いに真剣に受け止められなければならない。だが、その種子は、まったく異なる種類の精神的経験によって肥沃にされた土壌の上に落ちたのであった。

2

刊行された著作のなかでは、ヴァールブルクは「パトスフォルメル」という概念をまれにしか使っていない。その一方で、歳月が流れるなかで積み重ねられた膨大な量の未公開のメモのなかでは、「パトスフォルメル」という用語は絶え間なく、ほとんど強迫観念のようにして登場する。最上級の原初的特徴と推定されるものにかんする言語学者ヘルマン・オストホフの研究に着想を得て、ヴァールブルクは身振りにもとづく図像《イコン》的定式を言語における最上級にたとえて「情熱的身振り言語の原初的言葉（Urworte leidenschaftlicher Gebärdensprache）」と表現した。[6]

オストホフによると、「原初的言葉」の特徴のひとつは両義性であった。これはヴァールブルクが「パトスフォルメル」に拡大適用した要素である。[7] ルネサンス時代、いくつかの「パトスフォルメル」は古代に担っていた意味と反対の意味をともなって現われた。たとえばドナテッロの弟子であるフィレンツェの彫刻家、ベルトルド・ディ・ジョヴァンニが《十字架礫刑図》で描写しているマグダラのマリアの場合がそれである。没後に「古代風の理想様式のルネサンス初期の絵画への流入」というタイトルで公表された講演のなかで、ヴァールブルクはベルトルド・ディ・ジョヴァンニのマグダラのマリアを「マイナデス〔酒神バッコスの信女たち〕」と定義している。ヴァールブルクが晩年に専念したイメージのアトラス『ムネモシュネ』では、ベルトルド・ディ・ジョヴァンニの《十字架礫刑図》は「エネルギー論的反転」〔「エネルギー論」のドイツ語原語はEnergetik。ドイツの化学者F・W・オストヴァルト（一八五三―一九三二）による造語で、すべての自然現象はエネルギーの移動と形態転換によって記述されるとする立場をいう〕の例として、二回現われる。一つは全体として、もう一つは部分として（図4）。[8]

一九三八年――そのときヴァールブルク図書館はナチスから逃れるためすでにハンブルクからロンドンへと移転していたのだが――『ウォーバーグ研究所紀要』の第一号が出た。そのなかに、エドガー・ヴィントの署名入りで、「十字架の下のマイナデス――レノルズの観察への評注」と題された二頁にわたるきわめて中身の濃い覚え書きが掲載されている。そしてそれに同テーマについてのフレデリック・アンタルの注釈が続いている。[9] ヴィントは、ジョシュア・レノルズがバッチョ・バンディネッリの素描を分析した『芸術についての講話』の一節を論評している。その素描はレノルズ自身が所有していて、自由な筆致の模写もおこなっている（図5、6、7）。

レノルズは指摘している。バッチョ・バンディネッリは「頭を逆さにして後ろにのけぞるバッコスの信女の像に着想を得ている。浅浮彫りやカメオや陰刻にここまで頻繁に登場するところをみると、大人気を博した発明のようである。狂乱におちいり熱狂した一種の喜びを表わそうとするポーズである」（図8）。バッチョ・バンディネッリの素描のなかでは――とレノルズは続けている――、マイナデスのポーズは十字架の下のマリアの像を描くのに、すなわち「悲しみによって狂乱におちいった姿を表現する」ために使われたのだった。そして、「両極端の情動が、たいした違いもなく、同一の動作で表わされるといえば奇妙であるが、たしかにそうなのである」とレノルズは結論づけている。[10]

そしてヴィントは評している。ヴァールブルクは、ベルトルド・ディ・ジョヴァンニのマグダラのマリアのような像を「レノルズの『芸術についての講話』の一節を知らないまま、類似する動作が反対の意味をおびうることを示すために」蒐集していたのだ、と。[11]

しかしヴィントは間違っていた。ヴァールブルクは「パトスフォルメル」の概念の起源とさらにはその後の歴史のいくつかの要素を照らし出してくれるコンテクストのなかで、レノルズの一節に出会っていたのである。

4

5

6

7

図4　ベルトルド・ディ・ジョヴァンニ《十字架磔刑図》、ブロンズ浮き彫り。フィレンツェ、国立バルジェッロ美術館

図5　バッチョ・バンディネッリ《十字架降架》、素描。マラガ、ダニエル・カッツ

図6　ジョシュア・レノルズ《十字架磔刑図》、素描。ロンドン、大英博物館

図7　バッチョ・バンディネッリ《十字架降架》、素描。パリ、エコール・デ・ボザール

3

ただちに言っておきたいが、わたしが記述しようとしているテクストの連鎖は一目瞭然、まったく疑問の余地がない。たとえ、わたしの知るかぎり、研究者たちから注意を払われることがなかったとしてもである。一八八八年、当時二十二歳のヴァールブルクはアウグスト・シュマルゾーの研究会のための準備をフィレンツェ国立図書館でおこなっていたとき、『人間と動物における感動の表現』と題したチャールズ・ダーウィンの著名な本に出会った。[12] そのときヴァールブルクが日記に記した「やっとわたしを助けてくれる本に出会った」という反応は、しばしば引用されてきた。[13] これらの言葉を「パトスフォルメル」にも関係づけることは可能だろうか。この可能性については幾度も言及されてきたが、しかしそれは「この［ダーウィンの本の］影響をどのような意味で解釈すべきかということは、いまだに開かれた問題である」といった類いの曖昧なかたちにおいてであった。[14] そうかもしれない。しかし今後それを解釈しようとする者は、ダーウィンの本の「喜び－陽気さ－情愛－優しさ－帰依」と題された八章の一節を引用せずにはすまされないだろう。両極的な感動を表

図８　マイナデスの描かれたネオ・アッティカ様式の浅浮き彫り、部分。フィレンツェ、ウッフィーツィ美術館

わすポーズのあいだの隣接関係について考察しながら、ダーウィンはつぎのように書いている（一八七八年に出版されたイタリア語版から引用する。このイタリア語版では題名が奇妙なことに『人間と動物における sentimenti（emozioni でなく）の表現』と改変されている）。

大笑いからたんなる陽気さの表現までのあいだには、穏やかな笑い、大きな音笑、かすかな微笑み、そして純粋なたんなる陽気さまで、中断することのない段階がある。顎がはずれるぐらい笑うときには、身体は何度も後ろにのけぞり揺すられる、あるいはほとんど痙攣を起こして倒れてしまう。呼吸はいちじるしく妨げられ、頭も顔も血液が充溢し、血管が開く。目の周りの筋肉は、目を保護するために、痙攣を起こしているかのように収縮する。涙がほとばしる。したがって、まえにも指摘したように、笑いの爆発のあとに涙にぬれた顔と、号泣のあとのそれとではほとんど区別がつかないのである。

ここでダーウィンは頁の下に覚え書きを付している。

レノルズ卿の観察を参照しよう（『講話』第一二巻、一〇〇頁）。彼（レノルズ卿）は言う。「両極端の情動が、わずかな違いを除いては、同じ身振りで表わされると認められるのは奇妙である」と。その例として、彼はマイナデスの熱狂的な歓喜と、マグダラのマリアの悲痛を引き合いに出

している。(15)

この最後の観察は、「人間に特有の表情——悲痛と落涙」と題された第六章の、ここに全文を引用する価値がある一節にすでに登場していた。

大人、とくに男性の大人においては、身体的痛みはもはや涙の流出を引き起こさない。そしてこの感動表現の特徴は早々に消失する。このことは、文明国民においても野蛮な民族においても、身体的痛みを外面的な徴候をともなって表明することは男にふさわしくない臆病さであるとみなされることを考えると、説明がつく。この場合を除くと、未開人はちょっとした原因から大量の涙を流すことが知られている。J〔ジョン〕・ラボック卿は、この件にかんする多くの事例を蒐集している。ニュージーランドのある首長は「水兵たちが彼の最もお気に入りのマントに小麦粉をまき散らして汚したと言って、子供のように泣き出した」。ティエラ・デル・フエゴ諸島でわたしは〔書き手はいつの場合もダーウィンである〕兄弟を亡くしたばかりの現地人が、嘆きから快活さへと交互に移り変わり、ヒステリックな激しさで泣いていたかと思うと、次の瞬間、彼の気を紛らわすすべてのものにたいして高らかに笑うのを見た。しかし、泣くことの頻度にかんしては、ヨーロッパの文明的諸国民のあいだでも、それぞれに際立った違いがある。イギリス人は過度の悲痛に襲われたときにしか泣かない。ヨーロッパ大陸の他の地域では、反対に、男たちはもっと容易に、しかも大量に涙を流す。
精神病者たちは、まったく、あるいはほとんど自制することなく、あらゆる情動に身を任せることが知られている。〔…〕

等々。(16)

近年イタリアで *Frammenti sull'espressione. Grundlegende Brüchstucke zu einer pragmatischen Ausdruckskunde* というタイトルで出版されたヴァールブルクの手稿のなかには、「一八八八年十二月三日、フィレンツェにて」という日付のもとにつぎのような文言が見える。

［根源的な］感情
戦闘において死にゆく身体の（最後の）攻撃的顕示
戦闘において死にゆく身体の（最後の）防御的顕示
戦闘において意識的に死にゆく人間の（最後の）防御的顕示（ラッファエッロまでの古代）
［現代では未開人、狂人――ダーウィン『表現』一五五頁］(17)

余白に書かれた「ハンブルク、一八九六年九月二日」という日付のある覚え書きには、ヴァールブルクはつぎのように記している。

「偶然に」国立図書館で、ダーウィンの『感動の表現』を手にし、入念に読んだ。

4

見られるように、ダーウィンの本へのヴァールブルクの最初の反応はわたしが引用した二つのくだりを結びつけたものであった。一つは頁の欄外下に書かれている、レノルズからの引用の覚え書き。そしてもう一つは泣くことから笑いへの素早い移行の観察である。この交差読解から、マイナデスの図像とマグダラのマリアの図像、未開人と狂人を含む、ひとつの比較の観点が浮かび上がってきたのだった。決定的な一歩である。ほぼ一〇年後の一八九六年九月、ヴァールブルクはダーウィンの本との出会いを回顧して、それを引用符付きで「偶然に」と表現している。つまり、運命的な巡り合わせだったというわけである。その間には、アメリカ原住民ホピ族の文化を発見した、アメリカへの旅があった。一九二三年に彼がクロイツリンゲンのルートヴィヒ・ビンスヴァンガーの療養所に収容されていた他の患者たちに向けて読んだホピ族の蛇儀礼にかんする講演の原稿のなかで、ヴァールブルクはつぎのように書いている。

当時はまだわたしは思ってもいなかったが、まさにこのアメリカでの経験によって「原始」部族の芸術と宗教のあいだの有機的関係がやがてわたしにとってきわめて明確になるのだった。また、わたしはどの時代においてもつねに不変である原始人のアイデンティティ、というかむしろ不滅性を明快に識別できるようになるのだった。こうしてわたしは、原始人がフィレンツェの初期ルネサンスの文化でもそれに続く宗教改革の時代の文化でも役割を演じていることを証明することができるようになるのだった。[18]

ヴァールブルクが理想的な場所として自身の研究調査をそのなかに挿入した非常に広範な人類学的比較は、『人間と動物における感動の表現』を読んだことに由来しているのだった。その本のなかでは、ティエラ・デル・フエゴ諸島の未開人のものだとされている涕泣から笑いへの突然の移行が、レノルズからの引用とともに、脚注として再び登場している。双方のくだりの中心には、ヴァールブルクがダーウィンの本のなかに発見していた「根源的な感情」の特徴をなす、感動の両義性があった。

戦闘において死にゆく身体の（最後の）攻撃的顕示
戦闘において死にゆく身体の（最後の）防御的顕示
戦闘において意識的に死にゆく人間の（最後の）防御的顕示（ラッファエッロまでの古代）

一八八八年のヴァールブルクの覚え書きでは、これらの文章には図版が付いていない。図版はようやく二〇年後にハンブルクでの講演のなかで、「パトスフォルメル」という名をともなって姿を見せている（図1、2）[19]。

5　しかし、なぜヴァールブルクは「パトスフォルメル」にかんする彼の考察の結果をおおやけにするのにこんなにも時間を要したのだろうか。

この問いへの答えは、ヴァールブルクの仕事全体を横断している、ある解消されない緊張のうちに求められるべきである。ダーウィンが彼の本のタイトルのなかでもすでに示唆していたように、もしも感動の表現が人間と動物の双方に共通する進化の結果であるとすれば、文化的伝達に特有の歴史的連環の探求は意味をもたなくなる。これらの歴史的連環は、記録による裏付けがあるものにせよ、推測によるものにせよ、デューラーとイタリアの古代にかんする講演の中心にあったものなのだった。しかし、死を間近にして（一九二九年）書かれた図像アトラス『ムネモシュネ』への序文では、ヴァールブルクはまったく別のものを呼び起こしていた。「記憶を保存する相続財産として生き残る情熱的経験のエングラム〔記憶痕跡[20]〕」というのがそれである。これらのエングラム（リヒャルト・ゼーモンの著作『記憶』から採られた用語）のひとつとして、『ムネモシュネ』には、「エネルギー論的反転のうちにあっての苦悩のパトス」の例として提示されるベルトルド・ディ・ジョヴァンニの《十字架磔刑図》のいくつかの図版が含まれていた。ダーウィンによって注解されたレノルズの観察のなかにあるように、それらのイメージのなかでは、マイナデスの狂乱的恍惚が、マグダラのマリアの苦悩の痙攣へと変換されているのだった（図9、10）。

したがって、既発表のもの、未発表のものを含め、ヴァールブルクの仕事の比類なき豊かさは、歴史家と形態学者のあいだの解消されない緊張に由来しているのである。その緊張関係は、一方では、スキファノイア宮のフレスコ画サイクルの図像解釈のために構築された歴史的伝達を表示する図表のなかに具現化しており、もう一方では、『ムネモシュネ』のパネルにひしめきあっている、非歴史的な類似と対立を喚起すべく並置された図像のなかに具現化している。[21] 何十年ものあいだ、ヴァールブルクの思考は、この二つの選択肢のあいだを揺れ動いていたのだった。「パトスフォルメル」という概念は、この緊張の内部で分析されなければならないのである。

6

現在ウィーン美術史美術館の「クンストカンマー〔驚異の部屋〕」に保管されている、《キリストへの哀悼》を描いた、青銅合金に鏨《たがね》で浮き彫りを施したきわめて美しいプレート〔図11〕は、一四

図9　アビ・ヴァールブルク『ムネモシュネ』パネル25、オリジナル・ヴァージョン、1929年。ロンドン、ウォーバーグ研究所

図10　アビ・ヴァールブルク『ムネモシュネ』パネル42、オリジナル・ヴァージョン、1929年。ロンドン、ウォーバーグ研究所

七〇年から一四八〇年ごろ、——おそらくパドヴァか、あるいはマントヴァで——パドヴァのイル・サント聖堂の祭壇のドナテッロによる《十字架降架》（図12）をマンテーニャというフィルターをとおしてながめながら、制作されている。(22)

ドナテッロの浅浮き彫りでは、暗褐色の塗料が塗られた石灰岩と、大理石の並置が、人体と墓、すなわち有機物と無機物のコントラストを表現している。ウィーンのプレートでは、このコントラストは異なる方向へと発展させられている。嘆き悲しむ群衆が、石棺の上に降ろされようとするキリストの遺骸の周りに密集している。人体には暗褐色の上塗りが施され、石棺と背景は加熱によって黄金色に仕上げられている。キリストと彼に従う人々の、それぞれ死によって硬直したか、悲痛によって激しく動揺した暗褐色の群像に、古代の石棺の黄金色の表面に繊細に刻まれたアマゾネスの戦いのシーンが対置されている。人間（そして神）の現実の表象と、表象の表象とのあいだの、色彩的、様式的、図像的コントラストが、キリスト教世界と異教世界という二つの世界のあいだの埋め合わせがたい距離を示唆している。それは、石棺の上にくっきりと浮かび上がるキリストの生命なき腕によって最高潮に達する。これは、仲間によって運ばれるメレアグロスの遺骸のイメージから抽出された「パトスフォルメル」なのだった。(23)

7　十五世紀後半のほぼ同じ時期に、そしてあるときには同じ環境で（たとえばマンテーニャとつながりのあるサークルなど）、距離を表わす同様の効果が別の様式的工夫に頼ることによって追求さ

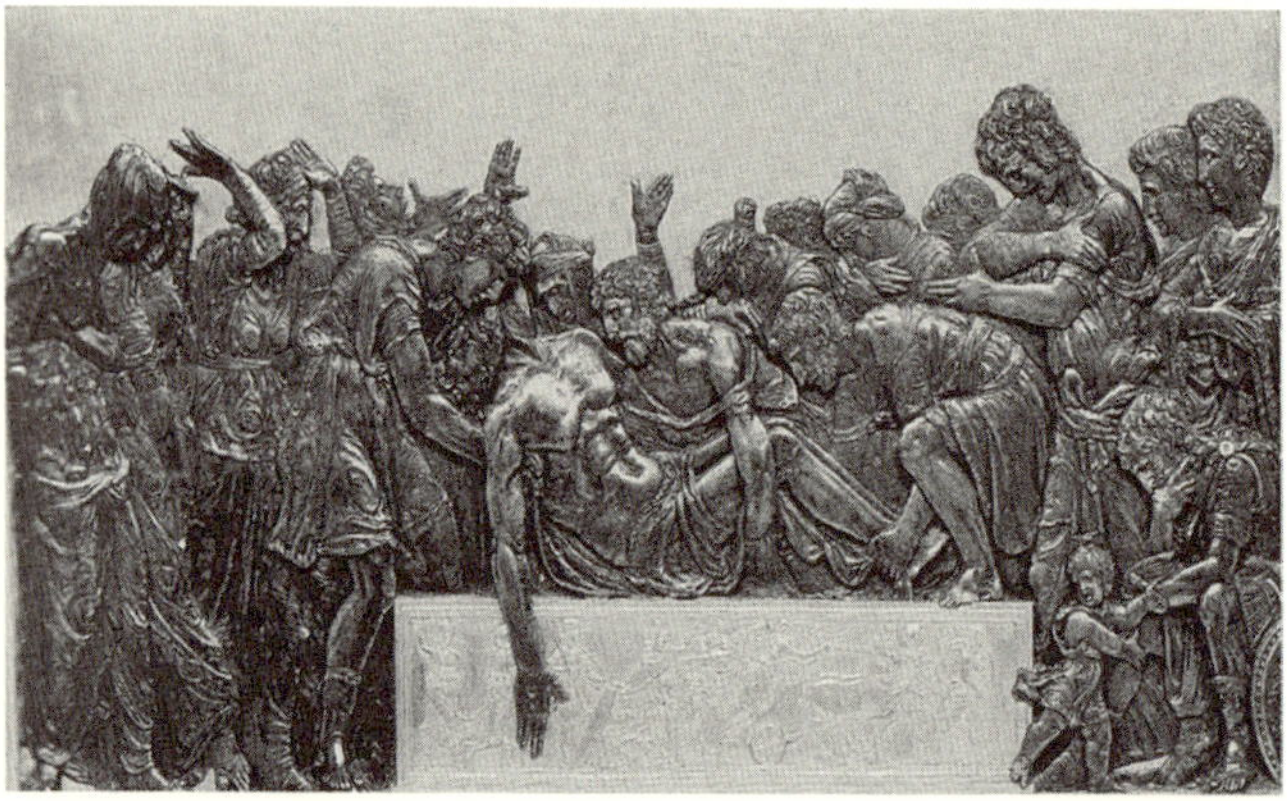

図11　「死せるキリストへの哀悼」が描かれた浅浮き彫り。ウィーン、美術史美術館「クンストカンマー」

図12　ドナテッロ《十字架降架》、浅浮き彫り、部分。パドヴァ、バジリカ・ディ・サンタントニオ

れた。ヴァールブルクが繰り返し立ち戻っている「グリザイユ（grisaille）」〔彩色する前にまずはモノクローム（通常は灰色が使われる）で下塗りをする画法を指す〕がそれである。(24)ヴァールブルクの著作の最初のイタリア語訳への序文で、ゲルトルート・ビングはグリザイユとその効果についてのヴァールブルクの省察は純然とした「距離への共感」を示していると記している。おそらく個人的な要素も含んだ指摘である。(25)ヴァールブルクが最晩年にグリザイユのテーマについてふたたび考察し始めたことは想起しておく価値があるだろう。このテーマに捧げられた手帳のなかで一九二八年十二月二十六日から一九二九年七月二十二日にかけて書かれた一連の覚え書きがそれを証明している。(26)一九二九年三月十四日のゲルトルート・ビングとのオルヴィエートへの旅もこれらの省察と関連づけられるべきである。(27)たぶんヴァールブルクは、サン・ブリーツィオ礼拝堂のシニョレッリのフレスコ画――とくに《死せるキリストへの哀悼》（図13）――の記憶をいまいちど呼び起こしたいとおもったのだろう。

　同じテーマを描いた版画のなかで、マンテーニャは暗々裡にキリストをメレアグロスにたとえていた（図14）。オルヴィエートのフレスコ画のなかでは対比は明示的になった。レオン・バッティスタ・アルベルティの絵画論の一節に着想を得て、シニョレッリは背景にメレアグロスの石棺を投影したのだった。(28)「模倣された古代彫刻という様式（版画や素描におけるグリザイユ）は、過去の幽霊たちの刻印を、明白なメタファーという影の領域へと追放する。それは実質上、三重のタイポロジー（Typologie）に相当する」。ヴァールブルクの手帳に書かれたこの一節は、シニョレッリのフレスコ画にも暗に言及したものだったのかもしれない。だが、このコンテクストのなかで「タイポロジー」と

図13　ルーカ・シニョレッリ《死せるキリストへの哀悼》。オルヴィエート、ドゥオーモ、サン・ブリーツィオ礼拝堂

図14　アンドレーア・マンテーニャ《キリスト降架》、版画。ワシントン、国立美術館

はなにを意味しているのだろうか。ゴンブリッチは、「［キリスト教美術の］タイポロジー」と［　］で補ってこの節を引用している。[29] しかし、この補足はさらに補足されることを必要としている。手帳のそれに続く頁にはつぎのようにある。グリザイユは古代にたいするタイポロジー的な距離を sub adumbratione〔陰影のもとで〕保持する目的をもっていた、と。シャルロット・シェル＝グラスは、鋭くも、ヴァールブルクは旧約聖書のキリスト教的解釈を指す「予型論」という慣例的な意味を古代神話の受容に関連させることによって修正したのだと指摘している。[30] より正確には、お好みの言葉遊びの一つを使って、ヴァールブルクは adumbratio〔陰影〕とキリスト教における sub umbra〔影のもとでの〕読解を、すなわちグリザイユによる古代の表象と彼がそこから着想を得た旧約聖書と新約聖書のあいだの予型論の関係を、一つに結びつけたのである。その一〇年後、キリスト教におけるフィグーラ的解釈にかんする偉大な論文のなかで、エーリヒ・アウエルバッハは、figura〔フィグーラ、形姿・予型〕と umbra〔影〕、sub figura〔フィグーラのもとで〕と sub umbra〔影のもとで〕の類似を強調している。[31] この一致はどのように解釈されるのか。たんなる言葉のうえでの一致にすぎないのだろうか。

8

これらの疑問は、マルティン・トレムルが最近明らかにしたように、アウエルバッハがヴァールブルク図書館と結んだ個人的な関係が発見されたことによって、より差し迫ったものとなった。[32] しかしこの答えは思想史の領域において探し求められるものだろう。アウエルバッハはヴァールブルクの未刊のメモを見ることはできなかったが、出版された著作についてはよく知っていた。さらに、カールハインツ・バルクとマルティン・トレムルが強調しているように、パノフスキーの著作、とくに『象徴《シンボル》形式としての遠近法』がアウエルバッハにとって重要な意味をもっていたことが付け加えられるべきである。(33) これらの要素にもとづくと、アウエルバッハがヴァールブルクの論文――なかでもデューラーとイタリアの古代についての論文とフランチェスコ・サッセッティの遺言についての論文――をパノフスキーのフィルターをとおして読んだと推測することがゆるされるようにおもわれる。この三者の関係――ヴァールブルク、パノフスキー、アウエルバッハ――から発生するテーマは幅広く、また複雑に錯綜している。ここではある特定の例にかんしていくつかの指摘をするにとどめておく。

シャルロット・シェル゠グラスが強調しているところによると、「古典的伝統の再発見」は「ヴァールブルクの目にはヨーロッパ文化にとって解放者となる力を構成しているように映った。「距離を置くこと（Distanzsetzung）」は古代人の芸術遺産の研究と自覚的統合の前提であると同時に結果でもあった」(34)。グリザイユのような工夫は、時間的距離の感覚を表現していた。そしてそれは、オルヴィエートのシニョレッリの《死せるキリストへの哀悼》（図15）でのように、遠近法〔一点透視画法〕と組み合わされたときにはさらに効果的なのであった。

この場合、空間的距離は時間的距離のメタファーとなった。ここでただちに遠近法についてのパノフスキーの指摘が思い出される。彼によると、遠近法は両義的な装置であって、一方では外界からの距離を、もう一方では主体の拡大を含意していたという。(35) これにもとづいて、パノフスキーは線的遠近法の発明と過去にたいする批判的な距離の発生とのアナロジーを提案する（わたしがここで「アナロジー」と言うのは、十五世紀初頭のフィレンツェという同じコンテクストのなかで起きたこれらの現象が事実上結びついていたということをパノフスキーは示しえていないからである）[36]。字義どおりの意味における遠近法とメタファー的な意味における遠近法とのあいだのこのアナロジーは、パノフスキーの著作のなかに繰り返し現われる。たとえば『イデア』がそうであって、同書については、アウエルバッハは彼の若いころのダンテにかんする本のなかでも論文「フィグーラ」のなかでも言及している[37]。「フィグーラ」のなかでは、空間と時間の融合は、imitatio veritatis〔真理の模倣〕としてのfigura について語っていたブレーシャのガウデンティウスに言及したさいに「フィグーラ的な時間的遠近法主義（figuralen Zeitperspektivismus）」という言葉を生み出していた[38]。何度となくアウエルバッハは、自身の文学への（そして総じて歴史への）態度を「遠近法主義」という言葉を使って描写していたのだった。これは、ヴィーコに、そして究極的には（わたしが別のところで示そうとしたように）聖アウグスティヌスと彼の聖書のフィグーラ的読解に着想を得たところから出てきた態度であった[39]。しかし、この「遠近法主義」という言葉のなかにパノフスキーの影響を見てとっても無理はないよう

図15　ルーカ・シニョレッリ《死せるキリストへの哀悼》、部分。オルヴィエート、ドゥオーモ、サン・ブリーツィオ礼拝堂

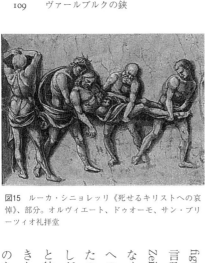

におもわれる。「古代にたいするタイポロジー的な距離を sub adumbratione〔陰影のもとで〕保つこと」に向けられた工夫としてのグリザイユにかんするヴァールブルクの考察の間接的な反響が見てとれるのは言うまでもないとして。

9　見られるように、わたしが提示しようとしている議論は、まずもっては、《死せるキリストへの哀悼》を描いたシニョレッリのフレスコ画に支えられている。この点では、わたしはたんにヴァールブルクの足跡をたどっているにすぎない。疑いもなくヴァールブルクは、シニョレッリが死せるキリストと異教の神話的英雄のあいだに、また絵画と（グリザイユで表象されている）彫刻とのあいだに立てたアナロジーを、自身の「パトスフォルメル」観念の完璧な例証とみなしたであろう。あるいはより正確には、彼の解釈学的論証の文献学的堅牢さを内部から証明する証言とみなしたであろう。シニョレッリの《死せるキリストへの哀悼》の部分が、図像アトラス『ムネモシュネ』の、パドヴァのドナテッロの《十字架降架》、メレアグロスの死を象ったギルランダイオのグリザイユ、ベルトルド・ディ・ジョヴァンニの《十字架の下のマイナデス》をも含むパネルのなかに登場する。そのすべてに「エネルギー論的反転における苦悩のパトス」という言葉で始まる長いタイトルがつけられている。ここまでは、なんら驚くことはない。驚かされるのは、ヴァールブルクが選んだ部分である（図10、16）。

ヴァールブルクの鋏は、仲間によって運ばれるメレアグロスの遺骸を描く浅浮き彫りの石棺を切り離すことによって、《死せるキリストへの哀悼》とのアナロジーを排除してしまった。そして、そのことによって「パトスフォルメル」そのものは姿を消してしまったのだった。(40)

10

『ムネモシュネ』は未完に終わったプロジェクトである。もっと時間があったなら、ヴァールブルクは考えを変え、アトラスのなかにシニョレッリの《死せるキリストへの哀悼》の全体を挿入したかもしれない。だが、これは根拠のない推測であって、固執してみても無益である。それよりも、ヴァールブルクの死後の『ムネモシュネ』の運命について少しばかり検証してみよう。一九三七年に

図10　アビ・ヴァールブルク『ムネモシュネ』パネル42、オリジナル・ヴァージョン、1929年。ロンドン、ウォーバーグ研究所

図16　アビ・ヴァールブルク『ムネモシュネ』パネル42、ルーカ・シニョレッリ《死せるキリストへの哀悼》からのグリザイユによるメレアグロスの移送の部分。

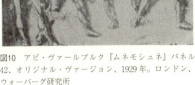

ゲルトルート・ビングとエルンスト・ゴンブリッチはアトラスの新しいヴァージョンを準備した。明らかに彼らは『ムネモシュネ』のうちにヴァールブルクの最晩年の省察の成果だけではなく、再検討と改訂の余地のある知的・視覚的プロジェクトを見ていたのだった。[41] じっさいにもパネル42に変更が加えられ、いくつかの図像が取り除かれた。しかし、シニョレッリの《死せるキリストへの哀悼》から切り取られたメレアグロスの遺骸を移送する部分はそのまま残されている（図17）。

ゴンブリッチはともかく、ビングはたしかにヴァールブルクのプロジェクトの中核を保存する義務があると感じていたであろう。ビングはおそらくその中核をヴァールブルクが死ぬ二カ月前の一九二九年八月十六日に『ムネモシュネ』のために提案した「探求のテーマとしての、またもろもろのシンボル（触媒反応の真髄としてのシンボル）の比較史の図書館という独自の機能をもつものとしてのtransformatio energetica〔エネルギー論的変換〕」というサブタイトル――それは長い一連のサブタイトル群の最後のものであった――のうちに見てとったことであろう。[42] この「秘義的な、そしてより適切なタイトル」（これはヴァールブルク自身の言葉である）は『ムネモシュネ』のプロジェクト全体にパネル42のタイトルを拡大適用したものだった。「エネルギー論的反転」、すなわち（ダーウィンによって引用されたレノルズの主張にあるように）「相反する両極的情動が、ほんのわずかの変更をくわえて、同じ身振りによって表現される」というのがそれである。

形態学にもとづいたこの理論的展望のなかで、「パトスフォルメル」は塑造しなおされ、文字どおり歴史から切断された。同様にして、ヴァールブルクの鋏は、メレアグロスの遺骸がグリザイユによ

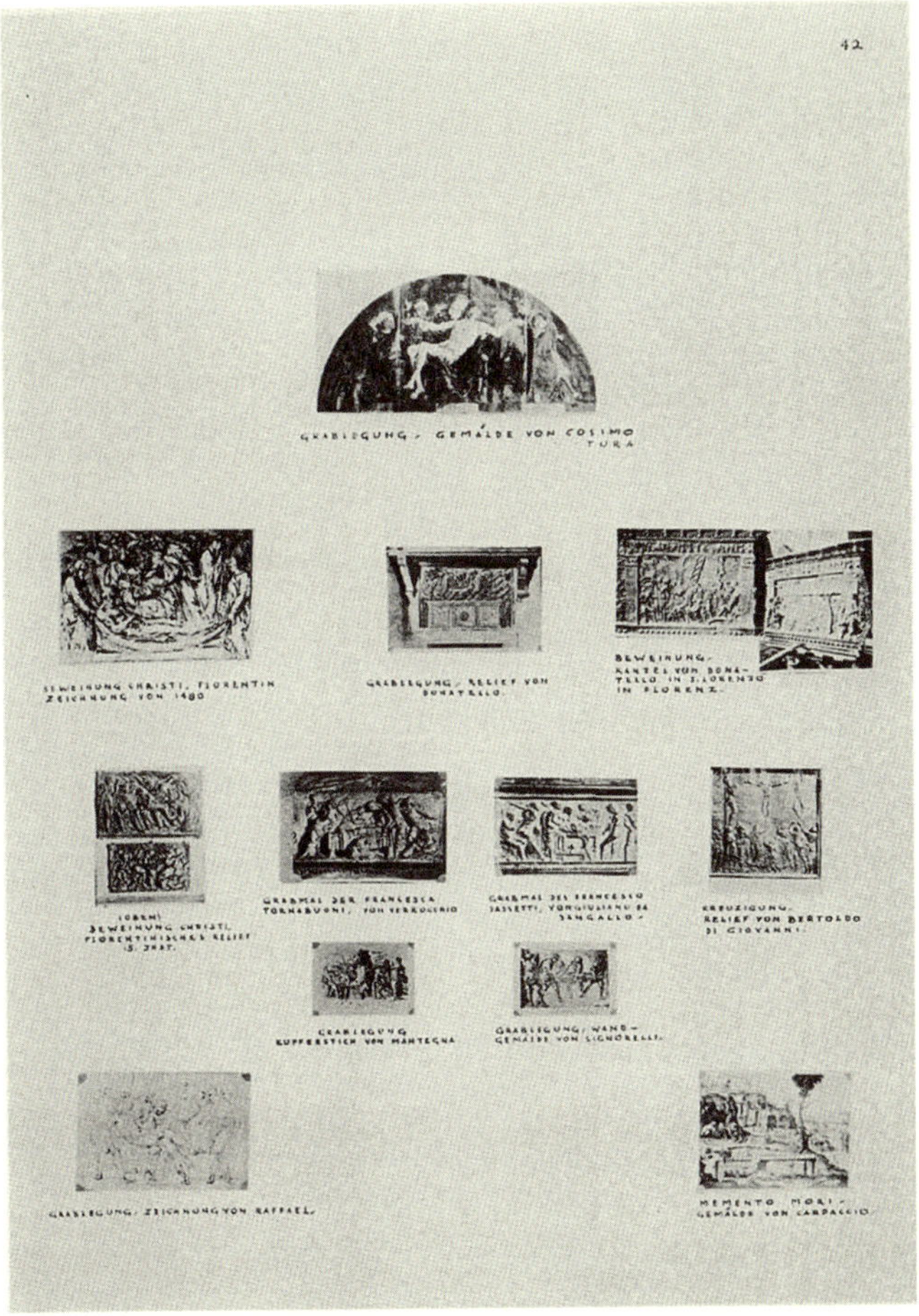

図17　アビ・ヴァールブルク『ムネモシュネ』パネル42、G. ビングとE.H. ゴンブリッチによって改訂されたヴァージョン、1937年（*Der Bilderatlas Mnemosyne*, hrsg. von M. Warnke unter Mitarbeit von C. Brink, Berlin 2000 より）

って描かれた石棺を、キリストへの哀悼との関係から切断した。図像アトラス『ムネモシュネ』のなかに古代の像は無数に存在する。しかし、具体的な歴史的現象としての古代は、そのなかになんらの居場所ももたないのである。

11 このパラドックスについてコメントするために、わたしは『ムネモシュネ』へのヴァールブルクの序文から抜粋した、きわめて濃密な謎めいた一節をここに引用しておこう。

古代世界の回復を、新しく参入してきた歴史化的な事実意識の所産であるとか、信仰に縛られない芸術的感情移入の所産であると特徴づけるのは、同時に、人間精神を非時系列的に層をなした物質と結びつけている衝動の絡まり合いの深みへと降りていく試みがあえてなされないならば、不十分な記述的進化論以上のものではない(43)。

わたしが右に引用したのは、ヴァールブルクの序文の textus receptus〔公認テクスト〕である。しかし、およそ同時期の手稿やその写しの検証にもとづく、マルティン・トレムルとジークリット・ヴァイゲルの監修によるヴァールブルク著作集の最近の版——これはヴァールブルク研究の歴史におけるまさに掛け値なしのターニング・ポイントとなる版である——は、わたしたちの眼前に、『ムネモシュネ』の序文の唯一の統一的テクストではなく、同一のテクストの多くの相違点によって特徴づけられる多数のヴァージョンを提示したのだった。そのうちの一つだけを記すにとどめよう。その重要性はすぐに明らかになるだろう。わたしがたったいま引用したくだりのなかで鍵となる言葉“achronologisch”〔非時系列的〕――「人間精神を非時系列的に層をなした物質と結びつけている［…］へと降りていく（des menschlichen Geistes mit der achronologisch geschichteten Materie hinabzusteigen）」――は、ゲルトルート・ビングによって挿入されたものだったのだ。[44] ビングによる他の改変と並んで、ゴンブリッチによって挿入された一語と日付も記録にとどめられるべきである。これらすべてはおそらく一九三七年にビングとゴンブリッチが『ムネモシュネ』の改訂版を作ろうと協働していたときに遡るのだろう。このときの見直しは、明らかに図版だけではなく、ヴァールブルクの序文も巻きこんだのである。

したがって、この「非時系列的に層をなした物質」への示唆のうちに含まれている乱暴な撞着語法は、ヴァールブルクではなく、ゲルトルート・ビングに帰されるべきなのである。[45] 死んですでに一〇年になろうというヴァールブルクの考えをビングが解釈しようと努めたということなのだろうか。[46] そうかもしれない。しかし、双方の言葉は厳格に区別されるべきである。

12　だが、“achronologisch”〔非時系列的〕という言葉を排除したときでも、わたしたちの眼前にあるのは、やはりダーウィンの進化論に着想を得た歴史的設定の限界を強調するテクストなのである――たとえ、同時に、ダーウィン（そしてレノルズ）の先例に倣って、文化的記憶の伝達における両極性の重要性を強調していたとしてもである。[47]『ムネモシュネ』のような形態学のしるしのもとで生まれたプロジェクトは、汎クロニクルな目的を掲げていたが、非クロニクルな――アナクロニクルではなく――提示方法にもとづいていた。[48] 古代から現代まで、相異なる場所と時間に由来する多量のイメージを、それぞれのコンテクストを考慮することなく、対置したり並置したりしながら、一堂に集合させていた。これが同じ時期にクレショフ〔一八九九―一九七〇年。映画の本質はモンタージュ＝編集であり、ひとつのショットをもうひとつのショットと並置させることにあるという、のちに「クレショフ効果」と呼ばれることとなる理論をうち立てたことで知られるロシアの映画製作者・映画理論家〕とエイゼンシュテイン〔一八九八―一九四八年。一九二五年の作品『戦艦ポチョムキン』でモンタージュ理論を完成させたことで知られるソ連の映画監督〕によっておこなわれた実験と並行関係にあるということはこれまでも何度となく繰り返し指摘されてきたが、この点についてはさらに厳密な規定を与える必要がある。彼らと同様に、しかし独立したやり方で、ヴァールブルクはモンタージュの反コンテクスト的潜在力を徹底的に追求したかったのだ。[49] この種の決意は、しかしながら驚くべきことではない。とりわけ、これがフランチェスコ・サッセッティのような人物が生き活動していた特有のコンテクストを再構築するためにフィレンツェの複数の古文書館で何年も過ごした人間がとった決意であるなら、なおさらである。

見受けるかぎり、ヴァールブルクは自身の知的道程を順次発展をとげていくものとして眺めていたようである。一九二七年十二月二十九日に彼が兄弟たちの前で読んだ「武器庫から実験室へ」と題された自身の知的実存的経験についての回顧的省察のなかで、彼のプロジェクトの中心にあったものは、最初は「古代の影響についての問い（die Frage nach dem Einfluß der Antike）」であった、と宣言している[50]（ヴァールブルクにとっては、好むと好まざるとにかかわらず、Nachleben〔残存。故人が記憶のなかに生きつづけること〕とEinfluß〔影響〕とは同義語であった）。それがその後、フランツ・ボルの占星術にかんする研究の影響によって、またフリッツ・ザクスルの助けを得て、「イメージによる方位確認の科学（eine Wissenschaft der bildlichen Orientierung）」を構築することに成功することとなった。そしてこの科学が、少なくとも原則的には時間的ないしは地理的な限界を無視する「文化科学的芸術史（kulturwissenschaftlichen Kunstgeschichte）」について語ることを彼に可能にさせたのだという。(51)

だから、晩年のヴァールブルクにとって『ムネモシュネ』は到達点なのであった。それ以前の緊張がすべてそこに流れ込んで無と化していたクライマックスだったのだ。だが、これは容易には受け入れがたい自画像である。というのも、ヴァールブルクの仕事の矛盾に満ちた豊かさを正当に評価していないからである。「パトスフォルメル」という概念そのものからして、見てきたように、歴史と形態学、コンテクストにもとづく設定と熱烈なコンテクスト拒否のあいだの解消されない緊張に由来するものであった。『ムネモシュネ』とともに、形態学は支配的な原理、いやむしろ唯一の原理として設定される。(52)しかしビングとゴンブリッチによって一九三七年におこなわれたアトラス改訂の試みは失敗に終わった。ロンドンのウォーバーグ研究所は、その創設者の心を何年も占めていた歴史的なプロジェクト、つまりは“das Nachleben der Antike”、「古代の残存」とみずからを一体化させたのだった。(53)

13　ここ何十年かのあいだ、わたしたちはヴァールブルクの仕事の顕教的なNachlebenがその驚くべき予期しがたい豊かさをそなえてわたしたちの眼前で広まるのを見てきた。だが、彼の密教的な遺産——生物学に根ざす文化伝播の理論を構築しようとする試み——は、いまだ七つの封印によって閉ざされている。『ムネモシュネ』という企ては、それを昨今の流行に還元することによって馴致しようとする軽率で満足げな試み[54]にもかかわらず、解読困難なままにとどまっている。しかし流行は過ぎ去る。ヴァールブルクの仕事は流行を超えても生き残りつづけるだろう。

内なる対話
——悪魔の代言人としてのユダヤ人

わたしの講演のタイトルでマルティン・ブーバーの対話原理への暗々裡の言及がなされていることについては、少しばかり説明しておく必要がある。ブーバーは彼の著書『我と汝』のなかで相互性ということを強調している。母親と胎児のあいだの誕生以前の身体的な相互性から、真正の共同体の基礎としての生き生きとした相互的な関係にいたるまで。(1) しかし、ロシアの批評家ミハイル・バフチンは『我と汝』——彼に深い影響を与えた本——を再解釈して、彼がブーバーから（そして間接的にはヘルマン・コーエンから）吸収した対話原理を非対称的で、ときとして論争的な関係のモデルへと転化した。(2) 互いに葛藤しあう世界観の衝突を反映したものとみなしたところからのドストエフスキーの小説へのバフチンのアプローチは、わたしがあなたがたと分けあいたいとおもっている現在進行中の仕事に間接的にインスピレーションを与えている。(3) ここでは、ユダヤ教徒とキリスト教徒のあいだの対話一般ではなく、十八世紀初期のイングランドという限定された時と場所でキリスト教徒によってなされたユダヤ人とキリスト教徒のあいだの一連の対話に焦点を絞って話を進めようとおもう。

1　問題の論争の火付け役となったのは、一七二七年と一七二九年のあいだにロンドンで出版された、『救世主イエスの奇跡にかんする六つの講話』とこれに続く二篇の『弁護』からなる一連のパンフレットであった。著者のケンブリッジの牧師、トマス・ウールストンは、ぶっきらぼうに「福音書の著者たちによって記録されているようなイエスの奇跡の多くについての逐語的な話には、かずかずの不条理な点、ありそうもない点、信じられない点がふくまれている」と断言している。そしてこう結論している、それゆえ福音書の物語は比喩的な仕方で解釈すべきである、と。[4] この結論そのものは新しいものではなかったが（自分はオリゲネスの聖書解釈方法から影響を受けてきた、とウールストンは繰り返し述べている）、その攻撃的な論調はショッキングであった。つぎつぎと矢継ぎ早に出たウールストンのパンフレットはベストセラーになった。そして第一回目の『講話』はその年のうちに五回も再版された。[5]『第四回目の講話』では新たに付加的な要素が導入された。カナでの婚礼でイエスが水をぶどう酒に変えた仕方〔「ヨハネによる福音書」二・一―一一〕をコメントしたさいにウールストンは尋ねている。

どのようにすればわたしはこの話をあざ笑うよう自然と信仰に強いることができるのだろうか。どのようにすればわたしは神聖なるイエスへの深い尊崇の念を脇に置くことができるのだろうか。

その尊崇の念を教育の先入見よりも教父たちとの会話がわたしに植えつけたのだった。そして滑稽なことにもここでイエスとイエスの奇跡をも、それがわたしの義務であるので、神秘に道を開けるべく扱っているのである。(6)

いいかえるなら、あざ笑いと深い尊崇のあいだの緊張が解決されるべきなのは、イエスの奇跡の比喩的解釈を提出するためなのである。ウールストンの解決はつぎのとおりである。

要するに、わたしはわたし自身の名においてはそんなことはできない。しかし、この件にかんしてユダヤ教のラビと想定される人物の皮肉めいた毒舌と出会ったので、それをここに公表する。わが聖職者たちは、わたし自身もそうであるが、それへの答えについて考え、それがユダヤ教徒と異教徒のあいだに手稿本のかたちで伝えられることによってもたらしかねない損害を予防してみてもよいだろう。(7)

テクストは続く。そこでは、ユダヤ教のラビと想定される人物がキリスト教徒たちにイエスの奇跡について皮肉めいたコメントをしている。それらのうちのあるものは「ばかげたおとぎ話」であり、あるものは「おろかな事実」であり、あるものは「不正な行為」であり、あるものは「笑うべき悪戯」であり、あるものは「手品を使ったトリック」であり、あるものは「魔術」である。カナでの婚礼では、イエスは「パンチ〔酒に砂糖・レモン・湯などを混ぜた飲み物〕製造人よろしく、水を彼らがぶどう酒と呼んでいるものに変え」、それをすでに酔っぱらっている会衆にふるまっている、等々。(8)

ウールストンはこのレトリック戦略を何度も繰り返して使っている。『第五回目の講話』で彼はイエスが死者〔ラザロ〕を起こしに出かける場面〔「ヨハネによる福音書」一一〕についてコメントしている。そして「もしこれら三つの奇跡がイエスではなくムハンマドのおこなった奇跡として、時間的前後関係が混乱したまま、三人の別々の歴史家によって報告されていたとしたなら、あなたがたはただちに偽物ないし詐欺の臭いを嗅ぎとっていただろう」と論じている。(9) 三人の詐欺師――モーセ、イエス、ムハンマド――の有名な、あるいは悪名高い伝説への、このさほど間接的ではない言及は、「わたしの古くからの友人、ユダヤ教のラビが」とウールストンは書いている、「ラザロのよみがえりにかんしてわたしに送ってよこした」長い手紙のなかにも姿を見せる。そのラビは「わたしがそれを公表して聖職者たちがそれに回答してほしいと言っている。さもないと、彼はそれをひそかに手稿本のまま流布させてわれわれの宗教に損害を与える挙に出ることとなるだろうというのである。そこでわたしは、そんなことをされてキリスト教が損害を受けるようなことにならないように、ここにあえてそれを公表するしだいである」云々。(10) ラビの手紙の語調は、ここでもまた、荒っぽくて皮肉めいている。「悪名高い詐欺」、「正当にもわれわれの先祖の憤激を引き起こした［…］ぺてん」。(11) ラザロは「イエスが人類にしかけたよこしまな詐欺におけるイエスの共謀者」であった。(12)

そしてこれらの指摘はラビのつぎのような結論への道をならすこととなったのだった。

あなたの聖職者たちは、その主題については余すところなく精査したと考えていて、それについて持ち出されうるあらゆる異議を全面的に拒絶してきたが、とんでもない思い違いをしています。ときとしてわれわれユダヤ教徒はこの主題にかんする彼らの著作にざっと目を通すことがありますが、そのたびにいつも彼らがわれわれの先祖は目が見えず心が粗野であると言って愚かにも暴言を吐いているのを憤激の念とともに微笑み返します。もし彼らがわれわれにわれわれ自身のために書く自由を与えてくださりさえすれば、これは正当な自由であって、この哲学的時代においては、そしてとりわけこの国民が幸いにも恵まれているような賢明で善良な政治制度のもとにあっては、わたしは与えられる希望を捨ててはいないのですが、われわれは彼らにこれ以上の仕事をするのをやめさせるでしょう。[13]

2

ウールストンの『講話』を一般的な観点から見てみようとおもう。

「言語的表現行為の二つの決定的で相互補完的な特徴は」とロマーン・ヤーコブソンはかつて書いたことがある、「個人の内面でなされる言述も本質的にはひとつの対話である。そして引用される言述はすべて、もうひとりのわたし（alter ego）からの引用であれ、わたしの先行する局面からの引用であれ（「わたしは……と言った」）、引用する者によって自分のものとされ、作りなおされる」と。[14]

ここまでのところ、わたしはヤーコブソンの述べている第二番目の特徴に依拠してきたことになる。

ウールストンの言述（あるいはテクスト）からのくだりを引用して、それを自分のものとし、作りなおしてきたからである。そしてウールストンも同じことをしていたのであり、ユダヤ教のラビの言述（あるいはテクスト）を引用し、自分のものとし、作りなおしていたのだった。ただ、そこには一点、違いがあった。わたしが積み重ねてきた入れ子構造になった一連のテクストのなかでいちばん奥にある箱、ラビの毒舌は、目くばせ《ウィンク》をして、つまりは「想定される」という形容詞を添えて導入された。これは、ルネサンス絵画のなかで使われてグリザイユ画法にたとえることのできる、距離をとろうとするひとつの工夫である。[15] 見たように、「ユダヤ教のラビと想定される人物」はのちに「わたしの古くからの友人、ユダヤ教のラビ」となる。目くばせ《ウィンク》は続いている。しかし、そのトーンはおどけたもの（カナでの婚礼にかんするコメント）から情動的なもの（ラザロの甦りにかんするコメント）へとシフトしている。

ウールストンの演じる内なる対話には何点か曖昧な点がふくまれていた。一方では、キリスト教の牧師であるウールストンが声を発することのないユダヤ教徒に代わってほかのキリスト教徒たちに話しかけている。他方では、架空のラビがウールストンに代わって語っており、イエスの奇跡を詐欺師的な、ときとして笑いぐさに等しいものとして、そしてつねに異議をさしはさむことのできるものとして拒絶しようとする後者の道徳的かつ知的なコミットメントに声を与えている。ウールストンのなかば抑圧された声は、ユダヤ教のラビという彼のもうひとりの自我《アルテル・エゴ》をつうじて表明される。妥協の産物であることが見え見えのあるひとつの構成物をつうじて迫害の危険を回避することをねらった工夫である。[16]　わたしたちはラビと彼の異議をカトリックの列聖審理における悪魔の代言人にたとえることができる。非国教派牧師のウールストンがまったく受けつけなかったであろう喩えである。

3

人間の言語活動の一般的特徴としての内なる対話にかんするヤーコブソンの言は、わたしたちがある特殊的なコンテクストの内部において遂行される歴史的現象としての内なる対話にアプローチするのを助けてくれるかもしれない。見たように、イエスの奇跡についての字義どおりの解釈にたいするウールストンの攻撃はスキャンダルによって成功した傑作（succès de scandale）であった。そしてそのスキャンダラスな内容はそのスキャンダラスな形式によって強化されていたのであって、それは表面上、諷刺的ジャンルを使用することによって正当化されていた。しかし、ウールストンの『講話』は一見してそうとみえるようには率直なものではまったくなかったのであって、それらが受容されたのは自明のことと受けとられるべきではないのである。それらの著作が見いだした読者は、それらを解読する訓練を積んでいたのだった。だが、その読者たちはどのような方法によって解読していたのだろうか。

この問いへの答えはなんらかのコンテクストに即したあてずっぽうの推量に依拠したものであるかもしれない。十五世紀イタリア絵画にかんするマイケル・バクサンドールのすばらしい本の足跡を襲って、わたしはメッセージ（絵画、テクスト）がその受け手によって解読されることができるのはそれが一連の分かちもたれた社会的経験に暗黙のうちに依拠しているかぎりにおいてであると主張したい。「経験」という言葉をその可能なかぎり最も広い意味にとるとしてである。[17] ウールストンによって演じられた彼自身の声とユダヤ教のラビとのあいだの対話は、舞台の上で複雑で両価的な役割を遂行している役者たちを観ることに慣れた観衆にとってはひとつの馴染みの環をなしていたのかもしれなかった。たとえば、シャイロックがそれである。しかし、後期スチュアート朝のイングランドにおいては、演劇はコーヒー・ハウスとかグラブ・ストリートといったほかの公共空間と相交わっていた。ここではグラブ・ストリートからひとつの見本に焦点を合わせて見てみることにしよう。騒々しい本屋と出版人の世界がそれである。

一六九二年、彼らのひとり、ジョン・ダントンが「アテニアン・ソサイエティ」なる会社を起ちあげ、『ジ・アテニアン・ガゼットもしくは決疑法的《カズイスティカル》マーキュリー』（のちに『ジ・アテニアン・マーキュリー』と改称）の刊行を開始した。「才知ある人士によって提出されたあらゆる最も精緻で奇異な問題」を解くと主張する週刊誌である。[18] 雑誌の多くの寄稿者のなかにはジョナサン・スウィフトもいて、紋切り型の詩を一篇提供している。[19] 雑誌は発行後ただちに反響を呼び、大成功だった。このことはエルカナー・セトルの手になるパロディ、『新しいアテナ喜劇』（一六九三年）が裏づけているとおりである。[20]『ジ・アテニアン・マーキュリー』は二〇巻におよぶ号のなかで「神学、歴史、哲学、数学、愛、詩」に関連した事例にかんする何百という匿名の問いを出し、次の号でそれぞれに詳細な匿名の答えが与えられていた（ダントンがヒント欄を考案したとされている）。数年後、『アテニアン・ソサイエティの歴史』と題されたテクストの、[21] これまた匿名の著者（ダントン自身のスポークスマンとして振る舞っていたチャールズ・ギルドンである）は、その企画をつぎのように激賞している。

イングランドは人間の機知が考案することのできる最も高貴な計画のうちの二つを誕生させるという光栄に浴している。自然認識の実験的改善のためのロイヤル・ソサイエティと、それだけでなく、それ以外のあらゆる知識を万人に、そして男女両性に伝達するためのアテニアン・ソサイエティがそれである。(22)

現に『ジ・アテニアン・マーキュリー』の最も注目される特徴のひとつはそれに女性も参加していることだった。(23) 一七〇三年に出版された三巻本のアンソロジー、『アテニアン・オラクルへの補遺』の扉頁は、「アテナイ人」と「ローマ」、「オクスフォード」と「ケンブリッジ」というラベルの付いた四枚の唐草紋様で縁取られている。中央には食卓があって、小ぎれいに着飾った紳士淑女たちが取り囲んでいる。古代ギリシアへの言及（「アテニアン・ソサイエティ」、『ジ・アテニアン・マーキュリー』）にはある限定された進歩が含意されている、と扉頁は示唆している。雑誌のタイトルに『ジ・アテニアン・マーキュリー』が選ばれたのは、「アテナイ人は古代の最も好奇心旺盛で詮索好きな人々であった」からである。しかし、たとえばアリストテレスは「彼自身の選んだ学者たち」（彼らはいうまでもなく全員が男性であった）だけを相手にして意見を述べていた。これとは対照的に、とチャールズ・ギルドンは説明している、ジョン・ダントンは「人影もまばらな哲学の王国にもっと多数の人口が住まう方法」を見つけ出したのだ、と(24)。

この知的ならびに政治的な（ダントンは忠実なホイッグ党員だった）プロジェクトの核心には、ひとつの工夫が存在した。「問いと答えの形式」がそれであって、「その方法を発案したこのソサイエティの紳士諸君はそれが万人の好奇心と疑問を満足させる唯一の方法であると言い張ろうとはつゆほどもおもっていない(25)」。『ジ・アテニアン・マーキュリー』を十七世紀初頭にひとりのルター派神学者によって書かれた、同じく問いと答えの形式をとった百科事典、ヨーハン・ゴットフリート・ハイドフェルトの『神学的＝哲学的スフィンクス(26)』になぞらえた者がいた。しかし、ギルドンはこの類比をうわべだけをとらえたものとして拒絶する。

> なぜなら、あちらでは著者は彼の問題を自分で提出して自分で解いているが、そこには無数の通俗的な誤りが見受けられる。彼の答えはすべて悪しき権威、スコラ神学と、アリストテレスの誤解された著作をもとにして構成された旧弊な哲学体系にもとづいてなされているのである(27)。

「あの人自身、こう言った（ipse dixit）」〔キケロ『神々の本性について』一・五・一〇に登場する言葉。ピュタゴラス学派の連中がつねづね口にしていた言葉とのことで、師ピュタゴラスの言ったことを無批判的に墨守しようとする彼らの態度を問題視するくだりで出てくる〕、「古きアリストテレス主義者たちの何人かの権威を傘に着た議論」こそは、『ジ・アテニアン・マーキュリー』の標的なのであった。その読者はたんに推測にすぎない議論には反対で、「理性それ自身の力にのみ従いたいと願っている」というのである。そしてこの点を例解するために選ばれた見本が、有名な、そしてこれまた有名なことにも論争を呼んだ「フラウィウスの証言」なのであった。フラウィウス・ヨセフス『ユダヤ古代誌』一八・三・三の、「賢明な男」で「多くの奇跡をおこない」、「ユダヤ教徒の多くと異教徒の多くを自分のほうに引き寄せた」「救世主」イエスへの、ヨセフス自身のものとされてきた言及がそれである。このくだりは『ジ・アテニアン・マーキュリー』のある号できびきびとした言葉のやりとりの対象となった。

問い――ヨセフスの『ユダヤ古代誌』第一八巻第四章に出てくる救世主イエスについて述べられている有名なくだりについてのあなたがたの意見はどうか。

答え――われわれにはこの質問の作成者はキリスト教徒というよりはむしろ理神論者ではないのかと疑うに足るだけの理由がある。「意見」という言葉によって、巧妙にも、ひとつのディレンマ、すなわち、そのくだりで述べられていることは真実なのか、それとも虚偽なのかという問いかけが忍びこまされている。もし真実ならば、なぜわれわれは最近、かくも多くのそれに反する良き証言に出会うのだろうか。もし虚偽ならば、その時代に生存していてかずかずの奇跡をおこない、十字架にかけられた、われわれの救世主のような人物がいたことを立証するのに、なぜそれが持ち出されるのだろうか。(28)

これは解釈学要綱におけるひとつのレッスンなのだった。『ジ・アテニアン・マーキュリー』の読者は、男性も女性も、行間を読み、言葉のニュアンスと暗示するものを捕まえるよう教えられていた。というのも、なんらかの言葉には隠れた手がかりが封印されていたかもしれないからである。「この質問の作成者はキリスト教徒というよりはむしろ理神論者である」と読者たちは告げられる。だが、それでは答えの作成者についてはどうなのか。彼はもろもろの疑問を忍びこませ、証拠を注意深くチェックしていったなら、そのくだりが後日付け加えられたものであることが証明できるだろう、と示唆しながら、どんどん前へと突き進んでいく。そして最終的に読者は、神学者や学者によってかくも熱く論じられている争点について独自の判断をくだすという、要求の多い仕事を託されて、あとに取り残されるのだった。

4　「彼らの全計画は」と『アテニアン・ソサイエティの歴史』は指摘している、「神学と哲学における認識をそのすべての部分において改善するとともに、文献学をそのすべての拡がりにおいて改善することである」と。(29) 二〇年後、ナポリの哲学者ジャンバッティスタ・ヴィーコもまた、広い意味での文献学の有する認知面でのポテンシャルを力説することとなる。しかし、ナポリ王国のなかで週刊誌をつうじてこの論点を広く伝えていくというなどといったことは、明らかに考えられなかったことだろう。

アテニアン・ソサイエティは、そのお気に入りの工夫——問いと答え——をキケロの『トゥスクルム荘対談集』からプラトンの対話篇、さらにはシバの女王がソロモンに告げたもろもろの解決困難な質問にいたるまでの、遠い古代にさかのぼる長い伝統に結びつけている。しかし、この長い連続性はひとつの不連続性をも内に含んでいた。「人類の善はギリシアの哲学者たちの目的ではなかった。そしてまた彼ら自身の個人的な栄光やプライドも目的ではなかった」。というのも、彼らは「学識を彼らが述べるのをじかに聴いている者たち以外の何者かに」伝達していたからである。これにたいして印刷機は別の種類の伝達方法をつくり出した。そしてロイヤル・ソサイエティは別の基準を設定していた。アテニアン・ソサイエティとその週刊誌『ジ・アテニアン・マーキュリー』の背後に、人はひとつの威厳あるモデルの存在を見てとることができる。ニュートンである。

アンソロジー『アテニアン・オラクル』の第二巻は、「アテニアン・ソサイエティ宛てに」送られてきた一篇の詩のなかで、ニュートンと彼の有名な言「仮説をわたしはつくらない（hypotheses non fingo）」に暗々裡の敬意を表している。その詩はこう宣言していたのだった、「いかなる暗い推測も、いかなる不分明な仮定も／それぞれの隠れた原因の知識を混乱させはしない」と。[30] しかし、もろもろの隠れた原因が探し求められていたのは、『ジ・アテニアン・ガゼット』もしくは決疑法的《カズイスティカル》マーキュリー』として誕生した週刊誌『ジ・アテニアン・マーキュリー』のなかで、匿名の問いと答えをつうじて議論されていたようなもろもろの事例《ケース》に依拠してのことであったのだ。軽薄な事例、滑稽な事例、真面目な事例、逆説的な事例等、あらゆる種類の事例《ケース》である。問いは、女性への求愛から幾何学にいたるまで、神学から相続にいたるまで、ミツバチからストーンヘンジにいたるまで、珊瑚からホッテントット人にいたるまで、あらゆる範囲にわたって、ランダムに提出されている。問いのうちのいくつかには、以下のように論争を呼ぶ問いもある。「キリスト教徒の治安判事はユダヤ教徒たちを許すことができるのだろうか。なぜなら、彼らがメシアの勝利を待望していることはイエス・キリストにたいする直接的な冒瀆にあたるからである」。これにはニュアンスに満ちた長い答えが続いており、数多くの細かい横道に逸れた説明がなされている。そして、それらの横道に逸れた説明のひとつでは、「血の中傷（blood libel）」〔ユダヤ教徒がキリスト教徒の子どもを誘拐し殺害して、祝祭日におこなわれる自分たちの宗教儀礼の一部として彼らの血を使っているという中傷行為をいう〕のことが詳細に議論されており、最終的にユダヤ教徒にたいする中傷であるとして斥けられている。「彼らが虚偽の嫌疑で牢獄に送りこまれ悲惨な死をとげたことについての説明をどれほどしばしばわれわれは歴史のなかに見いだすことであろう[31]」。

5

「〔決疑法でとりあげられる〕事例（Kasus）は」とアンドレ・ヨレスは書いている、例証（Beispiel）とも実例（Exempel）とも異なる。それは「問いを提示するが、答えを与えることができない。決定の義務をわれわれに負わせるが、決定そのものはそこにはふくまれていない」からである、と[32]。『ジ・アテニアン・マーキュリー』は、その決疑法的《カズイスティカル》なアプローチが一連の問いとそれらにたいする答えと結合されているかぎりで、外見上はそのジャンルのもつ中断的なポテンシャルを相殺してしまっているようにみえる。しかし、同一の問いがその雑誌の別の号では異なった答えを受けとることもありうるのだった。たとえば、イエスにかんするヨセフスのものとされるくだりは三回にわたって議論されている。そのうちの一回ではそれは後年になって作成された偽造文書であると主張されており、あとの二回では、賛否双方の議論を詳しく紹介しながら、それは真作であると主張されている。[33] しかも典型的なことにも、ある問いは議論の行為そのものを問うている。

問い――理性を計るためにどのような物差しが与えられうるのだろうか。わたしがこの問いを問うのは、われわれはしばしば議論をしているどちらの側もが自信たっぷりに自分の理由こそが最善の理由だと言いあっている場面に出会うからである。［…］議論や論争のなかではそれぞれの側が相手の論法の良さを否定し、自分の物差しはまっすぐであるが相手の物差しは曲がっていると結論するのである。

答え――理性それ自体は議論の物差しであって、理性それ自体の物差しではない。なぜなら、そんなことは不可能だからである。問いは、道理にかなっているようにみえるものの物差しはなんであろうか、であるべきであった。そのときには、もろもろの真実の前提から導き出された正しい結果の論証というのがわれわれの答えである。[34]

知的論戦の統整的原理としての理性。伝統的権威への挑戦としての実験的認識。ジェンダー的差異を乗りこえつつ人類へと拡がった認識。ここにわたしたちは啓蒙主義時代――ウールストン（あるいはより正確には彼に変装したスポークスマン）が言うところの「哲学的時代」――のきわだった特徴を見てとる。[35] 彼らの架空の対話に立ち戻ろう。

6　ウールストンは『第六回目の講話』ですべての奇跡のうちでも最大の奇跡、イエスの復活について話して、「もし墓守たちの監視の目を逃れることができなかったのであれば、そのときには現実に復活があったことになるが、監視の目を逃れる可能性だけでもあった場合には、この答えはなんの力ももたない」と異議を唱えている。[36] ここには、何年かあとにデイヴィッド・ヒュームが彼の奇跡論のなかで積極的なかたちで展開することになる議論が要点をかいつまんだかたちで提示されている。奇跡的な出来事はそれの反証がさらに大きな奇跡を含意している場合には、そしてその場合にのみ、受け入れることができる、という議論がそれである。[37] しかし、ウールストンが探し求めていたのは、もっと攻撃的な論拠である。ウールストンは自分の議論の仕方が「不十分である」と宣言したうえで、「古くからの友人、ユダヤ教のラビ」にイエスの復活についての彼の所見を、ただし「いっさいの笑い種、諷刺、冗談」は慎んで、書き送るよう求める。すると長い手紙が返ってくる。それをウールストンは「二、三のもじりやなぞなぞを取り除いた」うえでそのまま公表する。それでも、それらのもじりやなぞなぞの一部は公表された手紙のなかに残っている。ラビは述べている。

その話をわたしは笑みを浮かべることなしに読むことができません。そこには、ロビンソン・クルーソーが上着も胴衣もズボンも身に着けていないのにポケットをビスケットでいっぱいにしている姿を思い浮かばせる二つか三つのくだりがあります。ときどき思うのですが、あなたの福音書作者たちは彼らの話を感覚に適合させ、商取引を自然に適合させたいと欲していたのではないでしょうか。またときどき思うのですが、彼らは悪賢くて、いま述べた小説におけるダニエル・デフォーのように、いくつかの変装した、そして目には見えない不合理なことによって、人々が信じやすいのをひやかそうとしていたのではないでしょうか。(38)

これは明らかにやりすぎだった。ウールストンは神を冒瀆したとして告発され、裁判にかけられて、彼にはとても支払うことのできない額の罰金を言い渡された。彼は妥協を拒絶し、牢獄に入れられたままになってしまった。そしてそこで一七三三年、正体不明の病気に罹って死去した。(39)

7　ウールストンが死去したとき、ヨーロッパ中から（なかでもヴォルテールから）コメントが寄せられた。しかし、彼がまだ生きていた一七二九年に、彼の『講話』はすでに二人の英国教会の主教をも巻きこんだ激越な論争の対象になっていた。セント・デイヴィッドの主教リチャード・スモールブロークは、大部の二巻本『われらが救世主の奇跡の弁護』のなかでウールストンの諷刺的な物言いを最終的に的外れであるとして斥けている。(40)

ホメロスやウェルギリウスの詩のような人間の達成した最も偉大な作品ですら、事実上、戯画化されてしまっている。(41)それらの作品を世間が崇め奉っているのをぶち壊すことまではしていないにしてもである。しかし、アレゴリー〔寓意〕がどんなものからでもどんなものでも立証してみせるのにたいして、戯画は機知の欠如以外のなにものも立証しない。いわんや、それは神聖なものを冒瀆したり、真実なものを歪曲したりすることはできないのである。(42)

スモールブロークはおそらく、ウールストンが彼の古くからの友人、ユダヤ教のラビをつうじて提出した、イエスの復活にかんする福音書の物語とデフォーの『ロビンソン・クルーソー』とのあいだの軽蔑しきったような比較に反応しているのだった。しかし、スモールブロークの所作はもろもろの結果をもたらさずにはいなかった。福音書がホメロスやウェルギリウスの詩と同様、パロディを超えた作品であると主張することは、冒瀆行為とまではいわなくとも、基本的に両者のあいだに類比関係を設定すること、ひいては聖なるテクストへの世俗的なアプローチが可能であるということを含意していた。いいかえるなら、ウールストンの挑戦を受けて立つこと、彼との対話に参与し、彼の文学的工夫を使用することは、――なによりもまず、対話そのものが――予想もつかなかったような結果を生み出すことになったかもしれないのだった。(43)

これらの結果は匿名の著作『イエスの復活を目撃した者たちの裁判』のなかで鮮やかに出現している。そしてこの著作が大成功を収めたことはそれが一三版も出ていることが実証している。(44) 著者はバーンゲの主教トマス・シャーロックで、紳士の一団がウールストンのケースについて論戦をたたかわせている場面を仮設してみせている。論争を解決するために彼らはイエスの復活にかんする証拠の検証にもとづいた裁判らしきものをおこなう。もっと正確にいうと、「法廷の前に提出される案件」は「ウールストン氏によって産み出されたもろもろの異議はキリストの復活の証拠を覆すに足るだけの重みをもっているかどうか」ということである。二人の紳士、A氏とB氏が、裁判官と陪審員の前でその案件について論戦をたたかわす。A氏は、ウールストンによって伝達されたラビの論拠をいくつか変更をくわえて再提起する。イエスの復活は彼の弟子たちによって発動された詐欺だというのである。B氏はイエスの復活は現実にあったことだと主張するとともに、それを「つい昨年起きた事実」であるととらえる。「復活が太古に起きたことであったという説をわたしは断念する。なぜなら、最初は十分な証拠がなかったとしても、今なら十分な証拠が得られるかもしれないからである」というのだ。

この架空の論戦のなかでは権威とか伝統はなんの役割も演じていない。A氏が主張するところによると、イエスの復活を目撃したと証言する者たちは嘘つきの罪に問われてしかるべきであるという。B氏は、彼らは真実を証言しているのだと弁護する。対話の最後で陪審員たちは全員一致で使徒たちは「無罪である」と宣言する。(45) しかし、『イエスの復活を目撃した者たちの裁判』の結論は、対話そのものに比べるとさほど重要ではないのではないかとおもわれる。ウールストンは彼の『弁護』の一つでつぎのようにコメントしている。

この論考の著者がだれであったかはわからないが、彼はたしかにイ、エ、ス、の復活にたいするわたしの異議にとっての味方であって、わたしの異議を彼は公平に陳述してくれている。しかし、彼がわたしの異議のすべてを論駁しつくすことからほど遠い立場をとっているのは、それらはもともと答えられないものだという意識をあちこちで発見しているからにほかならない。[46]

もしその匿名の著作がバーンゲの主教によって書かれたことを知っていたなら、ことによるとウールストンは考えを変えていたかもしれない。あるいはそうでなかったかもしれない。シャーロックの文学的工夫には両義的な含意があることは、それから二、三年後の一七三二年に彼のフランス語訳者アブラハム・ル・モワーヌによって指摘されている。[47] そのフランス語訳への長い序文(それは大半がウールストンの生涯と著作について紹介したものであったが)のなかで、ル・モワーヌは提出されうる異議をつぎのように先取りしている。

なぜわれわれはウールストン氏の説のような不快な説を世間に流布しなければならないのだろうか。われわれは無信仰と不信心が広まっているのに寄与しているのではないのだろうか。それらの忌まわしいことどもはすべて永遠に忘却されるままにしておいたほうが好ましいのではないだろうか。[48]

これらの問いかけへのル・モワーヌの答えは否定的なものであった。イエスの復活に反対してウールストンが提出している論拠が十分に拒絶されるに値するのは、キリスト教が理性にもとづいているかぎりにおいてのことである。だが、そうであってみれば、ユダヤ教のラビによって提起された異議は、権威から区別された理性ないし常識の名において福音書の物語を掘り崩すことをねらっていたのではなかったたか、というわけである。

8　わたしはこの論考をマルティン・ブーバーの『我と汝』とブーバーの対話原理についてのミハイル・バフチンの読解（あるいはむしろ再思考）に言及することでもって始めた。しかし、あなたがたも気づいておられるかもしれないように、わたしの議論を展開しはじめるやいなや、わたしはブーバーとバフチンの二人に――バフチンをつうじてのブーバーに――レオ・シュトラウスという第三番目の思想家の位置する有利な立場からアプローチすることとなった。シュトラウスは彼のパイオニア的な論考「迫害と著述の技法」のなかでいくつかの解釈学的規則に言及して、それらは古代とアンシアン・レジームの終わりまでのあいだに書かれた哲学的テクストを理解する手助けになるかもしれないと論じている。シュトラウスの規則のひとつはつぎのようである。

あるひとつのくだりをそのとおりに理解することのあらゆる合理的な可能性を十分考量しおえるまえに、そのくだりを削除したり修正したりすることは許されない。そして、そのくだりがアイロニカルなものであるかもしれないということも、これらの可能性のひとつなのだ。［…］ドラマや対話篇の著者の見解は、まえもって吟味することなしに、彼が描き出す一人あるいはそれ以上の登場人物によって表明される見解と同一視されてはならないし、あるいは彼の描くすべての登場人物や魅力的な登場人物が合意に達した見解とも同一視されてはならない。[49]「迫害と著述の技法」はもともと一九四一年に発表されたものだった。それはつぎのように書き起こされている。

ここ一〇〇年ほどのあいだ、実際上完全な公共的討論の自由を享受してきたかなりの数の国々で、その討論の自由がいま抑圧され、言論を政府が好都合だと信じているか本気で抱いているような見解と調整させようとする強制に取って代わられている。

ここでシュトラウスが暗々裡にナチス・ドイツとファシスト・イタリアに言及していることは明らかである。もっとも、少しあとの頁では彼は「宗教史についての政府が保証人になっている解釈」を遠回しに攻撃している「全体主義的国家に生きる歴史家」をも登場させており、こちらはたぶんソヴィエト連邦のことを暗に言っているのではないかとおもわれる。[50]シュトラウスの足跡を踏襲することによって、バフチンが彼の対話論理的見方を提出したさいの政治的コンテクスト、そしてまたより一般的なレヴェルではプラトン以降の長い伝統のなかでアイロニーと対話論理戦略が結合して使用されてきたことの政治的含意に焦点を絞って考察を進めていってもよいのかもしれない[51]。いうまでもなく、わたしの焦点はそれよりもはるかに限定されたものであることになるだろう。

一七二九年に匿名で出版された二冊の本がシュトラウスのアプローチの有益さを力強く例証してくれる。二冊の本とも、アンソニー・コリンズの手になるとされている。まさにその年の年末に死去した自由思想の唱道者である。第一番目の『著述における滑稽さとアイロニーにかんする講話』ではウールストンの名は出てこないが、「ひやかし、皮肉、笑いぐさ、諷刺」を使用することは、とくに宗教にかかわる案件においては、まったくもって正当なことであると述べられている。そして「もし人々がいくつかの主題について自分の考えを真面目に語ることを禁じられたなら、人々はそれをアイロニカルに語るだろう」というシャフツベリからの引用が続いている[52]。第二番目の本のタイトル、『グラウンズ氏、スキーム氏等々とトム・ウールストンのあいだの対話――そこでは、後者の「救世主の奇跡にかんする講話」にふくまれている不真面目さ、もろもろの支離滅裂で不合理なことどもが余すところなく探索され吟味される』は、コリンズの最も有名な諸著作へのからかい半分の暗々裡の言及を組みこんでいる[53]。タイトルを見ただけではいかにも真っ正直で攻撃的なように聞こえるが、本文はタイトルにたいして両義的な響きを立てている。そこで採用されている対話の形式は、架空の登場人物としてのウールストンに、彼の実際の議論を詳細に提示するとともに、それらについて諷刺的な笑いを交えながらコメントする機会を提供している。

でも、たったいま出版されたばかりのぼくの最近の小品についてはどうかね。［…］キリスト教の文字の根っこと土台そのものを掘り崩してしまってはいないだろうか。ぼくの誠実な友人のユダヤ教のラビはキリストの復活の話を一瞬にして破壊してみせているんだからね。おお、なんとすばらしい奇跡であることよ！(54)

ウールストンの（そしてラビの）論証を拒絶することはどうやら論証そのものよりも力強さの点で見劣りがするようである。ウールストンの架空の敵対者であるグラウンズ氏は、最後の言葉を発する機会を与えられて、キリスト教が真理であるということではなくて、宗教は（どんな宗教であれ）社会にとって有益であるという点を力説する。

宗教を破壊することによって、きみ［ウールストン］がどれほど人々を悪徳と放蕩へと誘いこむこととなっているか、彼らを世界が許すかぎりのあらゆる無秩序と不道徳に突き進ませ、最後には彼らの完全な没落と破壊を招く機会をつくることとなっているか、とくと考えてみることだな。(55)

9　ウールストンが獄死して二、三年後、彼の文学的戦略は別の方向へと発展させられることとなった。『キリスト教徒の理神論者フィラレテースとキリスト教徒のユダヤ人テオファネスの対話』と題された長大な本が一七三七年に登場する。(56) 著者のトマス・モーガンは身分の卑しい家に生まれた異論派の説教師で、クエーカー教徒と親密な関係にあったが、医療行為もおこなっており、神学と医学双方のトピックにかんして本を出版していた。(57)『対話』の表紙でモーガンは自分を偽名——「道徳哲学者」——のもとに包み隠しており、「ヨブ記」のなかのエリフの話す言葉からとられた「人間のなかには理性（Reason）が存在しており、全能者の息吹が彼に理解力を与える」（「ヨブ記」三二・八）というモットーによって補強されている。聖書の公定版では、そのくだりは「人間のなかには霊（Spirit）が存在しており、全能者の息吹が彼に理解力を与える」となっている。理性・対・霊。トマス・モーガンの挑みかかるようなゼスチャーはヨーロッパ思想史を印しづけてきたひとつの深いギャップの存在を指摘している（ルターは同じくだりをドイツ語に訳したさい、「霊」に“Geist”〔精神〕という語をあてたが、これがヘーゲルへと導いていくこととなる）。(58) しかし、「道徳哲学者」は彼の本のまさに入り口で「理性」の旗を立てたものの、このコンテクストにおいてその語が意味するものは自明ではない。これとは対照的に、対話における二人の参加者の名前のほうは、フィラレテース、「真理を愛する者」がテオファネス、「神の顕現」によって提出されるもろもろの論証を打ち負かしていくのを読者が知るやいなや、まったく明瞭になるようにみえる。真理への愛（知恵への愛、「フィロソフィア」に支えられた）は神の顕現（あるいは神の啓示）に優越するものとして提示されているのである。フィラレテースには「キリスト教徒の理神論者」というラベルが貼られており、テオファネスには「キリスト教徒のユダヤ人」というラベルが貼られている。彼らは二人ともキリスト教に所属しているのである。彼らはなにについて議論しているのだろうか。
彼らの最初の不一致点は法にたいするパウロの両義的な態度である。パウロの手紙のなかでは、「法」という語が時と場合によって異なった意味で使われている、とフィラレテースは指摘する。あるときには、

彼はもともと心のうえに書きこまれている自然の法という意味で使っています。すなわち、普遍的な、永遠にして変化することのない知恵、理性、道徳的真理ないし正しさという意味であって、それは客観的にわれわれの理解力の前に提出されているため、どの知性的な存在にとっても行動の規則ないし尺度でもなければならないのです[59]。

これは『対話』のためのモットーとして「ヨブ記」から選ばれた文章への暗々裡の言及であることを見過ごしてはならない。しかしまた、あるときには、パウロは、

法という語によって［…］モーセによってイスラエルの民に与えられた、その民の市民的ないし政治的な法としての道徳的な法のことを意味しています。［…］それの裁可するものはすべてたんにその場の状況に応じた暫定的なものであって、人々の外面的な実践と社会における行動に関係したものでしかありません[60]。

この法は、とフィラレテースは指摘する、「社会における人々の市民的権利と財産権を保証しますが、[…]行動の善悪を律する内面的な原則や動機にかかわることはできないのです」と[61]。ここから法とその制限についてのパウロの厳しい判断が出てくる。彼は「モーセと預言者たちに逆らって、新しい教説を説教したのでした[62]」。

この結論は支持できない、とテオファネスは異議を唱える。「キリスト自身が、聖パウロもそうでしたが、福音書の図式をモーセと預言者たちの足跡に立脚して正当化しようとしたことは[…]明々白々なことです[63]」。パウロはけっして「旧い啓示に反対して新しい啓示をもたらした」わけではないというのである。しかし、このテオファネスの異議にも、フィラレテースはいっこうに驚かない。これは「キリスト教徒のあいだでは共通に分かちもたれている仮説」であり、「最も普及している図式」だというのだ[64]。そしてわたしたちも、一方にかんしては驚かない。「キリスト教徒のユダヤ人」テオファネスは、言うまでもなくキリスト教徒である。プロテスタントのキリスト教徒なのだ。しかし、なぜフィラレテースは単純に理神論者、自然の宗教の信徒ではなくて、「キリスト教徒の理神論者」であると言い張るのだろうか。

この点は『対話』のなかで何度も繰り返し表面に浮上してくる。フィラレテースは説明する。「新しい教説」を説いたパウロは、彼の時代の偉大な自由思想家であり、権威にたいする理性の大胆にして勇敢な擁護者であって、あらゆる理性と常識に逆らって迷信、盲目、隷従のお話にもならない図式を打ち立ててきた者たち、しかもこれを神からの神聖な掟と啓示という見栄えがよくて人気を博しやすい主張のもとで打ち立ててきた者たちに正面から対立したのでした[65]。

キリスト教徒の理神論者であるフィラレテースは、啓示という概念をはじめユダヤ教とつながりのあるものはなんでも、いっさい遠慮することなく拒絶する。「モーセと預言者たちについていえば、わたしは政治家、歴史家、弁論家、詩人としての彼らは称賛しますが、宗教にかんしては彼らとなんの関係もありません。わたしが彼らの宗教の信者であることはおよそありえないことだからです[66]」。そしてこう締めくくる。「ユダヤ人でも、回教徒でも、ペルシア人でも、インド人でも、中国人でも、最良のキリスト教徒と同等に誠実であるかもしれないのです。それも同じく神のおかげによってです[67]」と。

あるいは人はこう主張してもかまわないのかもしれない、フィラレテースの（そしてモーガンの）キリスト教的理神論はジョン・トーランドの『ナザレヌス』に多くを負っていて、最終的には、自然宗教と同義の、キリスト教の脱ユダヤ化された一ヴァージョンなのだ、と[68]。しかし、こう結論するのは性急に過ぎるだろう。パウロが説いた「新しい教説」はモーセと預言者たちのものだとされている「比喩的、予型論的、アレゴリカルな意味[69]」にもとづいて構築されていたのであり、ユダヤ教徒のあいだでバビロン捕囚後に起きた「宗教における一大革命」[70]に根ざしているのだった。ただし、この点をモーガンはさらに展開することはしておらず、第四エスドラス書のなかの焼かれてしまったためあらためて書かれなければならなかった律法に言及しているくだり（「第四エスドラス〔第二エズラ記〕」一四・二一以下）を参照するよう求めるにとどめている。[71]それよりも啓発的なのは、謎めいてはいるが、ラビ、ベン＝アロンの突然の闖入である。このラビをフィラレテースは「学識のある良識家」であって「彼の宗教を頑固に信じている偏屈者」ではないと描写している。そして「われわれは今宵を彼といっしょに過ごすことにしよう」と述べている。彼らの談話は記録されていない。翌日の朝、テオファネスは「二人の敵対者同士のあいだでこれほど上品で沈着で率直な態度でやりとりされた議論をわたしは聞いたことがない」とコメントしている。キリスト教徒のユダヤ人であるテオファネスは彼らの議論に「口を閉ざしたままの注意」を払っていたのだった。[72]

10　ユダヤ教のラビはトマス・ウールストンに福音書の文字にあるとおりの解釈を拒絶する機会を提供した。またキリスト教徒のユダヤ人テオファネスはトマス・モーガンに聖書の文字にあるとおりの解釈を拒絶する機会を提供した。どちらの場合にも、ひとつの形式上の工夫――対話――が思考のもろもろの可能性を開いている。そして正当化している。この対話的文化にモーガンがコミットしていたことは、彼が何年か前に編纂した、『ジ・アテニアン・マーキュリー』の影響を受けた週刊誌のアンソロジー、『ブリティッシュ・アポロ――芸術と科学における興味深いもろもろの問いへの、両大学とロイヤル・ソサイエティの最も学識があり才知に富む者たちの多くによって承認され、紳士協会によって遂行された、真面目な、コミカルな、ユーモラスな二万の答えをふくむ（一七〇八—一七一一年）[73]』から裏づけられる。

「紳士協会、もしくは紳士クラブ」のことは『対話』への序文でも言及されている。二年間、紳士たちは「宗教一般、そしてとくに自然宗教から区別された啓示としてのキリスト教の基礎と原則について公平に考察してみようという計画をたずさえて」さる貴族の田舎の邸宅で定期的に会合を開いていたという。これは、見てきたように、キリスト教徒の理神論者とキリスト教徒のユダヤ人のあいだの対話の主題であった。しかし、序文はなにかそれとは別のものについて述べている。二、三の原則について紳士たちは意見の一致を見ていたというのだ。その第一の原則はつぎのとおりである。

道徳的真理、理性、行動の適切さは、いかなる実定的な意志と法にも先行する、人と事物の自然的かつ必然的な関係のうちに基礎を有しており、それゆえ、いかなる実定的な意志や法や権威によっても変更することはできない[74]。

「必然的」という語はいくつかの問いを提起する。それらは対話の中ごろでフィラレテースがおこなう「俗人説法」のなかで出現する[75]。何人かの「偉大な哲学者ととても賢明な人たち」が祈りは効果がないと主張する。

彼らはこう言います――神は無限に賢明であり、すべてのことを知っておられるので、道徳的世界においても自然的世界においても、起こりうるあらゆることを永遠の昔から予知しておられる。［…］それゆえ、神はどちらの世界においても、一般的な図式を据えられたときには、いくつかの一般的な法を確立なさったにちがいない。［…］自然的世界にかんしては、神はそれを一般的な法によって統治なさると言ってよいだろう。［…］そして知的、叡智的、ないし道徳的な世界にかんしても、同じ理由が十分に成り立つ。［…］事物の自然本性と存在理由からすれば、そもそも人間の自由な行動なるものは存在しえないのだから、人間の自由な行動のうえに特別に摂理を挿入してそれらを基礎づけるといったようなこともありえないのは明らかである。［…］われわれが知覚する単純な観念は対象となる事物によって必然化されており、判断は知覚によって必然化されており、意欲ないし行動は判断によって必然化されている。そしてこれらはすべてわれわれの心に働きかける或るひとつの叡智的な力によって必然化されているのである。これは自然的、機械的な力によって或る物体が別の物体に運動を伝達するのと同じである。(76)

それらの名前を挙げられていない哲学者たち、モーガンが少しあとでそう呼んでいるような「近代のソフィストたち」とは、だれなのだろうか。引用符で縁取られた彼らのスピーチは、そのままの引用ではなく、戯画化されたかたちで、「真実と虚偽の入り混じった」「理性とからかいからなる作品」[77]として提示されている。しかし、戯画の背後に人はひとつの肖像を見てとることができる。スピノザの肖像、ただしニュートンを読んだスピノザの肖像である。

この人物は実在していた。そして名前ももっていた。『人間の自由にかんする哲学的探求』（一七一七年）の著者、アンソニー・コリンズである。[78]コリンズの巨大な書庫にはスピノザの著作もニュートンの著作も並んでいた。くわえて、そしてもっと重要なことには、コリンズは彼の力強い自由意志反対論のなかで、おそらくはピエール・ベールの『歴史批評辞典』（一六九七年）によって媒介されたものとおもわれるスピノザの一節に、暗々裡にではあるが特別に言及している。[79]トマス・モーガンはコリンズのパンフレットにおけるこのスピノザ的な核を突きとめている。しかし突然、彼の標的は悪魔の代言人へと向け変えられる。

しかし、そのような哲学者がなにを思い描いていようとも、ここでの問題の真の状況は神がいま述べられた一般的な法によって自然的な世界をも道徳的な世界をも統治なさっているかどうかということではなく、神が世界を統治なさっているのかいないのかということなのです。［…］繰り返し言わなければなりませんが、ここでの問題は神が一般的な法によって世界を統治なさっているかどうかということではなくて、世界が事物自体のなかに存在するいくつかの本質的な力と特性によってみずからを支え統治していないのかどうかということなのです。そしてこれは実をいうと、理神論者と無神論者のあいだの問題であって、愚かにも、またきわめて不合理なことにも、いつもそうと思いなされてきたようなキリスト教徒と理神論者のあいだの問題ではないのです[80]。

キリスト教徒のユダヤ人たちは理神論者たちを無神論者たちと混同してきた。しかし、理神論者のモーガンによって提起されたもろもろの問いからはひとつの深い不安が洩れ伝わってくる。うっかりしていると無神論者の論証に深く魅了されてしまうという不安がそれである。悪魔の代言人が誘惑してくる。それも魅力たっぷりにだ。自由意志と神の摂理に反対する悪魔の代言人の論証のかずかずは容易には拒絶できない。モーガンはそれらについてとくと熟考しながら対話を進めていく。「道徳的世界についての無神論者が自然的世界についての無神論者から出てきて、同様の仕方でひとつの被造物を構築するというのは全然驚くべきことではありません」と彼は言う[81]（だれに向かってなのか、読者に向かってなのだろうか、それとも彼自身に向かってなのだろうか）。だが、「道徳的世界についての無神論者」ということでモーガンはなにを言わんとしていたのだろうか。この被造物とはだれのことなのだろうか。ここでふたたびモーガンの説明。

人間の精神は、叡智と意識的な行動を斟酌するときには、物質をあつかうときと同じ原理と法則にもとづいて統治されている、と彼らは言います。二つの相反する力を加えられた物体は、等しい重さをかけられた秤のように、必然的に平衡状態で停止せざるをえず、どちらの方向にも全然動くことができないのです。(82)

これはスピノザである、と同時にスピノザではない。スピノザの『エチカ』の第二巻の最後に列挙されている異議のひとつには「もし人間が自由意志によって行動するのでないとしたら、彼がビュリダンの驢馬のように平衡状態にある場合にはどんなことにあるであろうか」とある。これにたいするスピノザの答えはつぎのとおりである。

そのような平衡状態に置かれた人間は［…］飢えと渇きのために死ぬだろうということをわたしは全面的に認める。しかし、もし人々がわたしにそのような人間は人間ではなく驢馬とみなすべきではないのかと尋ねたなら、わたしはわからないと答える。

（スピノザ『エチカ』第二部定理四九備考）

モーガンはスピノザのアイロニーをスピノザを戯画化したものに転じてしまった。しかし、これは、ある程度までは、わたしがここまで語ってきたウールストンのユダヤ教のラビ以降のすべての登場人物に分かちもたれている特性である。戯画は現実の姿を歪曲することによって描き出す。「もし彼ら［すなわちキリスト教の神学者たち］がわれわれにわれわれ自身で書く自由を恵み与えてくれさえす

msz

みすず 新刊案内

2016. 8

ヘンリー・ソロー　野生の学舎

今福龍太

アメリカでもっとも著名で独創的な思想家、ヘンリー・ソロー。ウォールデン湖畔に自ら建てた小屋で自給自足し、森を毎日何時間も歩く、たった独りの生活を送った。奴隷制に反対し、二冊の本を刊行し、四四歳で生涯を終えた。森で結実したその思索は、現代社会の危機とそこに生きる人間のありかたを示唆し、世界に大きな影響を与えた。

ソローの著作を読むことは、知性の森を逍遥しながら、清冽な湧き水を飲むことに等しい。徹底的な批判精神と、ごまかしのない言明と、自我をのりこえた意志の発露がそこにはある。

歩くこと、孤独、自然、市民、共同体……『ウォールデン』『散歩』『メインの森』『ケープコッド』『歩く』『社会改革論集』そして膨大な日記に誘われ、本書はその思索のエッセンスを発見する。急激な産業化と社会の激動の中で、真に自由な生き方を考え続けたソローのすべてをそっと手渡す一書。

四六判　二八八頁　三八〇〇円（税別）

過去をもつ人

荒川洋治

この三年間に発表されたエッセイのなかから、読書にかかわる六一編を選び、書き下ろし「銅のしずく」を添えた。

ショーペンハウアー『読書について』が否定する、一般読者と一般的読書に着目して、現代のことに言い及ぶ。「いまは一般的読書が支配。本らしい本を読む人は少ない。読書が消えた時代だ。静かだ。読書とは何かを「考える」ときなのかもしれない。」

「おおきなできごとのあとで、詩人や作家たちが、いわば文学「特需」の詩文を順風のなか量産したようすを見て、文学像を形成する人はどうか。あの日以後この国は変わった、私も目覚めたという人たちの一見すなおだが、よく見ると底の浅い単純な詩文。それらを批判的に見つめることは、単純なものに魅せられた読者にはできないだろう。」

文章とことばの新しい情景をつねに視野に入れてきた荒川洋治が、本を読む人におくる、きびしくもあたたかい一冊。

四六判　二三二頁　二七〇〇円（税別）

70歳の日記

メイ・サートン
幾島幸子訳

アメリカの詩人・小説家、サートンの58歳の作品『独り居の日記』は、日本でたくさんの読者を得た。その後サートンはさらに北へ、カナダと国境を接するメイン州の雪深い海辺に引っ越す。この地でペットの犬と猫と暮らしながら、ようやく、世間から冷遇されていた長い時期を抜けだし、この日記の執筆にいたった。

この執筆の年、サートンは最愛の恋人だったジュディの老いと死に直面した。自分に残された時間も少なそうだ。故郷ベルギーから切り離された孤独感も深い。そして考えた——年をとらない秘訣は何か？　たぶん、何かに深くかかわり、こだわりをもつこと。エネルギーは要るけれど。

「今の私は、生涯でいちばん自分らしい」。詩の朗読旅行、読者との交流、出会いと喪失、そして発見にみちた濃密な一年。それを率直につづる瑞々しさは、きっと読者を魅了し、勇気づけるだろう。

四六判　四一六頁　三四〇〇円（税別）

民主主義の内なる敵

ツヴェタン・トドロフ
大谷尚文訳

「民主主義はその行き過ぎによって病んでいる。そこでは自由は暴政と化し、人民は操作可能な群集へと姿を変える。進歩を促進しようとする欲望は、十字軍の精神に変化する。経済、国家、法は万人の開花のための手段であることをやめ、いまや非人間化のプロセスの性質を帯びている」

今日、民主主義の危機は外部（ファシズム）からやって来るのではない。民主主義みずからが内なる敵を生み出し、自身の存立を脅かす。すなわち、政治的メシア信仰、個人の専横、新自由主義、ポピュリズム、外国人嫌いである。

シリア内戦、IS、難民、テロ——現在時の危機を通じて、「進歩、自由、人民」というリベラルな理念がいかに社会全体の幸福を危うくするかを抉り出す。みずからもブルガリアからの移民であるフランス思想界の大御所が、民主主義の再生へ向けて新たな多元主義と共存の方途を探る、渾身の現代政治文化論。

四六判　二五六頁　四五〇〇円（税別）

最近の刊行書

—2016年8月—

ダン・サヴェージ　大沢章子訳
キッド——僕と彼氏はいかにして赤ちゃんを授かったか　3200円

富田玲子
小さな建築 増補新版　予2800円

セリーナ・トッド　近藤康裕訳
ザ・ピープル——イギリス労働者階級の盛衰　予6800円

C. G. ユング　横山博監訳　大塚紳一郎訳
ユング 夢分析論　予3400円

＊＊＊

—新装版　8月—

時代精神の病理学——心理療法の26章　新装版　V. E. フランクル　宮本忠雄訳　3400円
識られざる神　新装版　V. E. フランクル　佐野利勝・木村敏訳　3400円
神経症——その理論と治療　新装版　V. E. フランクル　宮本・小田・霜山訳　5400円

＊＊＊

心理療法論 新装版　C. G. ユング　林道義編訳　2800円
個性化とマンダラ 新装版　C. G. ユング　林道義訳　3600円
転移の心理学　新装版　C. G. ユング　林道義・磯上恵子訳　3700円

＊＊＊

独り居の日記　新装版　メイ・サートン　武田尚子訳　3400円

＊＊＊

—好評重版書籍—

夜 新版　エリ・ヴィーゼル（7/4逝去）　村上光彦訳　2800円
死すべき定め——死にゆく人に何ができるか　A. ガワンデ　原井宏明訳　2800円

＊＊＊

月刊みすず　2016年8月号

「アイヌ＝「滅びゆく民族」と生存への祈り」平野克弥・「政治的なものに対して哲学的にいかに語り返すか」森一郎／連載：「失われたもの」（最終回）斎藤貴男・「池内紀の〈いきもの〉図鑑」（第157回）／大井玄・辻由美・ブレイディみかこ・伊藤浩志・植田実・上村忠男 ほか　300円（8月1日発行）

msz　みすず書房
http://www.msz.co.jp
東京都文京区本郷5-32-21　〒113-0033
TEL. 03-3814-0131（営業部）
FAX 03-3818-6435

表紙：ヨゼフ・チャペック　※表示価格はすべて税別です

るなら」とラビは言った。

11　何年か前わたしは示唆したことがあった、歴史家たちは彼ら自身の調査研究のなかで悪魔の代言人との終わることのない対話にかかわるべきである、と。もろもろの手強い問いを提起することによって歴史家たちを窮地に立たせるような内なる声である。[83] そのときには、わたしがここで分かちもってきた十八世紀初期の英語のテクストの存在はまだわたしには知られていなかった。それらのテクストの認識的、道徳的、政治的豊かさは驚きであったが、それもある程度までだった。それらを可能にしていたのは、ロマーン・ヤーコブソンが指摘するように、普遍的な言語的特徴である自己言及的な能力であった。わたしたちが世界に語りかけ、世界について語ることができるのは、言語が自分自身に語りかけ、自分自身について語ることができるからなのである。

ミクロストリアと世界史

ミクロストリアは歴史へのひとつの分析的アプローチとして構想されたものであって、世界史に対立するどころか、実際には世界史の不可欠の道具とみなされてよい。[1] わたしはこの点をひとつの事例研究《ケース・スタディ》をつうじて展開しようとおもう。だが、ここで問題になっている二つの術語――「世界史」「ミクロストリア」――についてあらかじめ精査しておく必要がある。

ミクロストリアの潜在力

1　二つの関連する現象が今日世界史へのわたしたちのアプローチを形づくっている。人類の巨大な膨張と自然環境の増大しゆく脆弱さがそれである。世界が脅威に曝されているのだから、世界史はあたかもわたしたちが「危機の瞬間に」[2] いるかのようにして書かれなければならない。だが、その二重の意味においての「歴史」それ自体が、ますます脆弱になりつつある。一方では、生物工学の両義的な可能性が開いた、目下のところはかろうじて想像しうるにすぎない展望が、さほど遠くない将来、人類とその行為（res gestae）にも社会生活の製造にも有意的な影響をおよぼすかもしれない。他方では、グローバル化した世界が歴史家の仕事（historia rerum gestarum）に多くのレヴェルで挑戦をしかけている。多かれ少なかれその本体を偽装しているものの、自民族中心的《エスノセントリック》な方向性をもつ物語は、いまではもう受け入れがたいようにみえる。しかし、直接の証拠にもとづいた分析的アプローチも、探求の要求する幅域と範囲とは両立しない。解決の方法があると異議を唱える人がいるかもしれない。比較がそれである。しかしながら、比較史を求めたマルク・ブロックの一九二八年の論考は、いまから振り返ってみると、達成されなかった約束のようにみえる[3]。ブロックは、ますます少ないことについてますます多くのことを知っていた博識の学者たちにたいする鋭い批判家であったが、ますます多くのことについてますます少なく知るというのは受け入れうる選択肢ではないだろうということにも気づいていたのだった。よく知られていることであるが、「社会人類学にはただひとつの方法だけがある。比較の方法だ。そしてそれを採用することは不可能なのだ」とかつてエヴァンズ＝プリチャードは言ったことがあった。このようなわけで、比較もミクロストリアも概念道具として自明のものとして受けとるわけにはいかないのである。

2

スコットランドの哲学者、デイヴィッド・ヒュームは、『人性論』（一七三九年）のなかで、約束によって産み出される道徳的責務を分析したが、それを彼は「いやしくも想像しうるかぎりの最も神秘的で理解不可能な作用のひとつであって、一定の意図をともなう一定の言語形式が外的事物の本性を、いや人間の本性をすら、完全に変えてしまう全質変化や叙品にたとえることさえできるだろう」とみなした。ヒュームはこの一見したところこじつけめいたアナロジーをつぎのような仕方で正当化している。「それらのいまひとつの奇怪な教説はたんに聖職者の案出物であって、公共的利害を視野に収めておらず、この教説が進展をとげるにあたって新しい障碍がこれを攪乱することは比較的少ない。そして最初の不合理ののちは比較的端的に理知と良識の流れに従うものと認めなければならない」と。[4] その一貫性が現実世界との接触の欠如に負っていた認識モデルとしての神学に言及するなかで、ヒュームはおそらく、ガリレオが『プトレマイオスとコペルニクスとの二大世界体系についての対話〔天文対話〕』のなかで提起した、数学的科学者（filosofo geometra）が自らの形式的モデルを日常的現実のなかで検証しようとおもう場合には物質的な障碍を取り除かなければならないという主張[5]を、ひっくり返したかたちで復唱している。ガリレオと同様、約束をその最も純粋な形式において同定するために、ヒュームは約束が「社会の利害」のうちに産み出す矛盾した効果の物質的障碍を取り除いて、神学者たちの「奇怪な教説」をひとつの形式的モデルとみるのだった。

ヒュームはガリレオをモデルにした。現代の歴史家たちは（そしてとくにミクロストリアの実践家たちは）ヒュームをモデルにしてもよいのかもしれない。だが、神学に訴えるよりもむしろ、彼らは神学を世俗的な展望のなかで加工し直してきたひとつの哲学的伝統に訴えてみてもよいだろう。[6]

3　イタリアの哲学者、ジャンバッティスタ・ヴィーコは、初期の著作『イタリア人の太古の知恵』（一七一〇年）のなかで、数学と幾何学は人間の作為にもとづいているので、神の知識にたとえることができる、というのも、それらにおいては“verum et factum convertuntur”（真なるものと作られたものとは置換される）からである、と指摘した。一般的規則として、「真なるものの規準ないし尺度はそれを作ったということである」。それゆえ、自然学は真の知識とはみなしえない。自然学者たちの探求の対象は人間によっては真には知られえないからである。こうヴィーコは言うのだった。(7)

この考えはイギリスの哲学者、トマス・ホッブズからとられたものだった。ホッブズのラテン語著作をヴィーコは両義的な思いをいだきながら読んでいたにちがいないのである。(8) ホッブズはこう主張していた。数学と幾何学は人間が製作したものである以上、厳密な論証の対象になりうる。同様にして、政治学と倫理学の対象である正義と善も、それらを作ったのはわたしたちであるから、知識の対象になりうる。(9) ヴィーコは当初この最後の点を受けいれるのに抵抗を感じていたが、その理由は彼がホッブズの機械論的哲学を拒否していたことに求められる。わたしたちはホッブズが彼自身の英語から翻訳したラテン語版『リヴァイアサン』のつぎのような冒頭のページをじっくりと考えながら読んでいるヴィーコの姿を思い浮かべることができる。

自然（神がそれによって世界を作り統治しているところのわざ《アート》は、人間の技術によって、他の多くのものごとにおけるのとおなじく、人工的動物を作りうるということの点でも、模倣される。［…］というのも、技術によって、**コモンウェルス**あるいは**国家**《ステイト》（ラテン語の**キーウィータース**）と呼ばれる、人工的人間にほかならない偉大な**リヴァイアサン**が創造されるからである。(10)

人工物としての社会はヴィーコの『新しい学』においてもまさに中心に位置しているが、そこでは神の摂理が介在していることから、ホッブズとのあいだにはいっそう大きな相違が存在する。「それ［摂理］は、だれもかれもがそれぞれの私的利益にしがみついていて、そのままでは孤立状態のなかで野獣［bestioni］同然に生きていただろうとおもわれる人間たちの情念から、彼らが人間的な社会的関係を結んで生きていけるような国家的秩序を作りだしてきたのだった」(11)。『新しい学』第一版（一七二五年）以来明示的になった、この摂理への強調は、大部分、ヴィーコがボシュエの『普遍史論（世界史論）』（一六八一年）のイタリア語訳と出会ったことによるものだった（ヴィーコ自身が『自伝』で指摘しているように、ヴィーコはフランス語が読めなかった）(12)。ボシュエの年代誌はヴィーコの年代誌に消すことのできない痕跡——指紋——を残すこととなったのであって、両者とも、ニネヴェーの都市を創建したアッシリア王ニノスの年号として世界創造後二七三七年を与えている(13)。だが、ヴィーコの摂理には公然とキリスト教的な意味合いはなかった。『新しい学』のなかではイエスはなんの役割も演じていない。

ヴィーコの「野獣ども（bestioni）」がホッブズ的意味合いをもっているということは繰り返し強調

されてきた。だが、ホッブズは、あるひとつの決定的な時点で、「野獣状態」から文明への移行を説明するためにも、間接的に呼び出されている。

このようにして、異教諸国民の最初の人間たちは、生まれつつある人類の幼児として、彼ら自身のイデア〔自己観念像〕から事物を創造したのであった。しかしまた、それは神がおこなう創造行為とは限りなく相違していた。なぜなら、神は純粋このうえない聡明さのなかで事物を認識する。そして認識しつつ創造する。これにたいして、彼らは彼らの頑固たる無知をつうじて、きわめて肉体的表象性に富む想像力を働かせつつ、事物を創造したのだった。そして、それはきわめて肉体的表象性に富むものであったため、その行為には驚嘆すべき崇高さがともなうこととなった。その崇高さたるや、それらを想像しつつ創造した（che fingendo le si criavano）当の彼ら自身を極度に動揺させるほどであったのだ。ここから彼らは〈ポエータ poeta〉〔詩人〕と称されたのであって、これに該当するギリシア語は〈創造者〉を意味しているのである。〔…〕人間にかんすることがらのこの自然本性については、タキトゥスによって高貴な言い回しで表明された永遠の特性が残っている。人間は、驚かされると、空しいことにも〈想像すると同時に信じこんでしまう〈fingunt simul creduntque〉〉というのがそれである。(14)

“Fingendo le si criavano”――タキトゥスの力強い詩行に先鞭をつけている“fingere”というラテン

語の動詞には「形づくる」という意味と「偽る」という意味があり、それゆえ、人為的な製作行為を強調している。(15) それら原始の人間たち、「ポエータたち」――語源的には「製作者たち」――の場合には、製作の行為は自己欺瞞の行為と絡まり合っている。「野獣ども(bestioni)」が人間になったのは、偽りの神性、ゼウスが彼らを見つめていて、彼らに謙虚さと畏怖心をもつよう教えていると想像して、それからは戸外で野獣のように交合することを控えるようになったことによってなのだった。(16) 社会は畏怖心を起源とする人工的な構築物であるという考えをヴィーコはホッブズと分かちもっているのである。(17)

4

「しかし、わたしたちからはるか遠く離れた原始の古代を覆っている、そのように濃い闇の夜のなかにあって、なんとしても疑いに付すことのできない真理の、つぎのような消えることのない永遠の光が見える。すなわち、この国家制度的世界はたしかに人間たちによって作られてきたのであり、したがって、それの諸原理はわたしたちの人間の知性自体の諸様態の内部に見いだすことができる、というのがそれである」。このヴィーコの厳粛な言葉は人間の歴史への新しい接近法へと導いていく道を切り開いた。(18) ヴィーコはホッブズから離れつつあったけれども、なおもホッブズから着想をとりだしていたのだった。『新しい学』第一版に出てくる"Nosce te ipsum"(汝自身を知れ)というモットーは、アテナイの住民たちに「彼ら自身の知性の自然本性について省察して、人間の理性が万人によって分かちもたれていることを自覚するよう」教えていた。(19) ホッブズも『リヴァイアサン』の冒頭で同じモットーについてコメントしていた。

Nosce teipsum, Read thy self.［…］人の心の性格は、いつわった、うそをついた、にせものの、あやまった教説によって、現実に見られるごとく汚され混乱させられているので、心を探求する者にのみ明らかにされる。またわたしたちはしばしば人々の行為からその企図を見いだしているけれども、それらをわたしたち自身の行為と比較することなく見いだそうとするのは［…］解読する鍵をもたないまま暗号文を解読しようとするようなものである。(20)

心を読む。――ホッブズは（自然の書物を読むという伝統的なメタファーを改鋳した）このメタファーを「汚され混乱させられた性格」と暗号文を解読するのに必要とされる「鍵」への言及を付け加えることによって発展させた。ヴィーコは、ホッブズのメタファーを字義どおりに受けとることによって、さらに一歩を踏み出す。書き留められた（scribillati）象徴的記号によって書かれている、時間的にも空間的にも遠く離れた歴史の世界（「この国家制度的世界」）を解読するためには、人は古遺物研究もふくめた広い意味での「フィロロジー」に信頼して、その世界の言語を習得しなければならない。(21)ホッブズは歴史をたんなる事実の蒐集とみなしていた。これにたいして、ヴィーコの「新しい学」は、いまから振り返ってみると、歴史人類学と同一視されるものであった。(22)両者いずれにとっても、彼らの「読み」の最終的なテストは内面を見る知的《メンタル》な実験によって提供されるものであったが、それぞれの目的は正反対とまでは言わないにしても異なったものであった[23]。ホッブズの目的は他人の心のうちに読むことのできるのと同じ情念を自分自身のうちに見いだすことであった。「それでも、わたしがわたし自身の読みを順序正しく、そして明瞭に示してしまったなら、他の人に残された苦労は、彼もまた彼自身のなかに同じことを見いださないかどうかを考察することだけだろう」。この種の教説には、これ以外の論証は容認されないのだ[24]」。ヴィーコの目的はひとつの知的な自己領有の行為であった（「もしここで構想されていることがらがわたしたちの魂の内的実体と同一視されるようになるなら、わたしたちは真の実験をおこなったことになるだろう」）。そしてそれの本質はアナクロニズムすなわち「彼ら自身が太古にいだいていた観念によってではなく、わたしたちの現在の観念にもとづいて彼らを思い描こうとするわたしたちの想像力」から脱却することにあるのだった[25]。ヴィーコの新しい学の原理は「わたしたちの人間の知性自体の諸様態（modificazioni）の内部に」見いだされるべきなのであった[26]。

5　思考実験という点でホッブズの見解とヴィーコの見解が一致していることは容易に説明できる。ヴィーコはホッブズの『自然学対話、あるいは空気の性質について』（一六六一年）を手に入れていた。空気ポンプにもとづくボイルの実験にたいする攻撃の書で、ボイルの実験は間違っており、哲学的に無意味であるとして却下されている。『自伝』からうかがうに、ヴィーコはどうやらホッブズの足跡をたどったもののようで、ボイルと彼の「実験的自然学」を「人間の哲学にはなにひとつ寄与しなかった」として斥けている。[27]

だが、ここでもうひとつの相違点が浮かびあがってくる。『対話』への献辞のなかで、ホッブズは「創意工夫（ingenium）」——すなわちボイルの実験——を「方法（ars）」、すなわち、運動の研究にもとづくボイル自身の自然への哲学的接近法よりも劣ったものとみなしている。[28] 別のくだりでも、ホッブズは同様の対置をおこなっていて、空気ポンプの製作者は「機械工」であって「哲学者」ではないと指摘している。[29] これにたいして、ヴィーコは『イタリア人の太古の知恵』のなかで、ラテン語では“ingenium”と“natura”は同義であると記しており、これに「これは、自然が自然学上のことがらを生み出すように、人間のインゲニウム〔創意工夫の能力〕は機械学上のことがらを案出するからであり、神が自然の製作者であるように、人間は技芸によって作り出されたものの神であるからではなかろうか」という修辞疑問形が続いている。

ここでは、ヴィーコの原理“verum et factum convertuntur”には“verum et *fictum* convertuntur”と少しばかり変更がほどこされている。理論と実践は隣接した関係にある。「だからこそ、これらのことがらを教える幾何学と算術とは諸学のうちで最も探索の行き届いた学なのであり、それらの使い方が卓越している者たち〔技師たち〕はイタリア語で〈ingegneri〉と呼ばれているのである」。[30]

6

ヴィーコの没後のヨーロッパでの名声はフランスの歴史家ジュール・ミシュレによる『新しい学』第三版の要約（一八二七年）とともに始まった。そして数年後（一八三五年）には『自伝』『太古の知恵』その他のテクストを収載した選集がつづいて刊行された。[31] ミシュレの言葉によると、ヴィーコは"le monde social (il mondo civile) est certainement l'ouvrage des hommes"〔社会的世界はたしかに人間の作品である〕と告げたのだという。[32] 一八四三―四五年、ヘーゲルと青年ヘーゲル派の哲学を心に満載しながらパリに住んでいたひとりの若いドイツ人亡命者、カール・マルクスが、*Principes de la philosophie de l'histoire*〔歴史哲学原理〕と題された本(一八二七年)の頁をめくるのを抑制しえたということはおよそありそうにない。彼はその本の編纂者〔ミシュレ〕に格別の共感を示していたわけではなかったにしてもである。マルクスはたしかにヴィーコを*La Science nouvelle*〔新しい学〕と題されたベルジョイオーソ公爵夫人クリスティーナ・トリヴルツィオの手になる――彼女の名前は伏せて出版された――新しいほぼ完訳に近い翻訳(一八四四年)で読んでいた(あるいは再読していた)。[33] マルクスは、フェルディナント・ラッサールに宛てた書簡(一八六二年)で、この新しい翻訳の表紙と若干のくだりを転写して、読むように薦めている。そのとき、彼は*La Science nouvelle*を一冊机上に置いていたにちがいない。[34]

だが、マルクスはそれを一八四四年に出版されてすぐに――すなわち、彼の「フォイエルバッハにかんするテーゼ」(一八四五年)を書く前に――読んだのだろうか。この問いが立てられ、否定的な答えがなされてきた。[35]「テーゼ」で展開されたフォイエルバッハ哲学批判は、ヴィーコの著作の読解を含意しているようにはみえない。しかし、この問題はマルクスの『資本論』第一巻(一八六七年)の有名な注に照らして再吟味されてもよいのかもしれない。[36] そこでのジョン・ワイアットの紡績機械

（一七三五年）への言及は、注における推論の、迅速で、圧縮され、ほとんど狂気じみた連鎖を発火させている。

（一）紡績機はたぶんすでにイタリアに存在していた。

（二）「批判的な技術史」はまだ存在していないが、それがあれば、十八世紀のもろもろの発明は一個人によるものではなかったことを証明するだろう。

（三）ダーウィンは「自然的技術の歴史」と「生活を維持するための生産用具として使われる動植物の諸器官の形成」に関心を示してきた。そしてこれに「社会的存在としての人間の生産的諸器官の形成史、あらゆる社会組織の物質的基礎をなす諸器官の形成史も、同じ注意に値するのではないか」という修辞疑問が続く。

（四）「そのような歴史はより容易に編むことができるだろう。なぜなら、ヴィーコも言っているように、人間の歴史が自然史と区別されるのは、前者はわれわれが作ったが、後者はそうではない、という点にあるからである」。

（五）テクノロジーは「人間の自然の扱い方を開示する。［…］そしてそのことによって「人間の」社会関係およびそこから生じる精神的な考え方の形成様式をも明らかにする」。

（六）「宗教史といえども、この物質的基礎を考慮することに失敗したものは、無批判的である」。もろもろの宗教的形成物を「現実的な生活の諸関係」から展開する真の「唯物論的方法」は、

「自然科学の抽象的な唯物論」に対立する。[37]

マルクスとエンゲルスは、彼らの若いころの公刊されることのなかった『ドイツ・イデオロギー』（一八四五年）のなかで、動物と人間の違いを後者が「自分たちの生活手段を生産する」能力がある点に見てとっていた。[38] いま、ダーウィンの『種の起源』（一八五九年）の衝撃のもとで、マルクスはこの能力を動植物にも拡大し、それらの器官を「生産用具」になぞらえている。だが、どのようにしてテクノロジーの歴史が「人間が歴史を作る」というヴィーコの考えにまで導いていったのだろうか。前述のラッサール宛て書簡のなかで、マルクスはベルジョイオーソの匿名の翻訳から古代ローマの法学は「実際に起こらなかったことを起こったかのようにみなし、起こったことを起こらなかったかのようにみなしていたので、きわめて詩的（très poétique）であった」という指摘がなされている部分を引用している。[39] "poétique"という語の含みもっている二重の意味合い、そして"factum"と"fictum"の——"fingere"のもつ〔「鍛造する」と「うそを作り出す」という〕二重の意味においての——隣接性は、ヴィーコの『新しい学』の"les premiers hommes des nations des Gentils...appellés *poëtes*, mot qui signifie en grec créateurs... effrayés en vain *fingunt simul creduntque*"〔「異教諸国民の最初の人間たちは……〈ポエータ〉〈詩人〉と称されたのであって、これに該当するギリシア語は〈創造者〉を意味しているのである。……人間は、驚かされると、空しいことにも〈想像すると同時に信じこんでしまう〉のだ」〕というくだりから出てくる。[40] 製作することと偽造すること（あるいは自分を欺くこと）とはいずれもが文明化の過程における転換点《ターニング・ポイント》とみなされているのだった。

マルクスは、ミシュレ（一八三五年）が“Est-ce parce que de même que la nature engendre les choses physiques, de même *l'ingenium* humain engendre les méchaniques? En sorte que Dieu est l'artisan de la nature, et l'homme le dieu de l'artificiel?”（「これは、自然が自然学上のことがらを生み出すのと同じように、人間のインゲニウムは機械学上のことがらを案出するからではないだろうか。神が自然の製作者であるように、人間は人工的なものの神であるからではないだろうか」）と訳したヴィーコの『イタリア人の太古の知恵』の一節におけるテクノロジー称賛の言葉にも出会っていたのではないだろうか[41]。マルクスがヴィーコの『イタリア人の太古の知恵』を読んでいた可能性があるというのは、およそ無理筋の話のようにみえるかもしれない。しかし、そのヴィーコのテクストへの、おそらくはマルクスが介在しているとおもわれる言及が、マルクスの娘婿ポール・ラファルグの回想記に出てくる。「ヴィーコは言った、「事物はあらゆることを知っている神にとってのみ物体的である、外面をしか知らない人間にとっては、事物は二次元的である」と。マルクスは事物を神のようにとらえていた[42]」。この一節はミシュレの仏訳では“l'objet est un solide relativement à Dieu qui comprend toutes choses, une surface pour l'homme qui ne comprend que le dehors”〔対象はすべてのことを把握している神にとっては立体であり、外面をしか把握していない人間にとっては面である〕となっている[43]。

それでは、いつマルクスはヴィーコの著作にはじめて出会ったのだろうか。ダーウィンとヴィーコを扱った『資本論』の注の最後に、フォイエルバッハにかんするテーゼ四の改鋳版が突然出現する。

「宗教史といえども、この物質的基礎を考慮することに失敗したものは、無批判的である」云々。[44] なぜ例の若いころの出版されなかったテクストが、二〇年後にまったく異なったコンテクストのなかにふたたび出現したのだろうか。ヴィーコの名前が初期の省察、マルクスの知的発展の年代記的にみて同じ層に属するひとつの断片を呼び戻させたのだろうか。

7 これらの問いはことによると回答不可能なものかもしれないが、それでも立ててみなければならないのだ。というのも、マルクスの注は十九世紀末から二十世紀初頭の時期におけるヴィーコ解釈のなかで基本的な役割を演じてきたからである。前面に躍り出てきた要素は、人工物としての社会ということであった――もっとも、そこではホッブズへの言及はいっさい見られなかったが（見てきたように、ホッブズの著作はこの件にかんしてヴィーコに着想を与えていたにもかかわらずである）。ポール・ラファルグは、一八八四年に社会主義者の聴衆の前でおこなったマルクスの経済的唯物論にかんする講義のなかで、二つの環境《ミリュー》を対置させていた。宇宙的ないし自然的環境と「人間の技芸によって作られた」人工的な環境がそれであって、それぞれがダーウィンとマルクスによって分析されたというのだった。暗々裡にヴィーコから着想を得ていたマルクスによってである。[45] 一〇年後、ジャン・ジョレスとのやりとりのなかで、ラファルグはヴィーコとマルクスのあいだには隣接的な関係が存在することを力説している。[46] マルクス主義の充満していた世紀末《ファン・ド・シエークル》の環境のなかで、ヴィーコの著作は熱狂的なやりとりの焦点となった。フランスの雑誌『ドゥヴニール・ソシアル〔社会的変成〕』

に、ポール・ラファルグとともに雑誌の編集委員会のメンバーであったジョルジュ・ソレルは、ミシュレの要約版にもとづいて、ヴィーコにかんする論考を公表した(47)。そこでもまた、ソレルはマルクスの『資本論』の注と自然的環境と人工的環境のあいだのラファルグの対置から出発している(48)。

その前年（一八九五年）、同じく『ドゥヴニール・ソシアル』誌に掲載された、オデッサの牢獄にいた若きトロツキーを魅了した論考で、アントニオ・ラブリオーラはヴィーコへのはるかに深いアプローチを用意していた(49)。ラブリオーラは書いている。「人間はすぐれて実験的な動物である。それゆえ、人間は歴史をもつ。あるいはむしろ、それだからこそ、人間は自分自身の歴史を作るのである」(50)。数頁あとでは、ラブリオーラはこのつかみどころのない文章のいくつかの含意を展開して、つぎのような修辞疑問を提起している。「そしてヴィーコ自身が、モーガンよりも一世紀前に、歴史の全体を、人間が自分自身で、あたかもそれがたえざる実験をつうじて、すなわち、言語、宗教、習俗、法を発見しながら遂行されるものであるかのようにして遂行する、ひとつの過程へと還元していたのではなかったか」と(51)。

ラブリオーラは論じている。過程としての歴史は実験をつうじての発見を含意しているが、歴史的知識も実験を含意している。両方の面（res gestae と historia rerum gestarum）で人間たちは彼ら自身の作り出した人工的な環境のなかで活動しているのであり、そのなかでもろもろの実験がおこなわれるのである。この展望のもとで史的唯物論と経験科学は合流する。「史的唯物論は実践から出発する。それは労働する人間の理論であるのと同様に、科学そのものをひとつの労働とみなす。このようにして、それは経験科学のうちにふくまれている意味を完成にまでもたらす。すなわち、わたしたちは実験によって事物の製作過程に接近するのであり、事物そのものがひとつの製作行為ないし生産行為であるという確信に到達するのである」[52]。

だが、ラブリオーラのマルクス読解は彼のヴィーコ読解と絡まり合っていた。過去に生きていた人間の態度を理解するというのは困難な努力を要することである。わたしたちは過去が可能にしていた諸条件を「わたしたち自身の内部で再生産する」必要がある。このことは「言語学者、文献学者、批評家、先史研究者」、すなわち、長い訓練を積んで一種の「人工的意識」を発展させてきた学者たちの解釈能力を獲得するということを意味している[53]。この遅々として苦痛にみちたアプローチは、過去との感情移入的な一体化からも過去の蘇生からも可能なかぎりかけ離れている。歴史を唯物論的な展望のもとで解釈するということは「何世紀にもわたって発展をとげてきた人間的な生活の生成とその複雑さをわたしたちの心のなかで順序を追って再構築する」ことを意味しているのである[54]。

8

ヴィーコをとおしてマルクスを読むこと、マルクスをとおしてヴィーコを読むこと。イタリアの哲学者ジョヴァンニ・ジェンティーレは、若いころの本『マルクスの哲学』（一八九九年）のなかで、この二重の絡まり合ったアプローチへの格別の貢献をおこなった。マルクスの「フォイエルバッハにかんするテーゼ」のジェンティーレのイタリア語訳はいはじめてのイタリア語訳であるが、実践《プラクシス》の概念をヴィーコの“verum ipsum factum”——「わたしたちが知ることができるのはわたしたちが作るものである」——のレンズをとおして解釈する注解のなかで導入されたものであった[55]。ジェンティーレは、ラブリオーラを引用しながら、思考実験に言及している。しかしその後、マルクスの実践概念を観念論的なかたちで精神的活動として再解釈するなかで、ラブリオーラから距離をとる。あとから振り返ってみると、この動きのなかにジェンティーレの成熟した哲学——思考を純粋行為として定立する観念論のラディカルな一形態——の前提条件を見てとることができる[56]。

ジェンティーレの本が与えたインパクトについては（レーニンは同書を非マルクス主義者によって書かれた最も注目に値する本のひとつとみなしていた）、これまでも繰り返し議論されてきた[57]。長年にわたってジェンティーレの親友かつ仕事仲間であって、ジェンティーレが『マルクスの哲学』を献呈している相手でもあるベネデット・クローチェの場合は、ここではとくに重要である。

9

ベネデット・クローチェは、『歴史の理論と歴史』の冒頭で、「あらゆる歴史は現代史である」と論じている。広く受け入れられるようになったテーゼだ。その意味は明瞭であるようにみえる。歴史家たちは現在から出発して、彼らが生きている時代に関連したもろもろの問いを問いながら、過去に接近するというのだ[58]。しかし、これはクローチェの議論の一面でしかない。もうひとつの、もっと密教的な側面は、つぎのように言い表わされていた。

だが、もし厳格に考え語りたいとおもうなら、「現代の」と言われるのは、いままさに成し遂げられつつある行為にかんして、その行為の意識として、直接に生じる歴史のみであるべきではないだろうか。［…］なぜなら、まさにこの歴史は、あらゆる精神的行為がそうであるように、時間の（前と後の）外にあり、それがそこに結びつけられているところの行為と「同時に」形成されるからである。(59)

このくだりに観念論的な匂いがすることは見逃しようもない（同書の初版は一九一二年に公刊された）。過去を思考する行為が過去を現在化する――が、この現在は年代誌的《クロノロジカル》な意味をもたない。思考の行為は、定義からして、時間を超えたところにあるからである。ここでクローチェはジェンティーレの足跡を踏襲しているのだった。一九一三年には二人の思想家のあいだに理論的な食い違いが浮上する。そしてやがて、ジェンティーレがファシズムを支持するようになったことによる熾烈な政治的反目が彼らの友情に終止符を打つこととなる。二人の論争の最初の段階では、ジェンティーレはクローチェの「現代史としての歴史」というテーゼを彼自身の思想を反響したものとみていた。もっとも、ジェンティーレが指摘するには、クローチェは「歴史と歴史叙述、認識の対象と認識の行為、現実と知識、ひいては実践と理論」を思考の行為において同一化するところまで決定的な一歩を踏み出すことは思いとどまっていた、とのことであるが(60)。ジェンティーレがクローチェの態度をじれったくおもっていたのは十分に理解できる。ジェンティーレはクローチェよりもはるかにラディカルな思想家であったのだ。ジェンティーレが「純粋行為」という名札を付けた彼の哲学の究極的な（そして究極的には神学的な）結論は自己創造（autoctisis）というものであった。[61]

これらはすべてきわめて難解で、歴史家の日常的実践からこのうえなく遠くかけ離れているようにみえる。しかし、この話には続きがあって、そこではイギリスの哲学者にして考古学者のR・G・コリングウッドと彼の思想において決定的な役割を演じている「再演（re-enactment）」という概念が焦点となる。この概念はここ何十年かのあいだに広く議論されてきた。そしてこの概念にささげられたある書物は「彼［コリングウッド］はイタリア人の思想を大衆受けするものに焼き直したにすぎないという通説」を却下している。[62] しかし、この見方が却下されてしまった結果、コリングウッドがイタリアの観念論哲学と徹底的に対話を交わしていたという事実が不分明になってしまった。[63] コリングウッドの「再演」という概念は、歴史は「いままさに成し遂げられつつある行為にかんして、その行為の意識として、直接に生じる」というクローチェの考えに深く負っていた。だが、この考えはクローチェのものだったのだろうか、それともジェンティーレのものだったのだろうか。見てきたように、この論点とそれの含意は、二人の哲学者のあいだの理論的な食い違いを結晶化させてきた。コリングウッドの知的経歴をより接近して見てみると、彼が二人の哲学者のあいだをたえず揺れ動いていたことが判明する。[64]

一九二一年の時点ではコリングウッドはクローチェの思想の内部には〔歴史と年代記の関係についての〕二元論的な態度と観念論的な態度とのあいだにひとつの緊張関係が存在するのを見てとっていた。そしてこの緊張関係をクローチェが首尾よく克服するためには、「一種の哲学的自殺行為」をつうじて「彼［クローチェ］の後継者のジェンティーレとデ・ルッジェーロがすでに彼の思想をそこに運んでいた絶対的観念論の地点にまで到達する」ことが必要となると考えていた(65)。未公刊の一連の講義（一九二八年）のなかでは、コリングウッドはクローチェに敬意を払っていたが、そのときには彼の再演の概念をジェンティーレの哲学をこだまさせたような仕方で提出していた。「過去としての過去はなんらの存在ももたない。それはもはや生起することのないもろもろの生起したもの、起こることを終えてしまったもろもろの事件でできあがっているからである」。それゆえ、過去の出来事を知る唯一の道は「歴史家の心のなかでそれらを再演する」という道である(66)。

それから一〇年後（一九三七年）、コリングウッドは自分がジェンティーレの論考「歴史における時間の超越」と完全に見解を同じくしていると表明し、ジェンティーレの論考をつぎのように要約している。「時間は歴史のなかで超越される。なぜなら、歴史家はある過去の行為当事者が心に抱いていたもろもろの思考を発見するなかで、その思考を自分自身で再思考するからである。それゆえ、それは離れたところから歴史家の時間望遠鏡をとおして観測される過去の思考としてではなく、いま歴史家の心のなかで生きている現在の思考として認識される。［…］これは重要な考えであって、わたしは真実の考えだと信じている(67)」。

だが、このジェンティーレとの知的同一化は長くは続かなかった。『自伝』（一九三九年）のなかで、コリングウッドは「再演」ということによって自分がなにを言わんとしているかを解説している。イギリスの海軍大将ホレイショ・ネルソンの「名誉のためにわたしはそれら［彼の勲章］を獲得した。

名誉のためにわたしはそれらといっしょに死ぬつもりだ」という言葉を引いて、コリングウッドはこう注釈している。「ネルソンの思想の再演は差異をともなった再演です。［…］なんらかの仕方でそこには一つの思想ではなくて二つの異なった思想が存在しています。その差異とはなんだったのでしょうか。歴史的方法についてのわたしの研究のなかでこんなにも苦労させられた問題はありませんでした。［…］この差異はコンテクストにかかわるものなのです」[68]。「歴史的知識は現在のもろもろの思考のコンテクストのうちに包みこまれた過去のある思考を再演することであり、現在のもろもろの思考はその過去の思考に対立することによってそれを現在のもろもろの思考とは異なる平面に閉じこめるのです」というのがパズルへのコリングウッドの解答なのだった[69]。

二つの相異なる思想、二つのコンテクスト。コリングウッドは、「いかなる思考の行為も思考の行為を否定する。それはそのなかで過去が死ぬところの現在である。したがって、それはそれら二つの時点〔現在と過去〕の統一である」と書いたジェンティーレ[70]から暗黙のうちに（おそらくは政治的理由のためだろうか、それと名指しすることはしないで）距離をとりつつある。しかしまたコリングウッドは、彼自身の未公刊の一九二八年の講義からも距離をとりつつある。その講義のなかで彼は「過去を現在において再演すること［たとえばダンテの詩を読むこと］は過去をそれに新しい資質を与えるひとつのコンテクストのなかで再演するということである。このコンテクストは過去自身の否定である」と論じていたのだった[71]。

10 相違・対・統一。二つの見方のそれぞれが含意している内容はたがいに遠くかけ離れている。歴史を現在化の行為ととらえることは、探求（historia）として歴史研究という考えとは、そして究極的には歴史的距離という考えそのものとも、両立しえない。[72] これとは逆に、二つのコンテクストのあいだの——それぞれが過去の再演と再演される過去とに関係している——相違に固執することによってこそ、歴史的真理は「問いと答えからなるひとつの複合体」に属するというコリングウッドの指摘[73]が含意するものを開き示すことができるのである。だが、いったい、だれの問いであり、だれの答えであるのか。いわゆる「再演」は、観察者と行為当事者たちそれぞれの慣用語法《イディオム》のあいだの、すなわち、ケネス・パイクが名づけたところのエティックなデータとイーミックなデータとのあいだの、非対称的な対話の結果なのだ、とわたしは（コリングウッドに反対して）主張したい。[74] どうしても時代錯誤的《アナクロニスティック》なものとならざるをえないもろもろの問いから出発しながら、観察者（歴史家）は行為当事者たちのつかまえどころのない慣用語法《イディオム》を回収することに成功することもありうるのである。感情移入をつうじてではなく、ヴィーコが推奨していたような広い意味においてのフィロロジーをつうじてである。[75] 過去を再演するということは、過去を全面的に蘇生させるということからはほど遠く、ひとつの制限された、人工的な経験であるということ——二つのコンテクスト、観察者の置かれているコンテクストと行為当事者たちの置かれているコンテクストのあいだの対話にもとづく反復であるということを含意している。[76] 約言するなら、あらゆる歴史は比較史なのだ。

歴史家が過去を（過去の思想だけでなく、あらゆる種類の過去を）再演することができるのは、多かれ少なかれ成功を収めた思考実験に訴えることによってである。「実験的考古学」の場合には、この再演は過去のいくつかの（しばしばテクノロジカルな）側面を物質的に再建することによって補完することができる。これらの再演を「歴史的再演」、すなわち、役者たちが過去の人物に扮することによって戦闘とか日常生活のさまざまな出来事のような過去の経験をふたたび生き返らせることができるという素朴な幻想を分かちもっていた十九世紀の野外劇の現代版と混同してはならない[77]。歴史的現象は二度上演することはできない（そして上演すべきではない）、とマルク・ブロックはデュルケームの言葉を復唱して書いている。そして彼は結論している、したがって実験は歴史家たちには禁じられている、と。だが、思考実験は歴史家にも科学者にも接近可能なのである。

11

一連の複雑に入り組んだ読解にもとづく、ひとつの射程の長い軌道が、ホッブズをヴィーコに、ヴィーコをマルクスに、マルクスをジェンティーレに、ジェンティーレをクローチェに、クローチェを（そしてジェンティーレを）コリングウッドに連結している。途中でさまざまな中断の入ったこの軌道のなかでは、人工的なものと実験のテーマが何度となく繰り返し表面に浮上してきた。ただし、それらの始原をなす核（ヴィーコによって解釈されたホッブズ）は周辺に追いやられ忘れ去られてしまった[78]。コリングウッドがクローチェとジェンティーレから受け継いだ歴然と観念論的なモデルは、二つの方向にむけて改鋳することができる（とわたしは主張したい）。第一には、もろもろの物質的障碍（ガリレオが“impedimenti della materia”と名づけたもの）を自らのうちに含み入れること、そして第二には、問いと答え、そしてそれぞれのコンテクストのあいだの、非対称性に焦点を合わせることである。この改鋳の結果は二重である。（一）あらゆる歴史は比較史である。（二）あらゆる歴史には実験が――思考実験であれ、それ以外の実験であれ――ともなっている。だが、歴史へのいくつかのアプローチは他のアプローチよりも実験指向の度合いが（そして比較指向の度合いが）大きい。ミクロストリアは、人為的に選択された事例にもとづいて、対象に接近した距離のもとで分析がなされるので、この実験的なアプローチのひとつの極端なケースとみなすことができる[79]。

このようなたしかに曲がりくねった軌道をたどり直してきたことの狙いは、ミクロストリアの認知的な潜在力をグローバル・ヒストリーによって仕掛けられた挑戦へのひとつの回答として提示することにあった。「ミクロ」という接頭辞はしばしば、誤った方向へと受け手を導いていきかねないことにも、その対象の（文字どおりの意味であれ比喩的な意味であれ）サイズに関連させられてきた。そしてプロジェクトとしてのミクロストリアのまさに中心に位置する分析的なアプローチには関連させられてこなかった。だが、「分析的」と言うだけでは十分でない。さらに「人為的」と付け加えるべきである。この点との関連で、イタリアの歴史家エドゥアルド・ジレッティのよく知られている「正規的な例外的なもの（il eccezionale normale）」の強調を想い起こしてみてもよいだろう。変則的なもの《アノマリー》に焦点を合わせた事例研究《ケース・スタディ》が一般化を構築するうえで最善の戦略でありうるという概念である[80]。同様に、人工的な条件のもとで、顕微鏡の下に置かれたサンプルにもとづく実験が、隠れている規則を明らかにすることだってありうる。一個の事例研究《ケース・スタディ》の、対象に近接した分析がはるかに広大な（まさにグローバルな）もろもろの仮説への道を開くこともありうるのである。

ひとつの事例研究《ケース・スタディ》

1

『東インド人の習俗とユダヤ人およびその他の古代の諸国民の習俗との一致』*Conformité des Indiens orientaux avec celles des Juifs et des autres peuples de l'antiquité*, par Mr. De la C*** と題された本が一七〇四年にブリュッセルで出版された。(81) 扉ページに省略形で出てくる著者は「ラ・クレキニエール氏（Monsieur de la Créquinière）」という人物であった。南東インドのフランス領、ポンディシェリーに何年間か過ごしたことがあったといわれている武官である。(82) この人物の背景については知られていない。広範囲にわたって幅広く本を読んでいたことから推察して、ラ・クレキニエールは古遺物研究家だったのかもしれない。彼の『一致』は、イタリアの歴史家アルナルド・モミリアーノが何年も前に提出していた、民族誌は古遺物研究から出現したという仮説(83)の、早い時期の、ひとつの雄弁な試験材料を提供している。本の冒頭でラ・クレキニエールは彼の当初のプランがなんであったかを想い起こしている。当初のプランは、耕作の仕方や衣服と食事の仕方の違い、さまざまな俚諺、言語使用の特性、そして「古代の遺物」にかんする情報を蒐集することであったというのだ。しかし、このプロジェクトを進めるためにはいまだヨーロッパ人との接触のない非沿岸地域の探査が必要になることがわかって、ラ・クレキニエールは考えを変える。読書と経験の双方に立脚して、インド人とユダヤ人の習俗を比較してみようと決意するのだった。

アヴランシュの司教、ピエール＝ダニエル・ユエは、彼の『福音の論証』（一六七九年）のなかで、膨大な博識を駆使して、すべての宗教におけるすべての神話と儀礼は聖書にまでさかのぼることができる、と論じていた。ラ・クレキニエールはユエの著作には通暁していたが、その発生論的なアプローチは黙って斥けて、形態学的な（と今日わたしたちは言うだろう）見方を採用し、その見方のもとでもろもろの習俗の比較をこころみている。[84] そして本の最後では、民族誌的ないし古遺物研究的比較を脇に残して、ヨーロッパとオリエントという二つの相異なり、じつに対立する世界についてのグローバルな省察を提出している。オリエントのうちに彼はインド人とユダヤ人の双方をふくめており、両者のあいだに認められるもろもろの相違点、さらに現代のユダヤ人と聖書のヘブライ人のあいだの相違点にいたってはなおのこと、本題とはまったく無関係であると考えている。

のちに有名な教会史家になるクロード・フルーリは若いころ、ホメロスの詩と聖書を古代人と近代人の優越論争（Querelle des anciens et des modernes）のレンズをとおしてオリエントの書物として読んだことがあった。[85] それから二五年後、ラ・クレキニエールは、ホメロスにかんするフルーリの未公刊のノートの所在は知らないまま、ヨーロッパとオリエントを近代と古代のあいだの対立というかたちで見ているのだった。ラ・クレキニエールは論じている、ヨーロッパは宮廷、奢侈、果てなき新しいもの探しの強いる流行に支配されているのにひきかえ、オリエントは法にたいする従順な態度とあらゆる種類の変化の拒絶によって支配されている、と。そしてこのことは——とラ・クレキニエールは突然（そしていまひとつ意味不明なことにも）「古遺物研究家、あるいは厳粛な人間」に発言させて指摘している――自然により近い生き方を含意している、と。[86] ラ・クレキニエールの矛盾した態度は、啓蒙の時代によって投げかけられたひとつの影にたとえることができるのかもしれない。ヨーロッパはまさにそれが世界を植民地化しつつあった瞬間に植民地化された人々のために語っているのである。

『一致』はブリュッセルで出版された一年後英語に翻訳された。また戦略的な立場をとって、匿名のテクストとして、『世界の諸国民の儀礼と宗教的習俗』*Cérémonies et coutumes religieuses de tous le peuples du monde*（一七二三年）のなかに収録された。ジャン＝フランソワ・ベルナールによって編まれ、ベルナール・ピカールによる挿絵の付いた、部厚い、絶大な影響力をおよぼすこととなった著作である。[87]

2

ラ・クレキニエールの『一致』がその後たどった経過は不運なものであった。このことは現在パリの国立図書館に保管されている本が記録している（ms. occidentaux français 9723）。[88] 第一頁目には“Sieur de La Créquinière”に*Des Indiens orientaux et de la Conformité de leurs Coutumes avec celles des Juifs et des autres Peuples de l'Antiquité*と題された本を出版することを認可するという、「ヴェルサイユ、一七〇七年四月九日」と記された国王の特許状が掲げられている。これはわずかに異なったタイトルのもとで一七〇四年にブリュッセルで出版された「数年間をインドで過ごしたことのあるひとりの官吏」による本の「著者によって改訂され増補された第二版」である、と手書きの扉頁は説明している（ラ・クレキニエールは彼の匿名性を保持しているのみならず、むしろある程度それを強化している）。各頁は『一致』の第一版から切り抜いて大判の紙の上に面に貼り付けられている。そして欄外には訂正と付加が書き記されていて、それはいくつかの場合には数頁に及んでいる。筆耕者と、ラ・クレキニエール自身と、第一版の最後の頁のあとの一六二頁に署名入りで「わたしは大法官閣下の命にしたがって、『東インド人』云々と題された本を読ませてもらった。そして学識に満ちあふれた本であることがわかった。公衆に届けられるに値する本である。パリ、一七〇五年七月二十八日、ラゲー」と書きとめている専門的な読者の三人の手になるとみてよいものである。

しかしながら、王室の検閲官ジル＝ベルナール・ラゲーが承認し、法的手続きにのっとって国王の特許状が出されたにもかかわらず、『一致』の改訂第二版はついに出版されることはなかった。これは当時、ラ・クレキニエールがどういう理由でかはわからないがバスティーユの牢獄に収監されていたためであったのかもしれない[89]。

3　パリ手稿はラゲーとラ・クレキニエール、検閲者と検閲を受ける者のあいだの対話の痕跡を保存している。推察するに、二人はまったく異なったレヴェルにおいてではあるが、同じ組織に所属していた。東インド会社である。ラゲーは会社の宗教上の指導者であり、ラ・クレキニエールは地位の低い官吏であった。二人は学問への情熱を分かちもっていた。しかし二人が会ったことがあったかどうかはわからない。

ラゲーは一六六八年にナミユールに生まれ、一七四八年にパリで死去している。司祭になってから、彼はサン＝シュルピス会に入った。フルーリ枢機卿は彼を他の学者たちとともにのちにルイ十五世になる皇太子の教育係に就かせた。一七〇五年から一七二一年までのあいだ、彼はヨーロッパ最古の学術雑誌『ジュルナール・デ・サヴァン』の編集委員会のメンバーだった。彼はフランシス・ベーコンの『ニュー・アトランティス』のフランス語訳をいくつかの付記と付録を添えて出版した[90]。さらに彼は一篇の対話篇を書いて（それが彼の手になるものかどうかについては異議が提出されているけれども）、マビヨンの『古文書論』によって誘発された、歴史的公文書を偽造文書から識別するさまざまな方法をめぐっての進行中の論争に介入した。

その後、ラゲーは東インド会社の宗教上の指導者として、『ルイジアナの領土と境界について』と題する小冊子を書いた。これは公刊されないままになってしまったが、ルイジアナを植民地化しようとする大英帝国の試みにたいしてフランスが主張していた領有権の正当性を力説したものであった（ルイジアナの宗教的監督任務は一七二四年五月三十日にラゲーに委託されていた）。ラゲーが英国民に反対して提起した論拠のひとつにはつぎのようにある。「われわれが原住民に与えることのできる唯一のものである宗教と文明化の諸原則を原住民に吹きこむのではなくて、彼ら［英国人］は原住民の堕落を増大させ、原住民をこれまで耳にしたことのない悪徳をとおして奴隷化している[91]」。

ラゲーはためらうことなくキリスト教信仰と文明化（police）を植民地的膨張を正当化するための唯一の根拠として提示している。原住民たちが自分たちの土地と身体にたいして有している「自然権」がまさに原住民たちが抑圧されたその瞬間に承認されているのである。ここには、ほぼ二〇年前にラゲー自身によって検閲されたラ・クレキニエールの『一致』のなかで表明されていた態度と同様の両価的な態度が見てとられる。

4　『一致』の出版されずにおわった第二版のために蒐集された手書きの資料は、ラ・クレキニエールがラテン語だけでなくギリシア語も知っていたことを示している。彼の博識な参照文献の広さにはただただ驚嘆するのみである。彼はギリシア語とラテン語の異教のテクストから聖アウグスティヌスとアレクサンドリアのクレメンスもふくめて教父たちへと移っていき、ついでは信仰上の類縁関係にはいっさい考慮せずに彼と同時代の学者たちのテクストまで取りあげている。ドミニコ会の修道士ノエル・アレクサンドルから、アムステルダムで東方言語の教授をしていたカルヴァン派の牧師エティエンヌ・モラン、そして偉大な英国教会のヘブライ語学者ジョン・スペンサーまでといった具合だ。

ひとつの見本がラ・クレキニエールの作業様式をわかりやすく説明してくれるだろう。第二版にふくめられる予定であった香水にかんする章で、彼は「イザヤ書」一八・二と一八・七のウルガタ聖書と七〇人訳聖書の翻訳に訂正をほどこしている。ラ・クレキニエールは〔彼にはヘブライ語の知識はなかったが〕古代エジプト人とイスラーム教を信じている現代のムーア人のあいだでおこなわれている頭を剃る習俗を比較しながら、ヒエロニュムス〔ウルガタ聖書の作成者〕の“dilaceratam”〔裂かれた〕を“depilatam”〔剃った〕に置き換えている。[92] 次頁では、ラ・クレキニエールは「レビ記」一九・二七の七〇人訳聖書で用いられている“sisoën”（krobulon——頭のてっぺんのもみあげ）という語について、一方ではモンゴル人とインド人の髪の結い方を想い起こしながら、また他方ではマルティアリス、ペトロニウス、ユヴェナリスといったローマの諷刺作家、そしてある「古代の注釈者《スコリアスト》」のくだりから引用しながら、注釈をしている。[93] ラ・クレキニエールはまたサミュエル・ボシャールの『聖なる地誌』にも言外に言及している。ラ・クレキニエールが「イザヤ書」一八・二および一八・七を訂正するにあたっては「レビ記」一九・二七にかんするボシャールの注釈から着想を得たにちがいないのだった。[94] 相異なるテクストを結びつけるこの想像的な方法はきわめて特殊な種類の古遺物研究家、すなわち「ギニアだけでなく、わたしがおとずれたアメリカとアジアの各地で」彼が見たことのあったもろもろの事物に折に触れて言及することのできた人間の経験によって形づくられたものであった。[95]

5

これらのことすべてはラ・クレキニエールの検閲官の好奇心を誘発したとしてもおかしくなかったはずだった。もし彼が最初は匿名で一七〇八年にパリで出版され、その後著者はイエズス会士のラルマンであるとされ、最終的に（そしてより説得性があるかたちで）ラゲー神父であるとされるにいたった『歴史的公文書にかんする異議の話——付・ジャン・マビヨン神父によって作成された著作の分析』の著者であったとしたなら、とりわけそうである。[96] 対話に参加している者たちのうちのひとりは神父で、どうやら著者自身の見地を表現しているようである。彼はベネディクト会の学者ジャン・マビヨンによって書かれた歴史的公文書にかんする基本的なテクストである『古文書論』にたいする敵愾心をあらわにしていたイエズス会士のバルテルミ・ジェルモンを公然と批判する。「不幸にもジェルモン神父は［…］古代のことにはよく通じてはおられず、それゆえ、われわれの習俗（moeurs）と一致しないものを奇怪なものとみなしておられる」[97]。「習俗の一致」とはなにを意味しているのか、とラ・クレキニエールの『習俗の一致』の読者なら尋ねるかもしれない。それは、と顧問弁護士（対話のもうひとりの参加者）は説明する、正字法の使い方を意味している、と。「ジェルモン神父は［…］明らかに、習俗（moeurs）は時代と場所が違えばそれに応じて変化することをご存知だ。［…］時代の相違はわれわれの祖先がわれわれとは違った仕方で語り書いていたことを示している」[98]。

ひょっとすると、若いころマビヨンに手紙を送って、「いまふたたび明るみに出つつある古代のほとんど知られていないアラウナの都市」にかんするひとつの碑文を判読したと伝えたことのあったラゲー神父は、『異議の話』の著者ではなかったのかもしれない[99]。そして『異議の話』の著者は、たぶん、ラ・クレキニエールの『習俗の一致』を一度も読んだことがなかったのだろう。だが、“moeurs”という語のもつ意味論的密度には争う余地がなく、啓発的である。『異議の話』で詳細に分析されている、特殊的な時代と場所の関連した正字法の特性への同じ注目は、わたしたち自身のものとは異なる住民たちによって分かちもたれている習俗を分析するのにも適用することができたはずである。ラゲーの保護者であるフルーリ枢機卿はヘブライ人、トルコ人、インド人、シナ人に言及して、時間的および空間的な距離は互いに強化しあうと論じている。

もしわれわれがこの二種類の距離を考慮に入れるなら、三〇〇〇年前にパレスティナに住んでいた民族がわれわれとは異なった習俗をもっていたことがわかっても驚かないだろう。これとは逆に、なんらかの慣行が似て（conforme）いたとしたなら、驚くことだろう。[100]

古遺物研究的知識（そして文献学《フィロロジー》）が民族誌を誕生させたのだった。そして知識の諸形態は同時に支配の諸形態でもあったのだ。

6　ラ・クレキニエールの本の第二版には「ヨーロッパ人および彼らといっしょに生活する仕方にかんするインド人の考え方」と題する新しい章がふくまれる予定であった。この章から引いた一節はラ・クレキニエールの思想がどの方向に向かおうとしていたのかを示している。「ギリシア人そしてつづいてローマ人は、聡明であり文明化されていたにもかかわらず、他の諸民族の判断においてはこのうえなく不公平であり、このうえなく盲目であって、ただたんに自分たちのようではなく、自分たちと同じ富、奢侈、偉大さと壮大さをそなえていないという理由だけで、彼らを蛮族とみなしていた[101]」。

ヨーロッパ文明の古いルーツから距離を置こうとするラ・クレキニエールの所作は、あるひとつの一般的な省察への道を切り開くものであった。

もしわれわれの判断を表明する前にあらかじめわれわれの先入見を封殺しておくことを要求するものがあるとするなら、他の諸民族の生き方がそれにほかならない。われわれの想定していることどもはいつの場合にもわれわれ自身にとってきわめて好意的なものであり、われわれとは異なるものにたいしてはきわめて敵対的なものである以上、われわれはわれわれの想定していることどもから自由にならなければならない。しかし、われわれがこの件にかんして利害関心にとらわれない判断を形成することができる例はまれにしかない。そしてすべての民族はこの弱点をわれわれと分かちもっている。

これらの指摘を踏まえたところから、見方を反転させて、観察者を他者の場所に置くという努力が——モンテスキューの『ペルシア人の手紙』の一七年前に——要請されることとなる。

ヨーロッパにはいたるところに偉大さと壮大さが存在している。社会関係はオリエント諸国におけるよりも強く、同時にはるかに柔軟である。われわれのあいだには考えうるかぎりのあらゆる分野に深く学識を積んだ者たちがいる。今日のヨーロッパにおけるほど崇高な美術作品はかつて存在したことがなかった。しかし、これらすべてにもかかわらず、インド人は自分たちをわれわれよりも優秀でわれわれよりも賢明であると考えている。彼らはわれわれが彼らよりも限りなく劣っていると見ており、われわれをこのように判断するのには正しい理由があると信じている。(102)

ヘロドトスからモンテーニュそしてさらにそのあとまでの長い伝統が、相異なる民族間の習俗の違いに焦点を合わせてきた。ラ・クレキニエールはこの伝統に立脚している。もっとも、彼がはっきりと指摘しているように、文明と礼儀のヴェールの背後に、人は自分の利益を執念深く追求する動物であるというすべての人間によって分かちもたれている「本質」を隠すことができるのは、ごく二、三の民族だけであるが。インド人も例外ではない。彼らは、ラ・ブリュイエールが宮廷人について言ったように、大理石にたとえることができる。磨きあげられているが硬いのである。(103)ラ・クレキニエールは、彼自身が経験したことを呼び起こしながら、インド人の態度についてこうコメントしている。「なによりもまず最初に言っておかなければならないが、インド人はわれわれを神聖を冒瀆する不潔な民族と考えており、できるだけわれわれと交流するのを制限している。そして彼らの利益になると考えた範囲内でのみ交流する。［…］あらゆる種類の動物、とくに牛を食べる民族や、ワインを飲む民族、それもときどき公衆の前で飲んでいるのが見受けられる民族とは、彼らは親しくなることができない」云々。自分のインド人の召使いは、とラ・クレキニエールは賛嘆しながら想い起こしている、自分と食べ物を分けあうよりも一日中断食するほうを良しとしていた、と。(104)民族誌的フィールドワークの注目すべき実習である。

7　ときどきラゲーは手稿の欄外に同意できない点を書きとめている。「彼はこれをどこで見つけたのか」とラゲーは、ヤコブの夢のくだりで語られていること（「創世記」二八・一八）は旅に出かける前に広くおこなわれていた古代の実践のひとつの見本であったというラ・クレキニエールの示唆に反撥して、苛立たしげに書いている。[105] しかし、ヨーロッパ人にたいするインド人の態度にかんするラ・クレキニエールの省察には検閲に引っかかった跡はない。見方の反転は──潜在的には破壊的な所作であったが──神の啓示に挑戦しようとしたものではなかったのだ。それでも、ラ・クレキニエールがあえてその方向への所作をする挙に出たときには、身をよじっての曲がりくねった仕方においてであったにもかかわらず、ラゲーはすかさず反撥しているのだった。エジプト人やそれ以外の民族のあいだでの割礼の普及にかんする一連の長いテクストを仔細に通覧したあとで、ラ・クレキニエールはつぎのように書いていた。

ユダヤ人が割礼を他の諸民族から区別するしるしとして天から受けとっていて、他の諸民族もユダヤ人の真似をして割礼をおこなうようになったことを証明する多くの理由をみいだすことが可能だろう［続く箇所は手稿で線を引いて取り消されている］。しかし、もしわれわれが反対の論拠を受け入れるとしたなら出現しかねない危険を明らかにするためには、わたしが提示してきた理由だけで十分事足りるだろうとおもわれる。それゆえ、わたしは反対の論拠が二人の著名な同時代人をふくめてかくも多くの人々によって分かちもたれてきたことに驚いている。なぜなら、それらの想定は、もし受け入れられたなら、新説を持ちあげたがる党派にとっていくつかの危険な結果へと導いていき、アブラハム、それからモーセは、自分たちの信仰を他のもろもろの宗教を混ぜ合わせることによって形成した、と結論することすらできることになってしまうだろう。また彼らは異教徒たちから彼らの正当化の主要な印をとってきたのだから、それ以外のものもなんでもとってくることができるだろう。理神論者たちはわれわれの神学者たちによって提供される他の武器には頼ることなくそれらの論拠を利用してきたのだった。実際にも、わたしは、有名な『三人の詐欺師』が現実には存在しない幽霊ではなかったとしたなら、その著者はこれらと同じく実効性のある論拠を使うことを抑制しなかっただろうと確信している。(106)

現実には存在しないとみられる本（中世以来、そのスキャンダラスなタイトルだけが流布していた）の現実には存在しない著者に言及することによって、ラ・クレキニエールは、非現実性の様相をとった仮定文をつうじて、ほとんど理神論に近いテーゼを提出しているのだった。割礼の普及はまさに聖書のユダヤ教が他のもろもろの宗教と分かちもっていた慣行のひとつの見本にほかならなかった。それの含意はあえて説明するまでもなく明らかであった。神の啓示という考えそのものがばかげているということだったのだ。第二版のために書きなおされた偶像崇拝とその原因にかんする章で、ラ・クレキニエールは宗教の分野ではすべての悪ももとはといえばなにか善いものであったと説明している。「詩人たちによって歌われたすべての嘘は真理から、われわれがいまもなお信じていると告白している宗教の源泉から生まれたものであった」(107)。

どの宗教のことなのか。「われわれ」とはだれのことなのか。ラ・クレキニエールの答えはつぎのとおりである。「天、地球、星辰の規則的な運動は、神の存在のひとつの目撃証言である。が、人間が手にしてきた最も強力で最も説得力のある証拠は、[彼らが彼らの眼前に見ているはかない被造物よりも]高くて大きななにものかへと彼らを意図しないままであるにせよ差し向けていく彼らの心の秘匿された運動のうちにある」。「あらゆる国民とあらゆる世紀が一致して同意していることは」とラ・クレキニエールは続けている、無神論者たちと彼らの軽薄な論拠を拒否し、彼らに「万物がそれに依存しているところのひとつの最高存在（un Être suprême）を承認する」よう強いることとならざるをえないだろう、と。[108] "Être suprême" という表現は同じ頁に二度出てくる。それはいうまでもなく神の啓示を排除するものであった。

ラゲー神父はその頁を読んでいるが、コメントすることは差し控えている。言葉を添えることもしていなければ、検閲の印を捺すこともしておらず、線を引いて抹消することもしていない。そして手稿の最後にラゲーは書き記している、ラ・クレキニエールの本は「学識に満ちあふれた」本であって公衆に届けられるに値する本である、と。

8　ここで分析した事例は二重に変則的である。第一には、証拠の面で。近代初期のヨーロッパでは検閲は広くおこなわれていた。しかし、検閲する側と検閲を受ける側のあいだの対話がこのように記録に残っている例はまれにしかない。[109] 第二には、内容の面で。ラ・クレキニエールは早咲きの孤立した人物として際立っているが、その理由は一部には彼の背景や活動や人的つながりについてほとんどわからないことによっている。だが、人は実験の人工性を強調することによって、この情報の相対的な欠如を利点に転じてみてもよいのかもしれない。パリ手稿は、それ自体、二つの勢力が衝突し、葛藤と相互作用がかわるがわるおとずれる空間のような形姿をとることとなるだろう。わたしたちはわたしたちの解釈を何度となく繰り返しテストにかけてみてもよいのであり、場合によってはわたしたちの解釈が誤っていることを示すこともやってみてかまわないのだ。

ラゲーとラ・クレキニエールとのあいだの最終的な予想外の共謀関係は、上に提出した仮説を立証してくれる。啓蒙内部の両価性と見えていたものは、じつは啓蒙のキリスト教的ルーツの枠組みのなかで理解されなければならないものなのである。

9　キリスト教のユニークで永続性のある特性をなしている両価性は、キリスト教のユダヤ教との関係の結果生じたものである。福音書のかなりの部分は、文字どおり、達成された預言を——なかでもイザヤ書からのくだりを——物語に改鋳したものである。ヘブライ語の聖書をキリスト教が自分のものにしたということ、そしてキリスト教こそが「真のイスラエル（verus Israel）」であるという概念は、二つの宗教のあいだの歴史的関係が反転したことを含意していた。そこから出現したものは、連続性と不連続性、尊敬と軽蔑、包含と否定の結合体であった。この両価的な態度は、ヘブライ語の聖書にたいする二つの読み方（寓意的な読み方と字義どおりの読み方）を生み出しただけでなく、歴史的な見方という概念そのものの構築作業をも生み出した。異教徒の手になる形象やテクストにたいするキリスト教の両価性が〔ユダヤ教にたいする両価性に比べて〕疑いもなくはるかに弱いという事実は、わたしたちが直面しているのは想像上の「本質」などではなくて、ずっと持続しているひとつの歴史的現象であるということを示している。これらの認識道具——距離、見方、異なった読解戦略——はヨーロッパの植民地主義的膨張のなかで武器として作用した(110)。

あるひとつの実験とそれが潜在的に含意しているものとの関係はつねに非対称的である。ラ・クレキニエールがかわるがわる植民地化する者と植民地化される者との立場に立って語ろうとしていることは、あるひとつのはるかに大きな現象のなかに書きこむことができる。個別の事例は、なにがヨーロッパによる世界征服を可能にしたのか、という限りなく大きな問いを定式化しなおすのに寄与することもあるかもしれないのだ。ミクロストリアとマクロストリア、対象に近接した分析とグローバルな展望とは、互いに排除しあうどころか、それぞれが相手を強化するのである。

無意志的な啓示

――歴史を逆なでしながら読む

わたしの論考の出発点は、マルク・ブロックの没後に『歴史のための弁明、あるいは歴史家の仕事』という標題で出版された未完の省察である。(1) しかし、最初に強調しておかなければならないのは、今日利用できる『歴史家の弁明』のテクストは何十年にわたって世界中で読まれてきたテクストとは異なるということである。

1

1　リュシアン・フェーヴルによって編集されたマルク・ブロックの『歴史のための弁明、あるいは歴史家の仕事』第一版にはかずかずの弱点があることが、一九八九年、若いイタリア人研究者、マッシモ・マストログレゴーリによって指摘された。そして彼の文献学的吟味は一九九三年にマルク・

ブロックの息子エティエンヌによって刊行された批判的校訂版への道を開くこととなった。この批判的校訂版は他の諸言語に翻訳されてきた（もっとも、英語にはまだ翻訳されていない(2)）。しかし、『歴史家の仕事』の批判的校訂版以外に、わたしたちは今日、一連の中間的なテクストをもっている。そしてこれらのテクストはわたしたちがいわば歴史家の仕事場に立ち入るのを可能にしてくれる。

何年か前、オランダの歴史家マルレーン・ヴェッセルは、リュシアン・フェーヴルの書類のなかにマルク・ブロックの未完の手稿があるのを見つけ出した。アルザス地方のモルスアイムで一九三九年九月二十二日に書き始められた二、三頁の手稿である。当時五十歳を超えていたブロックは、生涯で二度目の召集期間中であった。奇妙な戦争（drôle de guerre）の耐えがたい月々をなにも起こらない前線で過ごしながら、ブロックは「フランス人の歴史」（フランスの歴史ではない）を書く決心をして、「方法に興味のある読者のための省察」と題する序文の執筆にとりかかっていた。ついに書かれることなく終わってしまった本への序文として構想されていたそれらの頁のうちに、マルレーン・ヴェッセルは『歴史家の仕事』を産み出すこととなった細胞を見てとった(3)。そこで彼女はブロックの一九三九年の「省察」を『歴史家の仕事』の彼女によるオランダ語訳に収録した(4)。ところが、まことに不思議なことにも、それらは一九九三年に出版されたフランス語の批判的校訂版では参照された形跡がない。

それらの「省察」には、ブロックの『歴史家の仕事』のその後のすべてのヴァージョンのなかにしだいに練りあげられながら繰り返し浮上することになるひとつのテーマがはじめて姿を見せている。

過去についての証拠のなかには「二つの基本的なカテゴリー」がある、とブロックは書いている。ある証拠は「意図的な」ものであるが、「別の証拠は意図することなく、それどころか、〔テクストの〕意図に逆らって、情報を与えてくれる」。「第一のグループは読者たちを啓発したり強化したりすることを意図したすべての書きものを含んでいる」。たとえば、年代記、聖人伝、政治家たちが後世のために自分たちの行動を正当化しようとして残す回想録がそれである。第二のグループのうちには、商人たちの出納簿、僧侶たちの筆写した祈禱文、水上生活者が投げ捨てた陶器の破片がある。それらの証拠は異質でありながらもひとつの特性を分かちもっている、とブロックは指摘する。それらは過去――特殊的な過去――を知ることに、意図せずして貢献しているというのだった。「職人芸や家事仕事に関係したそれらの行為は、多くの叙述文書よりもはるかによく、経済的構造、宗教的心性、物質的文明を再構築するのに必要なものをわたしたちに与えてくれる」。

「ここ二、三世紀のあいだに達成された歴史研究の最もめざましい進歩は意図せざる証拠にますます大きな役割が与えられるようになった」ことのうちに見てとることができる、とブロックは続けている。商業文書、陶器の破片、人名や地名は、最も生き生きとした筆致で描かれた年代記と同じくらい価値のある人間の痕跡とかんがえることができる。「肝腎なことはそれらから生を抽出する仕方を知ることである（le tout est de savoir en extraire la vie）」。ここでブロックはさらなる一歩を踏み出し、出発点に設定していた区別を発展させている。わたしたちは「叙述作品」にも「それらがわたしたちに語ろうとしていたのとは異なったなにものかを」求めようとしているというのだ。疑いもなく、わたしたちが中世の年代記やサン＝シモン〔一六七五―一七五五年。フランス絶対王政期の政治家〕の『回想記』に関心を寄せるのは、それらが語っている事件にたいしてである。「しかし、それ以上に、それらのテクストがフランスの修道士たちの心的装備や大公とその后の心理にかんして、それらのテクストが無意識のうちに伝えている啓示（le révélations que ces textes apportent, inconsciemment）にたいしてなのだ」。

そしてここで突然、ブロックは歴史家を探偵にたとえるのだった。「洞察力のある探偵は、ドラマの俳優たちに質問する場合、彼らの回答から期待するのは、事実についての受け入れることのできる陳述であるよりは、個人的な知性の努力によってはじめて真実を再構築することが可能となるような一連の要素である。同様に歴史家の目にとっても、供述のうちでも最もよく導かれていて最も誠実なものが、なによりも証拠となる手がかり〔証跡〕（indice）としての価値をもつのである(5)」。

2　何年も前のことであるが、わたしは証跡にかんするある論考を書いて、そのなかで歴史家を探偵（シャーロック・ホームズ）と美術鑑定家（ジョヴァンニ・モレッリ）、そして精神分析の創設者（ジークムント・フロイト）にたとえたことがあった（フロイトはモレッリから着想を得たと書いていた(6)）。その論考のなかではマルク・ブロックの『奇跡をおこなう王たち』についても言及したが、「方法に興味のある読者のための省察」に言及することはできなかった。当時はまだそれらの省察は公刊されていなかったからである(7)。しかし、わたしが証跡の意義を強調したのには、ブロックにも――彼の公刊された著作にも――負うところがあった。今日は三五年前におこなった指摘を発展させて、ブロックが意図的な証拠と意図せざる証拠のあいだに設けている区別とそれが意味するものについてもう少し詳しく見てみたいとおもう。

ブロックは、ストラスブール大学の移転先であったクレルモン・フェランで一九四〇年十月に始めた講義のために準備していたいくつかのノートのなかで、一九三九年の「省察」を改訂しており、何回かそのまま引用したりもしている。講義に出席していた彼の息子のエティエンヌは、それらのノートは最初の二回の講義に関係したものだった、と証言している。そして十月十八日にはヴィシー政府はユダヤ人教授が教壇に立つことを禁止する法令を発布するのである。それらのノートにはブロックが『歴史家の仕事』のサブタイトルとして使いたいとかんがえていたタイトル——「歴史家はどのように、またなぜ仕事をするのか」——が付いている。(8) フランス人の歴史を書くという当初の計画は脇へ追いやられてしまった。彼の祖国、彼の家族、そして彼自身に危険が迫るなかで、ブロックは歴史家の方法に焦点を絞る決心をしたのだった。彼はこのトピックのもつ政治的な意味合いを十分に意識していた。しかし、利害関心を離れた省察は彼の不安をなんとかして制御しつづけようとするひとつのこころみでもあったにちがいない。

『歴史家の仕事』のさまざまな草稿を比較してみると、いくつかの相違点が浮かびあがってくる。議論は一九三九年に引かれた大筋をたどりながらもしだいに練りあげられていっている。そして一九四三年の最初の月々に改訂された最終ヴァージョンでは、意図的な証拠と意図せざる証拠の区別の重要性がことのほか力をこめて強調されている。

「中世の聖人伝にかんしては、少なくとも四分の三は、それらがその運命をたどりなおすと主張している敬虔な人物たちについて、なんら確実なことをわたしたちに習得させることはできないでいる。しかし、逆に、それらが書かれた時代の生き方や考え方——これらは聖人伝がわたしたちに陳述しようとはしていなかったことがらである——についてそれらに問いかけてみるなら、それらが計り知れないほどの価値をもつことがわかるだろう。過去をもっぱらその痕跡にもとづいて知ることを余儀なくされていながらも、少なくとも、過去がわたしたちに知らせてよいとおもったよりもはるかによく過去を知るにいたったという意味では、わたしたちは過去にたいする不可避的な従属からわたしたちを解き放ったのである。よく見てみれば、これは事実与件にたいする知性の大いなる復讐（une grande revanche de l'intelligence sur le donné）である[9]」。

3 数年前、わたしは拙著『糸と痕跡——真実・虚偽・作り話』への序文でブロックのこのくだりの重要性を力説しておいた[10]。しかし、このくだりについては、そのときにわたしがかんがえていたよりもはるかに多くの言うべきことがある。なによりも第一に、歴史研究におけるこの転回点に責任を負っているのはだれなのだろうか。一九三九年の「省察」では、ブロックは「論理にかなった証拠批判」を——いささかの皮肉をこめて——パーペンブレック、マビヨン、ボーフォールなど、何人かの地味な考証学者の業績であるとしていた。「名もない聖人たちの生涯や、メロヴィング朝の王たちの退屈な勅許状や、民衆を前にしたティトゥス・リウィウスの演説——これらはかくも多くの衒学者ぶった教授たちが日々の糧としている材料である――に焦点を絞ることによって、彼らは要するに新しい認識方法を発見しつつあったのだ、とだれかが彼らに告げたなら、彼らは仰天したことだろう」[11]。パーペンブレック、マビヨン、ボーフォール。これらの名前は「戦争の虚偽報道にかんする省察」（一九二一年）の冒頭で言及されていた。ブロックが自身の戦争体験から出発して、現在および過去の文化的伝達のメカニズムを探査しようとした論考である。何年も前であるが、わたしは歴史の方法にかんするブロックの終わることなき省察のなかでこの論考が演じている役割について指摘したことがあった[12]。ブロックは、もうひとつの世界戦争が彼をふたたび歴史家の仕事について熟考するよう導いていったとき、その論考をよく憶えていた（そして机上に置いていた[13]）。『歴史家の仕事』の最終ヴァージョンではボーフォールの名前は姿を消す。これにたいして、マビヨンは最前部にやってくる。ベネディクト会の修道士マビヨンがメロヴィング朝の勅許状にたいするイエズス会士パーペンブレックの懐疑的な態度への回答として彼の『古文書論』を公刊した一六八一年という年は、「疑いもなく、人間精神の歴史上画期的な年」である、とブロックは書いている。近代的な歴史叙述の誕生を可能にしたのは、ブロックによると、意図せざる証拠の精密な分析にもとづく方法の出現、ひと言でいうと古遺物研究なのであった[14]。

4　数十年来、「古遺物研究（antiquarianism）」という語は一九五〇年にウォーバーグ＝コートールド研究所の『ジャーナル』に発表されたアルナルド・モミリアーノの偉大な論考「古代史と古遺物研究家」(15)と分かちがたく結びついている。一九三八年、ファシスト体制によって発布された人種法によって、当時三十代だったモミリアーノは古代史を教えていたトリーノ大学での教員のポストを失い、英国に移った。そして一九四九年一月、彼の論考の第一稿をウォーバーグ＝コートールド研究所に提出した。アビ・ヴァールブルクの図書館に付設して生まれた研究所で、ナチス体制の始まった一九三三年五月にハンブルクからロンドンに移転していたのだった。モミリアーノの偉大な学識は、彼の論考の鋭利な刃先を隠すどころか、それが鋭利な刃先を秘めていることに力点を置いていた。二世紀ほどのあいだ、古遺物研究家たちは無邪気な衒学者とみなされ、嘲笑の的になってきた。そうしたなか、モミリアーノはその研究の伝統がもつ重要性を再発見し、それに注目するよう研究者たちにうながしたのだった。近代的な歴史叙述は古遺物研究の方法とヴォルテール流の哲学史(histoire philosophique)が合流したところから生まれたというのが、要約するなら、モミリアーノのテーゼであった。論考の結語は以下のとおりである。

「古遺物研究家は歴史を懐疑家たちから救出したのだった。たとえそのことを書くことはしなかったにしてもである。原資料への彼の選好、偽造文書を見つけ出すにあたっての彼の才能、証拠を収集し分類するさいの彼の技倆、そしてなによりも学問への彼の無制限の愛は、歴史家の「倫理」への古遺物研究家の貢献である。わたしたちはジャン・マビヨンの思い出を『古文書論』だけでなく『修道院研究についての論考』によっても大事に胸にいだきつづけている。同書で彼は推奨していたのだった、「人の心を情念から、そしてとりわけ難癖をつけようとする性癖から解き放つこと(avoir le coeur dégagé des passions, et sur tout de celle de critiquer)」を」[16]。

5　一九五〇年に出たモミリアーノの論考には、一九四九年の初夏に没後出版されたブロックの『歴史家の仕事』についての言及はない[17]。モミリアーノによって提出された古遺物研究の伝統の濃密な復元作業と歴史研究にとって古遺物研究家たちの仕事が有する重要性にかんするブロックの主張とのあいだには、直接的なつながりは見あたらない。しかし、両者のあいだには、わたしの知るかぎり、そのことについてこれまで一度も議論されたことはなかったけれども、ひとつの収斂点が存在する。二人とも、古遺物研究を古代の歴史家たちをまったく信頼できないとして拒絶した歴史的懐疑主義(pyrrhonisme historique)への力強い回答とみなしているのだ[18]。しかし、ブロックは、すでに一九二一年から、戦争の虚偽報道にかんする論考のなかで、証拠にかんする懐疑主義は「表面的な案件にしか言及していない。法、経済、宗教の歴史には影響していない。歴史において最も深くにあるものは最も確かなものでもありうるのだ」と評していた[19]。「意図せざる証拠」にかんするブロックの後年の省察は、一九二九年にマルク・ブロックとリュシアン・フェーヴルによって創刊された雑誌『経済・社会史年報』の提起したプログラムを先取りしているようにみえるこの評言を発展させたものであった。

モミリアーノは、ブロック（およびもっと一般的に社会史）と古遺物研究の伝統とがつながっていることを見落としてはいなかった。モミリアーノは、一九六一—六二年にバークレーでおこなわれたサザー講義への序論で、トゥキュディデスは十九世紀には歴史叙述の父とみなされていたが、もはやそのような存在とはかんがえられないと記している。

「ホイジンガの『中世の秋』やマルク・ブロックの『フランス農村史の基本性格』、さらにはペリー・ミラーの『ニューイングランド精神』のような本は、トゥキュディデス型の歴史がたんに発展したものとしては提示しえない。これらの本にも古代に先例は存在するが、そのような先例をわたしたちはトゥキュディデス型の歴史の伝統よりは古遺物研究家と博識家の領域に探し求めるべきである」[20]。

何十年ものあいだ、このくだりは未公表のままになっていた。モミリアーノのサザー講義は没後になってようやく、一九九〇年に『近代的歴史叙述の古典的基礎』というタイトルで出版されたのだった。生前に公刊された著作のなかでモミリアーノがブロックに言及したのはいつも相手を称賛する場であって、しかもそこにはときとして皮肉がこめられていた。たとえば、「ヘロドトスとトゥキュディデスからエドワード・マイヤーとマルク・ブロックにいたるまでの、わたしたちが尊敬する歴史家たち」に言及している場合[21]がそれである。しかし、ブロックと古遺物研究の伝統の関係については、コメントがあって当然だったはずの場所でさえ、モミリアーノは一度としてコメントしていない。たとえば、「古代史研究におけるゲームの規則」と題された短くて密度の濃い論考（一九七四年[22]）の場合がそれである。そこでは一〇の規則が列挙されている。古代史家だけでなく、歴史家一般に宛てられた十戒である。そして結びの部分では、しばしば不意に皮肉っぽくなることのあるモミリアーノの口調は、一転して厳粛このうえないものになっている。いわく、「歴史家たちは人々と制度、もはや存在しない個々人の観念、信条、情動、必要を理解する。歴史家たちがこういったことのすべてを理解するのは、彼らが目の前にしている証拠が、適切な手続きをへて解釈された場合には、現実に起きた状況を指し示しているからにほかならない。歴史家たちは死者たちを生きている者たちを理解するのと同じように理解する。証拠を過去の生へと転じるために、彼らは歴史的方法のハンドブックからよりもヘロドトス、トゥキュディデス、ブルクハルト、マルク・ブロックから容易に学ぶことができるのである[23]」。

この最後の文章を読んだとたん、わたしたちにはブロックが歴史についてだけでなく、歴史研究の方法についても――ハンドブックの体裁をとってではなかったが（ハンドブックというのは彼が毛嫌いしていた文学ジャンルであった[24]）――書いていたことが思い出される。しかし、モミリアーノが彼の論考に付載した「勝手に選んだ、歴史的方法にかんする何冊かの本」と題された――全部で二六冊からなる――リストには、没後に出版されたブロックの方法論的省察は入っていない。しかし、それらの省察はわたしがいましがた引いたくだりと多かれ少なかれ隣接した関係にある「ゲームの規則」のつぎの一節のなかに暗々裡に含まれているようにおもわれる。

「歴史家たちは手紙のなかにそれを書いた人間を見いだし、勅令のなかに特殊な環境のなかでそれを発布した制度を見いだす。家屋のなかにそこに住んでいた者たちを見いだし、墓所のなかにその個人が所属していた集団の信仰を見いだす。歴史家たちは証拠を消滅してしまった国民の在りし日の姿を伝える兆候として解釈する。彼らは彼らがあつかうテクストや事物の意味を見つけ出すが、それは彼らがあたかもそれらが実際に属していた過去の状況に彼らも属しているかのようにそれらを理解するからなのである(25)」。

歴史家たちは「証拠を過去の生へと転じる」とモミリアーノは書いた。商業文書、陶器の破片、人名や地名はいずれも過去の痕跡であり、「肝腎なことはそれらから生を抽出する仕方を知ることである」とブロックは「方法に興味のある読者のための省察」のなかで書いていた。この断片については、まだ公表されていなかったため、モミリアーノは読むことができずにいた。しかしながら、ブロックの『歴史家の仕事』はモミリアーノもたしかに読んでいたはずである。モミリアーノが列挙している手紙、勅令、家屋、墓所は意図せざる証拠である、とブロックなら言ったであろう。古遺物研究家たちはそれらを証拠として分析することを教えた。そして歴史家たちは古遺物研究家たちから証拠を痕跡に、消失してしまった生の痕跡に転じることを学んだのだった。

6 この案件にかんしてモミリアーノとブロックのあいだに収斂点が見いだされることは一目瞭然であるが、ブロックが古遺物研究の伝統を再発見したことについてモミリアーノが終始沈黙している理由は容易には説明できない。しかし、これらのトピックにかんする省察は、ブロックが提出した意図的な証拠と意図せざる証拠の区別から出発して、ぜひとも遂行される必要がある。もっと正確にいえば、意図せざる証拠は意図的な文書のなかにすら見いだすことができる、という彼の考えから出発してである。この考えとそれが含意している実践（しかし両者は厳密に区別されるべきであろう）との背後には、ひとつの長い歴史的な軌道——ブロックが論じたものよりもはるかに長く、はるかに紆余曲折に満ちた軌道がひかえているのである。

2

1　ここではこの長い軌道の二、三のエピソードだけに焦点を絞ることにしたい。わたしの研究はなおも形成途上にある。

マキャヴェッリの友人であり文通相手でもあった歴史家のフランチェスコ・グイッチャルディーニは、彼の『リコルディ〔回想録〕』（没後になってはじめて公表された私的省察）のなかで、すべての歴史家は「自分たちの時代にはだれにとってもよく知られていた多くのことがらを書く」ことを控えてしまったと嘆いている。たとえば、ローマ、ギリシア等々の歴史は、政治的・軍事的制度について、その時代にはだれもがよく知っていたということで、なにも語っていない、というのだった。(26)

古遺物研究家たちは、碑銘、貨幣、文字テクストなど、さまざまな証拠を幅広く蒐集し分析することによって、歴史家たちの沈黙を補完しようと努めてきた。この点にかんして、歴史家と古遺物研究家の相違には歴然としたものがあった。しかし、古遺物研究家たちは、真実の探求を目的とする歴史家たちの著作においてだけでなく、フィクショナルな著作においても、あまりにも自明すぎて言及するには及ばないとみなされてきた現象の痕跡をも探索しようと努めてきた。このどこかパラドクシカルなところのあるこころみは、わたしたちをブロックと彼の「意図せざる証拠」に連れ戻す。そしてこれはジャン・シャプランの『古い物語の読み方について』の中心に置かれているトピックなのだった。一六四七年にパリでおこなわれたとされている対話で、著者の死後五〇年以上も経った一七二八年にようやく公刊された[27]。

当時有名な詩人であり批評家であったジャン・シャプランは、二人の友人による中世の物語『ランスロ』の読み方に驚いたと語っている。そのうちのひとり、博識家のジル・メナージュは尋ねる、どうしてシャプランともあろう良き趣味の御方が古代崇拝を拒否する近代派によってすら軽蔑されている本のうちになにものかを見いだされておられるのですか、『ランスロ』は第二のホメロスや第二のリウィウスであるとでもおっしゃるのではありますまいね、と。

まさにそのころ、パリの文壇では「古代人と近代人の優劣論争（querelle des anciens et des modernes）」で持ちきりだった。古代派のメナージュは、近代派であるシャプランのような人物が『ランスロ』のような「くだらぬ形骸（une misérable carcasse）」を評価しているのを見て仰天する。これに答えてシャプランはひとつのパラドクシカルなカテゴリーを提出する。『ランスロ』は「わたしたちの新しい古代の暗闇のなかで書かれた（composé dans ténèbres de notre Antiquité moderne）」というのだ（「中世」という語はまだ発明されていなかったことを想起すべきである）。それは「野蛮人」によって、「自然の書」だけを読んできた人物によって書かれた本である、とシャプランは認める。それは「作り話（fable）」であって、この点ではホメロスの詩篇の場合と同じである。もっとも、ホメロスは「高貴で崇高」であり、『ランスロ』は「野卑で奴隷的」ではある。しかしながら、『ランスロ』はわたしたちに「その時代の騎士や王のあいだで本当に起こっていたことではないまでも、少なくとも、過去におこなわれていた類似の慣習の痕跡をもとにすれば、起こりえただろうと推定されることについての、忠実なイメージ」を与えてくれるというわけである。

シャプランはアリストテレスの『詩学』に精通していて、それを間接的に引用し、『ランスロ』は「起こりえただろうと推定されることについて」語っていると指摘している。(28) しかし、彼はアリストテレスのいう「蓋然性」を暗々裡に特殊的な過去に関連した歴史的蓋然性に変換している。この移し換えは、その中世の物語を「当時の宮廷で支配していた習俗についてのありのままの表象（une représentation naïve）だけでなく、こう言ってよければ、確実で正確な歴史（une histoire certaine et exacte）をも提供してくれる」ものとして評価する道を拓く。それでは、わたしたちは『ランスロ』を古代ローマの偉大な歴史家リウィウスと比較することができるということになりませんか、とメナージュは挑発するような口調で尋ねる。ある意味ではそのとおりです、とシャプランは答える。「それは習俗と慣習の真実を語ったものとしてはリウィウスと比較することができるのでして、どちらもそれぞれが書いていた時代についての完璧な報告をわたしたちに伝えてくれているのです」。

『ランスロ』は本人の意に反してのリウィウスである、と言ってもよいのかもしれない。しかし、どこか違ったところがあるのも事実である。メナージュはシャプランの主張から結論を引き出して言う、『ランスロ』の作者は「彼自身の時代の慣習の歴史家」である、なぜなら、とりわけ、「そこには現存する年代記を補完した部分が見いだされる」からである、と。「現存する年代記は、ある君主が生まれたとか、ある君主が死んだということしか、わたしたちに語ってくれません。王国の最も重要な事件を列挙して、それでおしまいです。これにたいして、『ランスロ』のような本は、あなたが描写していらっしゃるところによりますと、わたしたちを登場人物たちと懇意な間柄にさせ、彼らの心の本質的な部分そのものをわたしたちに示させるまでになるのです」。

2

年代記の無味乾燥さについてのこの論戦的な指摘には聞き慣れた響きがある。しかし、シャプランの指摘のうち建設的な面は、論戦的な面よりもずっと意外であり、ずっと将来性がある。シャプランは、『ランスロ』のような中世の物語——意図的な証拠作品——のうちに意図せざる証拠の痕跡を探し求めるような種類の歴史を構築するという、ほぼ三世紀後にブロックが書き記すことになるこころみ——「当時の宮廷で支配していた習俗についてのありのままの表象だけでなく、こう言ってよければ、確実で正確な歴史をも提供してくれる」もの——にすでに関与しているようにみえるのだ。

あとから振り返ってみると、習俗の歴史は社会史への道か心性史への道を、あるいは双方への道を拓いた、と言うことができる。しかし、レッテルは最終的にはどうでもよい。それよりも重要なことは、それを産み出した者たちの意志によって汚染されていないために確実な証拠にもとづいた歴史という考えである。ブロックが評していたように、「歴史において最も深くにあるものは最も確かなものでもありうるのだ」。

3　見てきたように、シャプランは彼の対話のなかで古遺物研究家たちによって広く分かちもたれている実践の暗黙の前提となっているものをみごとに言葉にしてみせていた。古代の詩の（あるいは中世の物語の）くだりを過去の習俗と法律的制度の証拠として取りあげるというのがそれである。[29] 理論上は、シャプランは、『ランスロ』のようなあまり人に知られていない物語ではなくて、当時「近代派」の攻撃の的になっていたホメロスの詩篇に言及することによっても、同じことをなしとげることができたはずである。一六六四年、クロード・フルーリがこの方向に動いた。フルーリは当時、パリ高等法院の司法官をしていた（のちに司祭になり、有名な教会史を書いて、ヴォルテールから暖かい讃辞を送られている）が、当時はまだ出版されていなかったシャプランの対話にたぶん通じていたものと推測される。ただ、フルーリの若いころの『ホメロスにかんする所見』も五〇年以上出版されないままになっていた。そして著者の死後、最初は匿名のテクストとして、つぎにはアレクサンダー・ポープという偽名で出版された。[30]

フルーリはまず、ホメロスはいまでは信用を失ってしまっている、と切り出している。何人かの批評家はホメロスの文体を「素朴で粗野（simple et grossier）」であるとし、彼の詩篇に描写されている習俗を「下品で田舎くさい（basses et rustiques）」として却下してしまっている。しかし、古代ギリシアでは、ホメロスの詩篇は「聖書がわれわれのあいだで尊敬されているように尊敬されていた」のだった。この一見したところ中立的な所見は、ホメロスと聖書のあいだに存在する一連の並行関係を開示する。両者の文体は類似している。そしてホメロスの詩篇のオリエント風の比喩は『雅歌』や福音書のたとえ話のなかで散りばめられている比喩に似ている。どうやら、ホメロスはアジアで生まれたようである（どこで生まれたのか、正確にはわたしたちにはわからない）。そして彼はソロモンの同時代人だったようだ。ホメロスの詩篇に描写されているようなギリシア人とトロイア人の生き方はわれわれが聖書のうちに読みとっている生き方と同等である。羊飼い＝王と農民＝王──「もっとも、ギリシア人のほうが文明化の度合いが低いようにみえるけれども[31]」。

そこに登場する王たちが料理のことに気を使い、家畜をいっぱい飼っているからという理由でホメロスの詩篇を嘲笑する者たちは、とフルーリは続けている、ホメロスは三〇〇〇年も前に生きていたということを忘れている、と。そのころは、人々の生活は単純で自然に即したものであった。そしてホメロスは「三〇〇〇年後に生まれた人々がどのような生き方をしているだろうかといったことは推測できなかったのだった。また、たとえ推測できたとしても、彼自身の時代の習俗に適応していたにちがいないのだった[32]」。

このくだりのキーワードは「適応」である。アウグスティヌスは聖書について注釈したさいに「適応（accommodatio）」という言葉を使って、聖書では神は人間に接近可能な言語を語っている、と説明している[33]。ホメロスにかんして「適応」という語が仮説的なコンテクストのなかではあれ（「たとえ推測できたとしても、彼自身の時代の習俗に適応していたにちがいないのだった」）使われていることは、ホメロスと聖書のあいだにあるひとつの類比が存在することを暗々裡に示唆している。聖書の場合にも、それが三〇〇〇年後にどのように読まれるかを予見することは不可能だろうとおもわれるのである。この暗々裡の比較はひとつの予期しなかった論拠を開示する。すなわち、ホメロスの詩篇は、聖書の読者たちにとって、その時代の読者たちが自明のことと受けとっていたが、いまでは評価不可能になってしまった習俗や生活様式への暗示を含んでいる、というのがそれである。

同じ所見は、フルーリのテクストの終わりでもふたたび、いっそう力をこめて登場する。ホメロスは「文字どおりの意味だけを求める者たちにとっては聖書の最良の解釈者のひとりである」というのだ(34)。

フルーリが暗に言及していたのは、ホメロスの詩篇のうちに、それらが聖書とコンテクストを共にしているかぎりで見いだすことができる意図せざる情報なのであった。これは『ランスロ』にかんするシャプランの所見を発展させたものであった。だが、どの方向に発展させたのだろうか。ホメロスの詩篇は古代ギリシアにおいてある程度までそうであったようにふたたび聖なるテクストになりつつあった、ということなのか。それとも、その逆だったのか。聖書を文体と内容においてホメロスと同等のオリエントのテクストとして読むということは、聖なるテクストとしての聖書の独自性を打ち壊してしまうことではなかったのか。

4　フルーリは一六六五年まで彼の『ホメロスにかんする所見』を改訂しつづけた。それから一五年後、『神学・政治論』と題された匿名の本がアムステルダムで出版された。その著者——バルーフ・デ・スピノザ——は聖書の神聖性を最も徹底的に否定していた。おそらくフルーリはそのスキャンダラスな本を読んでいたものとおもわれる。が、もし読んでいたとして、彼がどう反応したかはわたしたちにはわからない[35]。いずれにせよ、一六八一年に出版された著作『イスラエル人の習俗について』のなかで、フルーリは神によって霊感を吹きこまれた聖なるテクストとしての聖書について簡単に所見を述べたのち、聖なるテクストとしてではなく、古遺物研究上の情報のレパートリーとしての聖書について注解している。各章ごとに、食べ物、衣服、結婚、農業、軍事、商業、そしてまたもちろん宗教についても扱っている。ホメロスにもとづいた、オリエントのテクストとしての聖書の、コンテクストに即した読み方である[36]。

フルーリは彼がホメロスに負っていることをはっきりと厳粛な調子で宣言する必要があると感じている。「さて、これらすべてのことどもにかんするホメロスの権威は（このことはぜひ言っておかねばならないが）じつに偉大である、とわたしは信じている。ホメロスは預言者エリヤの同時代人で、近東の沿岸地帯に住んでいた。彼がギリシア人とトロイア人の習俗について語っていることと、聖書がヘブライ人とそれ以外のオリエントの住民の習俗について語っていることとのあいだには、驚くべき（merveilleux）相関性がある。ただ、ギリシア人は〔ヘブライ人ほど〕古くなかったので、〔ヘブライ人ほど〕洗練されていなかった[37]」。

ここでフルーリはホメロスにかんする彼の若いころの所見をほぼそのまま引用している。しかし、ホメロスと聖書の相関性――一致――を定義するにあたって、“merveilleux”という曖昧な形容詞を付け加えている。これは「驚くべき」という意味だろうか。「奇跡的な」という意味だろうか。決定するのは読者に委ねられていた。

5　同じ読者は、『イスラエル人の習俗』の冒頭で、「われわれの国とわれわれの時代に属するもろもろの観念を脇に置いて、イスラエル人を彼らが生活していた時代と場所に関係した環境にしたがって観察し、彼らを彼らと密接に結びついていた諸民族と比較し、こうして彼らの心と彼らの生活原理のなかに分け入る」よう求められていた[38]。

わたしがこのくだりにはじめて出会ったのは、何年も前、アモス・フンケンシュタインの著作『中世から十七世紀にいたるまでの神学と科学的構想力』〔一九八六年〕においてだった。問題の一節は「ヴィーコの先駆者」と題されたパラグラフのなかで引用されている。そしてフルーリの名前が脚注に出てくる[39]。

ジャンバッティスタ・ヴィーコの先駆者への関心は、その本が著者の没後に及ぼした、生前には予想できなかったインパクトのもうひとつの側面である〔アモス・フンケンシュタインは一九九五年、五十八歳で死去している〕。ヴィーコは、孤立した思想家で、ヨーロッパの哲学的シーンで進行中であったことがらからはまったくかけ離れたところで思索していた（それには言語的な理由もあった。彼は英語やドイツ語は言うに及ばず、フランス語も読めなかった）。彼の主著『新しい学』は第一版が一七二五年に出版され、その後一七三〇年に根本的な改訂をほどこして再版された。そして一七四四年、彼が死去した直後にいくつか変更を加えた第三版が出版されたが、それが再発見されたのは五〇年以上もあとになってからであった。その後は世界中で各国語に翻訳され、注釈され、議論されて、今日にいたっている。ヴィーコの読者や称賛者のなかには、カール・マルクスからジェイムズ・ジョイスにいたるまで、じつにさまざまな人物がいる。しかし、人間の歴史にかんするわたしたちの見方を変えた『新しい学』という本は、いまもなお多くの点で謎のままである。

あるすばらしい論考のなかで、アルナルド・モミリアーノは指摘している、「ヴィーコは彼のイタリアの同時代人にとって関連のある存在となるには旧約聖書を重視しすぎており、新約聖書を軽視しすぎていた」と。(40)

じっさいにも、イエスの名は『新しい学』には出てこない。忠実なカトリック教徒であるといつも宣言していた人物によって書かれた、この異例の世界史周航の旅のなかに、である（わたしの知るかぎり、イエスが出てこないということはこれまで注目されてこなかったし、いわんや分析されてはこなかった）。これにたいして、ヴィーコが旧約聖書に帰している役割が著作の中心をなしている。しかし、どのような種類の読書が『新しい学』に霊感を与えていたのだろうか。モミリアーノは「わたしたちはたぶん、ダンテを含めて他のいかなる著作家たちが読んだ本よりも、ヴィーコが読んだ本についての情報を多くもっている」と述べている。(41) わたしたちはヴィーコが読んだり参照したりした古遺物研究関係の著作のリストにフルーリの『イスラエル人の習俗』を付け加えることができるのだろうか。もし間違っていなければ、ヴィーコは一度も『イスラエル人の習俗』には言及していない。もともとのフランス語版で読むことはできなかったのかもしれない。彼はフランス語が読めなかったからである。しかし、一七一二年にヴェネツィアで出たイタリア語訳[42]は読むことができたはずである。もちろん、これはあくまでたんなる仮説にすぎない。いずれにせよ、わたしたちがブロックにしたがって古遺物研究の伝統のうちに位置づけたアプローチ――シャプランが彼の対話のなかで論じ、フルーリによって加工しなおされたと推測される、フィクショナルな証拠のなかに真実の要素を見いだすというアプローチ――は、ヴィーコ自身が彼の発見した「新しい学」について用意した定義のうちに反響しているようにみえる。

「民間伝承には公共的な真理動機が存在していたはずである。そのような公共的な真理動機から民間伝承は生まれ、長期にわたって諸民族全体のなかで保存されてきたのだった。／この民間伝承のうちに存在していたはずの真理動機は、歳月がめぐり、言語と習慣が変化していくとともに、虚偽に覆われて、わたしたちのもとに届いている。それらの真理動機をあらためて見つけだし直すこと、このことがこの学のもうひとつの大きな仕事になるだろう[43]」。

6　虚偽に覆われて？　あるいはフィクションに覆われて？　それとも両方に？　十九世紀初めの読者たちは、ヴィーコの『新しい学』のうちに、諸国民史の夜明けとか幻想のかなたにある真実といったロマン主義時代のお気に入りのテーマを見いだした。十九世紀の終わりごろ、マルクス主義的な読者たちは『新しい学』のうちに歴史の発展法則とイデオロギー批判の早咲きの一例を見いだした。

現在に関連した諸問題について尋ねながらテクストを読むというのは、そのテクストが現在もなお生命力を保持していることの証拠である。しかし、ヴィーコがそこから出現した知的コンテクストを理解するためには、アレッサンドロ・マンゾーニが一八二二年に書いた頁を見てみなければならない。当時、ヴィーコはイタリアで再発見されつつあったが、ヨーロッパではまだ再発見されていなかった（ヨーロッパでの再発見はそれから数年後、『新しい学』のジュール・ミシュレによるフランス語への要約されたすばらしい翻訳をつうじて起こる）[44]。マンゾーニはなおも『婚約者たち』を執筆中であった。最初イタリアで、それからヨーロッパで彼を有名にすることになった歴史小説である。わたしがここで引用する頁は、中世的主題にかんする韻文の悲劇『アデルキ』への付録として公刊された『イタリアにおけるロンゴバルド人の歴史のいくつかの点にかんする講話』から採ったものである。

「洞察力と堅固な意志」をそなえた天才なら「［中世に］イタリアに住んでいた人々の生活の痕跡を年代記、書簡、私的な憲章のうちに探し求めるだろう」とマンゾーニはかんがえる。

マンゾーニは言う。「その時代やそれに隣接した時代の数少ない著述家たちは、彼らが目撃した事件のうちで歴史的に見て最も重要なもの、後代に伝達するに値するものを選り分けようとはおもっていなかったし、また選り分けることもできないでいた。彼らはいくつかの事実には目を止めて記した。しかし、制度や慣習、諸国民の一般的な状態は、われわれにとっては最も新奇なもので知りたいとおもうことがらであるが、彼らにとってはごく当たり前の自明のことで、語るに値しないものだったのだ」。

かくては、わたしたちにも馴染みの失望感。だが、そこには救済策がある、とマンゾーニは続ける。

「しかしまた、それについての情報を提供するつもりのなかった著述家には見落とされていたきわめて重要な啓示をわれわれが確実につかみとり、こうして堅実な帰納にもとづいていくつかの実定的な認識を拡大することを可能にしてくれる術が存在する」。

歴史家のペンを逃れていた啓示をつかみとるこの術は最近イタリアの外で応用されてきたが、しかし、その先駆者はイタリア人であった、とマンゾーニは指摘する。そして二人の名前を挙げている。一人は、あらゆる種類の膨大な量の文書資料を蒐集し分析した偉大な博識家のルドヴィーコ・アントニオ・ムラトーリである。そしていま一人は、彼の同時代人で、より高度で危険な次元にまで攻めのぼっていって、人間の歴史の一般的な法則を見いだそうとこころみたヴィーコである。この目的のために、ヴィーコは、「ときに偏見に満ち、ときに不確かで、ときに信用できない証人」であるが、「ともかくもこのうえなく重要な一般的事実の証人」であって、「そのような存在として吟味するに値する」著述家たちを吟味するのだった。

ヴィーコは彼らの言うことを信じてはおらず、彼らの考えの大部分を拒否していた。しかし、「彼らが太古からやってきたとして伝達しているようにみえるもののうちに真理の穀粒を探し求めた」のであり、「彼らの結論は斥けたが、同時に、彼らのいわば無意志的な啓示（rivelazioni, per così dire, involontarie）にもとづいたものを掘り出すためのもろもろの規準を確立した」のだった[45]。

7

「無意志的な啓示（rivelazioni involontarie）」。マンゾーニによって解釈されたヴィーコは、「[中世の年代記やサン＝シモンの『回想録』のようなテクストが意志することなくわたしたちに伝えている啓示」の意義を強調したブロックを先取りしているようにみえる。しかし、この両者の隣接性はかならずしも直接的なつながりを意味しはしない。おそらくブロックはマンゾーニの『イタリアにおけるランゴバルド人の歴史のいくつかの点にかんする講話』を読んではいなかったし、ヴィーコの『新しい学』のことを想い起こしてもいなかった。疑いもなく、ヴィーコもブロックも、マビヨンの『古文書論』と古遺物研究の伝統が大いなる重要性をもつことを認識していた。もっとも、ブロックの場合には、これはいくつもの新しい含意に満ちた再発見であった（二十世紀においては、古遺物研究家のテクストのうちに意図せざる真理を探し求めるという考えは不可避的にフロイトへの参照指示を含意していた）(46)。しかし、ヴィーコとブロックのあいだに認められる、これまた意図せざる収斂点には、なにかそれ以外の意味合いも含まれている。ヴィーコは虚偽の証拠やフィクショナルな証拠のなかに真理の動機を探し求めたが、それらの証拠のもつ力をも十分に認識していた（これはマンゾーニのこのうえなく洞察力にあふれた読みのなかで見過ごされている要素である）。ブロックも、彼の傑作『奇跡をおこなう王』のなかで似たようなことをおこなっていた。一方では、伝説、すなわち、瘰癧を患っている人たちを癒す力がフランスとイギリスの王たちにはあるという伝説を脱神話化しながらも、他方では、その伝説の及ぼした衝撃についての深い分析を提供したのである(47)。

それら二つの軌道を（そして両者の関係を）たどることは、歴史を逆なでしながら読むことに帰着する。ここに集まっている聴衆の多くはわたしの講義のサブタイトルが歴史にかんするヴァルター・

ベンヤミンのテーゼに暗に言及したものであることに気づいておられただろう。モロトフ－リッベントロップ協定の直後、第二次世界大戦前夜の、二十世紀の最も暗黒の瞬間のうちのひとつのなかで、ヴァルター・ベンヤミンは歴史と歴史的知識の双方について省察をめぐらせた。そしてマルク・ブロックも、まさにその瞬間に、まったく異なった精神のもとにおいてではあったが、同じ省察に取りかかったのだった。二人の精神は異なってはいたが、おそらくは両立しえないものではなかった。歴史を逆なでしながら読むとはどういう意味だろうか。もし歴史的証拠、とりわけ意図的な歴史的証拠の生産が、大部分、生産関係に（そしてより一般的にはある特定の社会内での権力関係に）根ざしているとするなら、歴史を逆なでしながら読むということは、その証拠のうちに抑圧の痕跡を見てとるということに帰着する。これをおこなうためには、一方では、歴史的証拠が生産されたさいの元にあった見方を、またもう一方では、暗々裡のものであれ明示的なものであれ、もろもろの意図の結果である、それが及ぼしたインパクトを再構築しなければならない。長期的には、予想していなかった結果が支配することになるとしても、である。しかし、これだけでは十分でない[48]。わたしたちの世界のように、神話と嘘が充満している世界では、「無意志的な啓示」を探し求めながら、証拠の行間を読むすべを習得することが、かつてにもまして重要である。それはわたしたちに神話と嘘の力を認めると同時に双方の仮面を剝ぎ取ることを教えているのである。

注

緯度、奴隷、聖書——ミクロストリアの一実験

＊ このペーパーのさまざまなヴァージョンはイスタンブール（"Küresellesmeye Yerel Bir Yaklasim: Cografya, Köleler ve Incil," in: *Tarih Yaziminda yeni Yaklasimlar. Kürellesesme ve Yerellesme*, Istanbul, Tarih Vakfi, 2000, pp. 17-39 を見られたい）、カリフォルニア大学ロスアンジェルス校歴史学部、中央ヨーロッパ大学（ブダペスト）、コロンビア大学（ニューヨーク）、ペンシルヴェニア州立大学（フィラデルフィア）、シエナ大学文哲学部、自由大学（ブリュッセル）、ロッシスキー・ゴスダルストヴェンニ・グマニタルニ大学（モスクワ）（*Sciroty, raby, i Bibbia: opit mikroistorii*, Moskva, 2003 を見られたい）、シカゴ大学で読まれた。講義はオランダのティルブルフにあるネクサス研究所の主催による二〇〇二年度ネクサス講義としておこなわれた。"Geografische breedte, slaven en de Bijbel. Een experiment in microgeschiedenis," *Nexus*, n. 35 (2003), pp. 167-184 を見られたい。カルロ・アギッレ・ロハス、ペリー・アンダーソン、ピエル・チェーザレ・ボーリ、アルベルト・カイアーノ、ステーファノ・レーヴィ・デラ・トッレ、マルタ・ペトルセヴィチはコメントや示唆によって直接・間接にわたしを助けてくれた。感謝する。

（1） Jacques Revel, Introduction à Giovanni Levi, *Le pouvoir au village. Histoire d'un exorciste dans le Piémont du XVIIe siècle*, traduit par Monique Aymard (Paris: Gallimard, 1989).

（2） Erich Auerbach, *Mimesis. The Representation of Reality in Western Literature*, translated by Willard R. Trask (Princeton, NJ: Princeton University Press, 1953), p. 552.〔エーリッヒ・アウエルバッハ『ミメーシス――ヨーロッパ文学における現実描写』篠田一士・川村二郎訳、筑摩書房（ちくま学芸文庫）、一九九四年、下、四七五頁〕

（3） Erich Auerbach, "Philologie der Weltliteratur," in: *Weltliteratur. Festgabe für Fritz Strich*, hrsg. von Walter Muschg und Emil Staiger (Bern: Francke, 1952), pp. 39-50; Id., "Philology and *Weltliteratur*," translated by Miriam and Edward Said, *Centennial Review*, 13 (Winter 1969), pp. 1-17.〔エーリヒ・アウエルバッハ『世界文学の文献学』高木昌史・岡部仁・松田治訳、みすず書房、一九九八年、四〇五―四一七頁〕

（4） Auerbach, *Mimesis*, p. 552.〔篠田・川村訳、四七五頁〕

（5） この点は『ミメーシス』結論部分の数頁前の箇所でも『失われた時を求めて』と『燈台へ』を取りあげたさいに言及されている。

（6） Cf. L.-E. Roulet, "Jean-Pierre Purry et ses projets de colonies en Afrique du Sud et en Australie," *Musée Neuchâtelois* (1994), pp. 49-63; Id., "Jean-Pierre Purry explorateur (1675-1736)," in: *Biographies Neuchâteleoises*, vol. 1: *De Saint Guillaume à la fin des Lumières*, éd. par Michel Schlop (Neuchâtel-Hauterive: Editions Gilles Attinger, 1996); Arlin C. Migliazzo, "A Tarnished Legacy Revisited: Jean Pierre Purry and the Settlement of a Southern Frontier, 1718-1736," *South Carolina Historical Magazines*, 92 (Oct. 1991), pp. 232-252; Id. (ed.), *Lands of True and Certain Bounty: The Geographical Theories and Colonization Strategies of Jean-Pierre Purry*, translated by Pierette C. Christianne-Lovrien and 'BioDun J. Ogundayo (Selinsgrove, Pa: Susquehanna University Press, 2002); Hugues Jéquier, Jacques Henriod et Monique de Pury, *La Famille Pury* (Neuchâtel: Chaise de la Famille Purry,1972). これらの研究はいずれもピュリによって提出された植民地化のための宗教的論拠を分析していない。また氏名の綴りもまちまちである（Purry, Pury, Puri, Purri）。 Cf. *Recueil de quelques lettres et documents inédits concernant David de Purry et sa famille* (Neuchâtel 1893), p. 11, nota 1. わたしはジャン゠ピエールが一貫して使用していた"Purry"を選ぶ。

（7） Cf. *Recueil* cit., pp. 73-75.

（8） Cf. Archives de l'Etat, Neuchâtel, Archives de la famille de Purry, G. XII; Roulet, "Jean-Pierre Purry" cit., p. 51.

（9） Cf. *Recueil* cit., p. 8.

（10）「彼ら［ヌーシャテルの住民］の生まれつきの好奇心が彼らの大部分を異国への旅へと導いていく」（D. F. de Merveilleux, *La Parfaite Introduction à la géographie universelle*, 2 tomes [Neuchâtel 1690], t. 2, p. 515）。

（11）この点にかんしては、わたしは Roulet, "Jean-Pierre Purry" cit. の記述に、一九九三年にC・C・マックナイトがおこなった講義に立脚して従っている。マックナイトの未公刊の講義のタイプ原稿を送ってくれたアルベール・ド・ピュリに感謝する。

（12）「ヌイツ・ランド」という名前は一六二七年にその土地を発見したオランダ東インド会社のインド臨時参事ピーテル・ヌイツにちなんで付けられた。Cf. Jan Ernst Heeres, *Het Aandeel der Nederlanders in de Ontdekking van Australië 1606-1765* [*The Part Borne by the Dutch in the Discovery of Australia 1606-1765*]（Leiden-London: Brill, 1899）, p. 51.

（13）Jean-Pierre Purry, *Mémoire sur le Pais des Cafres, et la Terre de Nuyts, par raport à l'utilité que la Compagnie des Indes Orientales en pourroit retirer pour son Commerce*（Amsterdam 1718）, pp. 17-18.（以下 *M* と略記）

（14）Cf. Roulet, "Jean-Pierre Purry" cit., p. 55.

（15）Cf. Michael Walzer, *Exodus and Revolution*（New York: Basic Books, 1985）, p. 123.〔マイケル・ウォーザー『出エジプトと解放の政治学』荒井章三訳、新教出版社、一九八七年、一六二頁〕

（16）Cf. Edward W. Said, "Michael Walzer's 'Exodus and Revolution': A Canaanite Reading," *Grand Street*, 5（Winter 1986）, pp. 86-106. サイードとウォルツァーのあいだのその後のやりとりは、William D. Hart, *Edward Said and the Religious Effects of Culture*（Cambridge: Cambridge University Press, 2000）, pp. 187-199 に再録されている（このことを親切にもわたしに知らせてくれたデイヴィッド・ランデスに感謝する）。

（17）Cf. Walzer, *Exodus and Revolution* cit., pp. 7-8.〔荒井訳、二〇―二一頁〕Pier Cesare Bori, *L'interpretazione infinita. L'ermeneutica cristiana antica e le sue trasformazioni*（Bologna: Il Mulino, 1987）によってみごとに分析されたこのユダヤ的テーマとキリスト教の解釈学の伝統との比較は、こころみてみるだけの価値があるだろう。

（18）Franco Fortini, *Extrema ratio. Note per un buon uso delle rovine*（Milano: Garzanti, 1990）, p. 67 ――「壁を前にして、なぜフロンティアとインディアンの虐殺者たちというアメリカの伝説が出エジプトの本によって培われたものであったのか、わたしにはその理由がわかった」。

(19) *M*, p. 69.

(20) Robin Blackburn, *The Making of New World Slavery: From the Baroque to the Modern, 1492-1800* (New York: Verso, 1997), pp. 64-76では、ノアの呪いのことが広範な書誌を添えてあつかわれている。

(21) *M*, pp. 70-71.

(22) *M*, p. 71.

(23) John Locke, *Second Treatise of Government* (1689), in: *Two Treatise of Government*, edited by Peter Laslett (Cambridge: Cambridge University Press, 1963), pp. 319, 309, 307.〔ジョン・ロック『統治論』伊藤宏之訳、柏書房、一九九七年、一九〇、一八〇、一七七頁〕フランス語訳については、Locke, *Du gouvernement civil où l'on traitte de l'origine, des fondemens, de la nature, du pouvoir et des fins des sociétés politiques, traduit de l'anglais* (Amsterdam 1691) を見られたい。

(24) *M*, pp. 70-71.

(25) 同右を参照。ピュリの議論のなかで自然権が演じている中心的な役割は、*Second Mémoire sur le Pais des Cafres, et la Terre de Nuyts* (Amsterdam 1718), p. 52でもふたたび姿を見せている（同書は以下*SM*と略記する）——「しかし、人は自然権に反しないかぎり良き事業の成功をまえもってほぼ約束されているし、天は神への愛と同様、隣人愛にもとづく計画には、かならずや祝福をお与えなさると、わたしは心底より確信している」。この件については、Anthony Pagden, *The Fall of Natural Man: The American Indian and the Origins of Comparative Ethnology* (Cambridge: Cambridge University Press, 1982) を見られたい。

(26) Locke, *Second Treatise of Government* cit., p. 295.〔伊藤訳、一六八頁〕

(27) *M*, pp. 72-73.

(28) Lucien Febvre, "Civiltà: evoluzione di un termine e d'un gruppo di idee," in: Id., *Studi su Riforma e Rinascimento. E altri scritti su problemi di metodo e di geografia storica*, trad. da Corrado Vivanti (Torino: Einaudi, 1976), pp. 5-45は、Antoine Furetière, *Dictionnaire* (The Hague 1690) の「福音書の説教は最も野蛮な未開人たちを文明化した」という一節を引用している。Émil Benveniste, "Civilisation: histoire du mot," in: *Éventail de l'histoire vivante. Hommage à Lucien Febvre offert à l'occasion de son 75e anniversaire par l'amitiè d'historiens, linguistes, géographes, economistes,*

sociologues, ethnologues（Paris: Armand Colin, 1953）, I, pp. 47-54も見られたい。

（29）　*M*, pp. 72-73.

（30）　*M*, p. 73.

（31）　Frédéric Brandt, *Notice sur la vie de Mr le baron David de Purry, suivie de son testament et d'un extrait de sa correspondance particulière*（Neuchâtel: Wolfrath, 1826）, p. 1には「J・P・ピュリ氏は十分な学業を修めた」とある。しかし、わたしはこれまでのところ、この情報を立証することができていない。ピュリの読書の範囲については（このプロジェクトの拡大版で詳細に検討する予定であるが）、なかでも、Isaac Bullart の広範囲にわたって図版の付いたフォリオ判の著作、*Accadémie des sciences et des arts, contenant les vies, et les éloges historiques des hommes illustres, qui ont excellé en ces Professions depuis environ quatre siècles parmy diverses nations de l'Europe*, 2 tomes（Bruxelles: Foppens, 1682）への彼の言及によって示されている。

（32）　たとえば、フリウリの一粉挽きが時代も場所も社会的背景も大きく異なるなかでどのように「創世記」を読んだかということにかんして、Carlo Ginzburg, *Il formaggio e i vermi. Il cosmo di un mugnaio del '500*（Torino: Einaudi, 1976）, pp. 73-76〔カルロ・ギンズブルグ『チーズとうじ虫――16世紀の一粉挽屋の世界像』杉山光信訳、みすず書房、二〇一二年、一五八―一六四頁〕を見られたい。

（33）　*SM*, p. 19.

（34）　*SM*, p. 19.

（35）　*M*, p. 22.

（36）　Sir William Temple, "Upon the Gardens of Epicurus: or, of gardening, in the year 1685," in: *Five Miscellaneous Essays*, ed. by Samuel Holt Monk（Ann Arbor, Mich.: Michigan University Press, 1963）, p. 12――「そしてとても残念なことにも、わたしはまだ見ていないのだが、ベルニエ氏がわたしに伝えてくださったところによると、氏はカシミール史をペルシア語から翻訳なさったとのことで、出版なさるつもりだという。またカシミール史についての識見のほどはムガール人の国についてのすばらしい報告のなかで与えておられる」。Clara Marburg, *Sir William Temple: A Seventeenth-Century "Libertin"*（New Haven, Conn.: Yale University Press, 1932）も見られたい。

（37）　Temple, "Upon the Gardens of Epicurus" cit., p. 18. ピュリは *Les Oeuvres mêlées de Monsieur le chevalier*

Temple, 2e éd., 2 tomes（Utrecht 1694）から引用している。

（38） Cf. Heers, *Het Aandel* cit., p. xvi, nota 5.

（39） Cf. Jean-Pierre Purry, *Memorial Presented to His Lord the Duke of Newcastle*（1724）（Augusta, Ga. 1880）, p. 1.

（40） Cf. Roulet, "Jean-Pierre Purry" cit., p. 55.

（41） F. A. M. Jeanneret et J. -H. Bonhôte, *Biographie Neuchâteloise*, 2 tomes（Locle 1863）, t. 2, p. 251. Brandt, *Notice* cit., pp. 1-2 も見られたい。

（42） Cf. V. W. Crane, *The Southern Frontier, 1670-1732*（1929）（Ann Arbor, Mich.: Michigan University Press, 1956）, p. 284, nota 8. そこでは、B. M. Add. MSS. 32,739（*Newcastle Papers*, LIV）, ff. 39, 41f.（ピュリの一七二四年六月六日付ウォルポール宛て書簡、およびウォルポールの一七二四年六月七日付ニューキャッスル宛て書簡）への参照指示がなされている。

（43） Cf. Migliazzo, "A Tarnished Legacy" cit., p. 237.

（44） *Recueil* cit., pp. 16-17 の一七二七年五月十一日付の手紙。また pp. 13-14 の一七一七年一月一日付の手紙も見られたい。

（45） Archives de l'Etat, Neuchâtel, Archives de la famille de Purry, G. XII に保管されている勅許状のフランス語訳本を見られたい。

（46） Cf. Purry, "Proposals by Mr. Peter Purry of Neufchatel for encouragement of such Swiss Protestants as should agree to accompany him to Carolina, to settle a new colony, 1731," in: *A Description of the Province of South Carolina*（Washington, D.C. 1837）, pp. 14-15; *Description abrégée de l'etat présent de la Caroline meridionale*（Neuchâtel 1732）; *Description abrégée de l'etat présent de la Caroline meridionale, nouvelle edition, avec des eclaircissemens, les actes des concessions faites à ce sujet à l'Auteur, tant pour luy que pour ceux qui voudront prendre parti avec luy. Et enfin une Instruction qui contient les conditions, sous lesquelles on pourra l'accompagner*（Neuchâtel 1732）, p. 36. *A Description of the Province of South Carolina* は一部が *Tracts and Other Papers, Relating Principally to the Origin, Settlement, and Progress of the Colonies in North America, from the Discovery of the Country to the Year 1776*, ed. by Peter Force, 2 vols.（Gloucester, Mass. 1963）に再録されている。 Purry, *Kurze, iedoch zuverlassige Nachricht von dem gegenwärtigen Zustand und Beschaffenheit des Mittägigen Carolina in America oder West-Indien, welche Landschaft Georgien genennet wird, aufgesetzet in Charlestown oder Carlstadt von vier glaubwürdigen Schweitzern, und aus der Französischen Sprache anietzo verdeutscht. Welchem eine Nachricht von denen so genannte Bilden, welche in derselben Gegend wohnen, beygefüget ist*（Leipzig 1734）, p. 16 にはもっと短縮されたヴァージョンが入っている。さらなる書誌情報にかんしては、Jon Butler, *The Huguenots in America*（Cambridge, Mass.: Harvard University Press, 1983）, pp. 217–220 を見られたい。

（47） Purry, *Description abrégée de l'etat présent de la Caroline meridionale, nouvelle edition* cit., pp. 8, 28.

（48） Cf. H. D. K. Leiding, "Purrysburg: A Swiss-French Settlement of South Carolina, on the Savannah River," *Transactions of the Huguenot Society of South Carolina*, 39（1934）, p. 32. この論考は A. H. Hirsch, *Huguenots of Colonial South Carolina*（Durham, N.C.: Duke University Press, 1928）に依拠して書かれたものとおもわれる。

（49） Cf. Max Weber, *The Protestant Ethic and the Spirit of Capitalism*, translated by Talcott Parsons, with an introduction by Anthony Giddens（1930; London and New York: Routledge, 1997）.（以下、*PE* と略記）〔マックス・ウェーバー『プロテスタンティズムの倫理と資本主義の精神』梶山力・大塚久雄訳、岩波書店、岩波文庫、上巻一九五五年、下巻一九六二年；『プロテスタンティズムの倫理と資本主義の《精神》』梶山力訳、安藤英治編、未來社、一九九四年（ドイツ語版については、Max Weber, "Die protestantische Ethik und der 'Geist' des Kapitalismus," *Archiv für Sozialwissenschaft und Sozialpolitik*, 21［1905］, pp. 1–54 および *Gesammelte Aufsätze zur Religionssoziologie*［Tübingen: Mohr, 1920–1921］所収の改訂版を見られたい）――パーソンズは "innerweltliche Askese" を "worldly asceticism" と訳している（*PE*, pp. 193–194）。またアンソニー・ギデンズは彼の序文で "'this-worldly asceticism'" について語っている（*PE*, p. xii）。

（50） Cf. Ernesto Sestan, Introduzione a Max Weber, *L'etica protestante e lo spirito del capitalimo*, trad. da Piero Burresi（Firenze: Sansoni, 1945）, p. xlv.

（51） *PE*, p. 233, nota 68.〔岩波文庫版、下巻六八頁。未來社版、二一九頁〕

（52） わたしはこの示唆をアルベルト・ガイアーノに負っている。

（53） *PE*, p. 47.〔岩波文庫版、上巻三七頁。未來社版、八七―八八頁〕

(54) *PE*, p. 183.〔岩波文庫版、下巻二四九頁。未來社版、三五九頁〕

(55) ジェルジ・ルカーチは『理性の破壊』のなかで（同書は多くの中傷にあった本で、イデオロギー的決まり文句と深い洞察のみられるくだりとが共存しているのだが）、「ドイツの社会学の中心的な課題は、資本の本源的蓄積であり、生産手段からの勤労者たちの暴力的な分離である」と書いている（György Lukács, *La distruzione della ragione*, trad. da Eraldo Arnaud [Torino: Einaudi, 1974], p. 612〔ルカーチ『理性の破壊（下）』〈世界大思想全集・哲学・文芸思想篇第31巻（下）〉高桑純夫ほか訳、河出書房、一九五七年、一一三頁。暉峻凌三・飯島宗享・生松敬三訳、白水社、『ルカーチ著作集13』、一九六九年〕）。この批判的指摘の主要な標的は、もちろん、ドイツ最大の社会学者でルカーチのかつての精神的指導者《メントール》でもあるヴェーバーであった。より一般的な（そして興味深さの点では劣る）レヴェルの言及としては、Karl Löwith, "Max Weber und Karl Marx," *Archiv für Sozialwissenschaft und Politik*, 67 (1932), pp. 53-99, 175-214 を見られたい。Eugène Fleischmann, "De Weber à Nietzsche," *Archives européennes de sociologie*, 5 (1964), p. 194 は「ヴェーバーに最も深く最も持続的な影響を与えたのはおそらくマルクスであった」と書いているが、彼自身の指摘の含意するところを発展させることはしていない。

(56) Karl Marx, *Capital*, trans. by Ben Fowkes, 3 vols. (New York: Vintage, 1977), vol. 1, pp. 873-874.（以下、Cと略記）〔カール・マルクス『資本論（四）』向坂逸郎訳、岩波書店、岩波文庫、一九五〇年、二六六―二六七頁〕

(57) *PE*, p. 67.〔岩波文庫版、上巻五三頁。未來社版、一〇〇頁〕「資本主義的冒険家」と「世俗内禁欲」とが互いに排除しあう関係にあることについては、Max Weber, "Antikritisches Schlusswort zum 'Geist' des Kapitalismus," *Archiv für Sozialwissenschaft und Sozialpolitik*, 30-31 (1910-1911) を見られたい。この論考は Eduard Baumgarten, *Max Weber: Werk und Person* (Tübingen: Mohl, 1964), pp. 173-191 に部分的に再録されている〔エドゥアルト・バウムガルテン『マックス・ウェーバー（V）――人と業績』生松敬三訳、福村出版、一九七一年は第三部および年表の部分のみの抄訳であって、原書に再録されたヴェーバーの「反批判的結語」は訳出されていない――上村注〕。

(58) *PE*, p. 20.

(59) しかし、このプロジェクトの拡大版で示すつもりであるが、ヴェーバーはこの点にかんして死の直前に考えを変えた。Max Weber, *Economy and Society*, ed. by Guenther Roth and Claus Wittich, 3 vols. (New York: Bedminster Press, 1968), vol. 1, pp. 137-138〔マックス・ウェーバー「経済行為の社会学的基礎範疇」、中公バックス「世界の名著

61」『ウェーバー』尾高邦雄責任編集、中央公論社、一九七九年、四〇五頁〕を見られたい。資本主義的生産の合理性を強調したあと、ヴェーバーは指摘している、「資本計算の最高度の形式的合理性が労働者を企業家の支配のもとに隷属させることによってのみ可能となるというこの事実は、経済秩序のより特殊的な実質的非合理性を示すものである」と。この指摘の意味するところはすこしあとのくだりで明らかにされている。「工場労働者の労働意欲は、生活のリスクが労働者に転嫁されていることと結びついて生じる非常に強い間接的な強制（イギリスの救護院《ワークハウス》システム！）によって第一次的に条件づけられていたのであって、所有制度の強制的な保証をたえず志向しつづけてきた。〔一九一八年〕革命によって強制力が破壊された結果として現在労働意欲が低下していることがそれを裏づけている」（Ibid., vol. 1, p. 153. 傍点はギンズブルグ〔尾高訳、四二四―四二五頁〕）。

（60）　*C*, vol. 1, p. 925.〔向坂訳『資本論（四）』、三四四頁〕

（61）　*C*, vol. 1, pp. 917, 918.〔向坂訳『資本論（四）』、三三三、三三三―三三四頁〕

（62）　*C*, vol. 1, p. 882, nota 9.〔向坂訳『資本論（四）』、二八〇頁註一九七〕

（63）　*PE*, p. 67.〔岩波文庫版、上巻九二頁。未來社版、一三一頁〕

（64）　Cf. Jacques Revel, "Micro-analyse et construction du social," in: *Jeux d'échelles: La Micro-analyse à l'expérience*, éd. par Revel（Paris: Gallimard/Le Seuil, 1996）, pp. 15-36.

（65）　単独の事例でも深く分析したなら大規模な比較のための土台を十分提供することができるのである。Cf. Marcel Mauss, "Essai sur les variations saisonnières des sociétés eskimo: Etude de morphologie sociale"（1906）, in: *Sociologie et Anthropologie*, 3re éd.（Paris: Presses universitaires de France, 1966）, pp. 389-477.〔マルセル・モース『エスキモー社会――その季節的変異に関する社会形態学的研究』宮本卓也訳、未來社、一九八一年〕

（66）　Marcel Proust, *À la recherche du temps perdu*, vol. 2: *Le Côté des Guermantes*（Paris: 1959）, p. 330.〔マルセル・プルースト『失われた時を求めて5　第三篇ゲルマントのほうII』井上究一郎訳、筑摩書房、ちくま文庫、一九九三年、三七頁〕このくだりはフランソワーズと日露戦争にかんする部分で、Francesco Orlando, "Darwin, Freud, l'individuo e il caso," *La rivista dei libri*, 5（febbraio 1995）, p. 21 に引用されている。

世界を地方化する——ヨーロッパ人、インド人、ユダヤ人（一七〇四年）

＊　これは、ディペーシュ・チャクラバルティの『ヨーロッパを地方化する——ポストコロニアル思想と歴史的差異』（プリンストン、二〇〇〇年）の刊行一〇周年を記念してシカゴで開催された会議に提出されたペーパーの少しばかり訂正をほどこしたヴァージョンである。

（1） Lucien Febvre, “Civilisation: évolution d’un mot et d’un groupe d’idées,” in: *Civilisation: le mot et l’idée*, Première semaine internationale de synthèse, Deuxième fascicule (Paris: La Renaissance du livre, 1930); Émile Benveniste, “Civilisation: contribution à l’histoire du mot,” in: *Hommage à Lucien Febvre. Eventail de l’histoire vivante*, I (Paris: A. Colin, 1953), pp. 47-54.

（2） Cf. Lynn Hunt, Margaret C. Jacob, Wijnand Mijnhardt, *The Book that Changed Europe: Picart’s and Bernard’s Religious Ceremonies of the World*（Cambridge, Mass.: Belknap Press of Harvard University Press, 2010）; *Bernard Picart and the First Global Vision of Religion*, ed. by Lynn Hunt, Margaret C. Jacob, Wijnand Mijnhardt（Los Angeles: Getty Research Institute, 2010）.

（3） フランス国立図書館の電子版カタログでは、誤って一七〇三年版となっている。

（4） わかったのは二〇〇九年四月のことだった。二〇〇八年八月にサンジャイ・スブラーマニアムがわたしに彼の論考（後出注7を参照）の第一稿を送ってくれた。そしてそのなかでラ・クレキニエールの本に注目させてくれていたのだったが、そのことをわたしはすっかり失念していたのだった。

（5） *The Agreement of the Customs of the East-Indians with Those of the Jews*（London: W. Davis, 1705）. 同書は、ダニエル・デフォーの『文学にかんする一試論』（一七二六年）といっしょに、Joel Reed の序文を付けてリプリントされている（The Augustan Reprints: New York: AMS Press, 1999）。このリプリント版の扉頁には、不注意にも、*The Agreement* はジョン・トーランドとラ・クレキニエールの共著であると記されている。この件については、Giancarlo Carabelli, *Tolandiana: materiali bibliografici per lo studio dell’opera e della fortuna di John Toland (1670-1722)*

(Firenze: La Nuova Italia, 1975), pp. 114-115, 363, 372, 387 を見られたい。

(6) M. de la ***, *Conformité des coutûmes des Indiens Orientaux, avec celles des Juifs et autres Peuples de l'Antiquité*, in: *Cérémonies et coûtumes religieuses des peuples idolâtres*, t. I, seconde partie (Amsterdam: chez J. F. Bernard, 1723), pp. 7-50（英訳 *The Conformity of the Customs of the East Indians with Those of the Jews and the Ancient Nations*, in: *The Ceremonies and Religious Customs of the Various Nations of the Known World, Together with Historical Annotations and Severall Curious Discourses Equally Instructive and Entertaining*, vol. III, *Containing the Ceremonies of the Idolatrous Nations*, London: Claude Du Bosc, 1734, pp. 215-304). ラ・クレキニエールの本は，まったく異なった第二版 *Histoire générale des cérémonies, moeurs, et coutûmes religieuses de tous les peuples du monde, représentées en 243 figures dessinées de la main de Bernard Picard, avec des explications historiques et curiouses par Monsieur l'abbé Banier...*2° ed., t. VI (Paris: chez Rollin fils, 1741), pp. 92-164 にも収録されている。この二つの版については，Giuseppe Ricuperati, "Comparatismo, storia universale, storia delle civiltà. Il mutamento dei paradigmi dalla 'crisi della coscienza europea' all'Illuminismo," in: *Le passioni dello storico. Studi in onore di Giuseppe Giarrizzo*, a cura di Antonio Coco (Catania: Edizioni del Prisma, 1999), pp. 511-580（とくに pp. 536-538）を見られたい。

(7) Sanjay Subrahmanyam, "Monsieur Picart and the Gentiles of India," in: *Bernard Picart* cit., pp. 197-214（とくに pp. 199-201).

(8) Frank E. Manuel, *The Eighteenth Century Confronts the Gods* (Cambridge, Mass.: Harvard University Press, 1959), p. VIII. ラ・クレキニエールについては pp. 17-18 を見られたい。

(9) Arnaldo Momigliano, "Ancient History and the Antiquarian" (1950), in: *Contributo alla storia degli studi classici* (Roma: Edizioni di Storia e Letteratura, 1979), pp. 67-206; Id., "Prospettiva 1967 della storia greca" (1967), in: *Quarto contributo alla storia degli studi classici e del mondo antico* (Roma: Edizioni di Storia e Letteratura, 1969), pp. 43-58.

(10) この概念の重要性は Frank Lestringant, *Le Huguenot et le Sauvage: l'Amérique et la controverse coloniale en France au temps des guerres de religion (1555-1589)* (Genève: Droz, 2004), p. 168 によって指摘されている（このくだりに注意を喚起してくれたことにたいしてフランチェスコ・ロンコに感謝する）。

(11) Joseph Burney Trapp, "The Conformity of Greek with the Vernacular. The History of a Renaissance Theory of

Language" (1974), in: Id., *Essays on the Renaissance and the Classical Tradition* (Aldershot: Variorum, 1990).

(12) 最近、いささか正確さを欠く版が出ている。*Traité preparatif à l'Apologie pour Herodote*, édition critique par Bénédicte Boudou, 2 tomes (Genève: Droz, 2007).

(13) Arnaldo Momigliano, "The Place of Herodotus in the History of Historiography" (1958), in: *Secondo contributo alla storia degli studi classici* (Roma: Edizioni di Storia e Letteratura, 1984), pp. 29–44; Id., "Erodoto e la storiografia moderna. Alcuni problemi presentati a un convegno di umanisti" (1957), in: ibid., pp. 45–56.

(14) Henri Estienne, *Traité preparatif* cit., pp. 86, 110–111.

(15) Cf. Guy G. Stroumsa, "John Spencer and the Roots of Idolatry," *History of Religions*, XLII (2001), pp. 1–23 (とくに p. 2) ――「結果として、比較はもはや主として論争の道具として受けとられることはなくなり、むしろ、近くにあるものと遠くにあるもの、過去と現在をふくめて、もろもろの儀礼や信仰のあいだに存在する類似性とともに、差異が還元しえないことをも認識するのに使われるようになるのだった」(Guy G. Stroumsa, *A New Science. The Discovery of Religion in the Age of Reason* [Cambridge, Mass.: Harvard University Press, 2010] も見られたい)。宗教への比較研究的アプローチの二つのステージのあいだの少しばかり異なった関係がこのペーパーでは示唆されている(この点については拡大ヴァージョンのなかで立ちいって展開するつもりである)。

(16) *Le Juifs presentés aux Chrétiens. Textes de Léon de Modène et de Richard Simon*, éd. par Jacques Le Brun et Guy G. Stroumsa (Paris: Les Belles Lettres, 2004). 序文がとくに役立つ。*The Autobiography of a Seventeenth Century Venetian Rabbi: Leon Modena's Life of Judah*, ed. and trans. by Mark R. Cohen, with introductory essays by Mark R. Cohen et alii, historical notes by H. E. Adelman and B. C. I. Ravid (Princeton: Princeton University Press, 1988) も見られたい。

(17) Leon Modena rabi hebreo da Venetia, *Historia de riti hebraici, vita et osservanza de gl'Hebrei di questi tempi*, nuovamente ristampata, et con diligenza corretta, in Venetia 1678, c. A 3 (reprint: Bologna: Arnaldo Forni, 1979). Le Brun et Stroumsa, Introduction à *Le Juifs* cit., p. XXIII も見られたい。

(18) Cf. Arnold van Gennep, "Nouvelles recherches sur l'histoire en France de la méthode ethnographique. Claude Guichard, Richard Simon, Claude Fleury," *Revue de l'histoire des religions*, t. LXXXII (1920), pp. 139–162. ファン・ヘ

ネップの示唆は Le Brun et Stroumsa, Introduction à *Le Juifs* cit., p. XVI で発展させられている。Guy G. Stroumsa, "Jewish Myth and Ritual and the Beginnings of Comparative History of Religions: the Case of Richard Simon," *Journal of Jewish Thought and Philosophy*, 6 (1996), pp. 1-17; Id., "Comparatisme et Philologie: Richard Simon et la naissance de l'Orientalisme," in: François Boespflug et Françoise Dunand (éds.), *Le Comparatisme en histoire des religions* (Paris: Cerf, 1997), pp. 47-62（その後、Stroumsa, *A New Science* cit., pp. 62-76 に収録）も見られたい。

(19) *The Agreement*, pp. iv-v.

(20) Paul Alphandéry, in: *Revue de l'histoire des religions*, a. 44, t. 47 (1923), pp. 294-305. この論考の所在を教えてくれたジャンニ・ソフリに感謝する。

(21) Pierre-Daniel Huet, *Demonstratio Evangelica* (Paris: Etienne Michallet, 1679), pp. 42-131.

(22) *The Agreement*, pp. 82-86（とくに p. 86). p. 83 の版画は元のものが逆さになっている。

(23) Ibid., p. 158.

(24) A. van Gennep, "Nouvelles recherches" cit., pp. 158-162; Le Brun et Stroumsa, Introduction à *Le Juifs* cit., p. XLVII.

(25) Claude Fleury, *Les Moeurs des Israëlites* (Bruxelles: Jean-François Bernard, 1682), pp. 1-2.

(26) Ibid., pp. 4-5.

(27) Ibid., pp. 5-6.

(28) Ronald L. Meek, *Social Science and the Ignoble Savage* (Cambridge: Cambridge University Press, 1976), pp. 23-26.〔ロナルド・L・ミーク『社会科学と高貴ならざる未開人——18世紀ヨーロッパにおける四段階理論の出現』田中秀夫監訳、村井路子・野原慎司訳、昭和堂、二〇一五年〕

(29) Raymond E. Wanner, *Claude Fleury (1640-1723) as an Educational Historiographer and Thinker* (The Hague: Nijhoff, 1975).

(30) フルーリの手稿ノートの批判的校訂版が Noémi Hepp, *Deux amis d'Homère au XVIIe siècle. Textes inédits de Paul Pellisson et de Claude Fleury* (Paris: Klincksieck, 1970) によって提供されている。それらのノートの没後の受容については pp. 19-20 を見られたい。またノートは Claude Fleury, *Ecrits de jeunesse. Tradition humaniste et liberté*

de l'esprit, éd. par Noémi Hepp et Volker Kapp（Paris: H. Champion, 2003）, pp. 153-181に収録されている。*Homer, the Bible, and Beyond. Literary and Religious Canons in the Ancient World*, ed. by Margalit Finkelberg and Guy G. Stroumsa（Leiden: Brill, 2003）; Guy G. Stroumsa, "*Homeros Hebraios*: Homère et la Bible aux origines de la culture européenne（17e-18e siècles）," in: *L'Orient dans l'histoire religieuses de l'Europe. L'invention des origines*, éd. par M. A. Amir-Moezzi et J. Scheid（Turnhout: Brepols, 2000）, pp. 87-100.（その後、Stroumsa, *A New Science* cit., pp. 49-61に収録）

（31） Hepp, *Deux amis d'Homère* cit., pp. 137, 146-147, 150, 153, 159.

（32） Ibid., p. 157.

（33） Ibid., p. 162.

（34） Cf. Allan Megill, "Aesthetic Theory and Historical Consciousness in the Eighteenth Century," *History and Theory*, XVII（1976）, pp. 29-62（とくに pp. 40-43）. もっと早い時期の有名なケースにかんしては、Carlo Ginzburg, "Montaigne, Cannibals and Grottoes," *History and Anthropology*, 6（1993）, pp. 125-155〔ギンズブルグ「モンテーニュ、人食い人種、洞窟」、前出上村訳『歴史を逆なでに読む』、一四九―一八五頁〕を見られたい。

（35） Hepp, *Deux amis d'Homère* cit., pp. 158-159, 163.

（36） それらは彼の死後、最初は匿名で、それからアレクサンダー・ポープの名で出版された。Hepp, *Deux amis d'Homère* cit., pp. 19-20を見られたい。

（37） *The Agreement*, p. iv.

（38） Cf. Claude Fleury, "Grand catéchisme historique," in: *Oeuvres*（Paris: Auguste Desrez, 1837）, pp. 437-440.

（39） Carlo Ginzburg, "The Letter Kills. On Some Implications of 2 Corinthians 3, 6," *History and Theory*, 49（2010）, pp. 71-89を見られたい。

（40） *The Agreement*, p. iv.

（41） Ibid., pp. 136-137.

（42） Gian Carlo Roscioni, *Sulle tracce dell' 'Esploratore turco.' Letteratura e spionaggio nella letteratura libertina del Seicento*（Milano: Rizzoli, 1992）.

(43) この要素はアルファンデリのすばらしいノートでは触れられていない。

(44) *La Querelle des Anciens et des Modernes*, éd. par Marc Fumaroli (Paris: Gallimard, 2001) を見られたい（ベルナール・ド・フォントネルの「古代人と近代人にかんする余談」［pp. 294-335］がとくに重要である）。

(45) *The Agreement*, pp. 137-138.

(46) Ibid., p. 138.

(47) Ibid., pp. iv-v.

(48) *Lettre-Traité de Pierre-Daniel Huet sur l'origine des romans*, éd. par F. Gégou (Paris: A.-G. Nizet, 1971), pp. 148-149.

(49) Gégou, *Lettre-Traité*, p. 151, nota 60 を見られたい。「彼は手書きのノートのなかで『パンセ』の「それならば、この渇望とこの無力とがわれわれに叫んでいるものは［…］無限で不変な存在［…］でなくてなんであろうか」という一節（第七章「道徳と教義」、四二五、ブランシュヴィック版）を引いている。さらにユエの文体はそのすべての部分においてパスカルの文体に多くを負っている」。*Lettre à Segrais sur l'origine des romans* の手稿の所在が p. 204 に記されている（Bibliothèque Nationale de France, ms 15191）。Richard H. Popkin, "The Manuscript Papers of Bishop Pierre-Daniel Huet," *Year Book of the American Philosophical Society*, 1959, pp. 449-452 も見られたい。

(50) Blaise Pascal, *Pensées*, texte de l'édition Brunschvicg, introduction et notes par Ch.-M. des Granges (Paris: Garnier, 1961), pp. 176-177.〔前田陽一監修『パスカル』、中央公論社（中公バックス）、一九七八年、二二六―二二七頁〕

(51) Edward W. Said, *Orientalism* (London: Routledge & Kegan Paul, 1978), pp. 27-28.〔エドワード・W・サイード『オリエンタリズム（上）』板垣雄三・杉田英明監修、今沢紀子訳、平凡社ライブラリー、一九九三年、七一―七二頁〕

(52) The Agreement, pp. 152-153.

(53) BNF, ms occidentaux fr. 9723.（この手稿についてはこのペーパーの拡大ヴァージョンで取りあげるつもりである）

(54) Cf. Frantz Funck-Brentano, *Catalogue de la Bibliothèque de l'Arsenal*, t. IX, *Archives de la Bastille* (Paris, Librairie Plon, 1892), pp. 230-231: mss 12,465/12,466/12,467.（この情報を教えてくれたジュゼッペ・カルルッチに感謝する）

(55) Cf. Wijnand Mijnhardt, "Jean Frederic Bernard as Author and Publisher," in: *Bernard Picart*, cit., pp. 17-34; Silvia Berti, "Bernard Picart e Jean-Frédéric Bernard dalla religione riformata al deismo. Un incontro con il mondo ebraico nell'Amsterdam del primo Settecento," *Rivista storica italiana*, 117 (2005), pp. 974-1001; Id., "Ancora su Bernard Picart. Alcune sue importanti opere ritrovate," *Rivista storica italiana*, 119 (2007), pp. 818-883.

(56) *Cérémonies et coutumes religieuses de tous les peuples du monde représentées par des figures dessinées de la main de Bernard Picard, avec une explication historique*, t. I (Amsterdam: chez J. F. Bernard, 1723), "Dissertation préliminaire," p. XXXVIII. Stroumsa, "John Spencer" cit., p. 5も見られたい。

(57) Jonathan Sheehan, "Sacred and Profane: Idolatry, Antiquarianism, and the Polemics of Distinction in the Seventeenth Century," *Past and Present*, 192 (August 2006), pp. 35-66.

(58) Subrahmanyam, "Monsieur Picart" cit., p. 200.

(59) *Cérémonies et coutumes religieuses des peuples idolatres*, I, 2.

(60) *Cérémonies*, I, preface générale.

(61) [Jean-Frédéric Bernard], "Dissertation sur les peuples de l'Amerique, et sur la conformité de leurs coutumes etc.," in: *Cérémonies et coûtumes religieuses des peuples idolâtres*, I, première partie, pp. 1-74. この論考は一七四一年以降パリで出版された改訂版には収録されていない。

(62) Ibid., p. 67.

(63) Ibid., p. 69. ベルナールはEverard Freith, *Antiquitatum Homericarum*, l. II, c. II, in: Johann Friedrich Gronovius, *Thesaurus Graecarum Antiquitatum*, vol. VI (Lugduni Batavorum: Pieter van der Aa, 1699), col. 3777を参照している。

(64) Cf. Gustave L. Van Roosbroeck, *Persian Letters Before Montesquieu* (New York: Institute of French Studies, 1932; reprint: New York: Franklin, 1973). 付録(pp. 87-147)で復元されているくだりには、カトリックのミサについての驚嘆すべき描写を付け加えなければならない。[Jean-Frédéric Bernard], *Reflexions morales satiriques et comiques, sur les moeurs de notre siècle* (à Cologne: P. Marteau le jeune, 1711), pp. 177-180 (chapitre huitième: "De la devotion")を見られたい。

わたしたちの言葉と彼らの言葉——歴史家の仕事の現在にかんする省察

（1） Marc Bloch, “Apologie pour l’histoire ou métier d’historien,” in: Id., *L’Histoire, la Guerre, la Résistance*, édition établie par Annette Becker et Etienne Bloch (Paris: Gallimard, 2006), p. 872.〔マルク・ブロック『〔新版〕歴史のための弁明——歴史家の仕事』松村剛訳、岩波書店、二〇〇四年、一五頁〕——この一節にふたたびわたしが注目するにいたったのは、Francesco Ciafaloni, “Le domande di Vittorio: Un ricordo di Vittorio Foa,” *Una città*, 176 (luglio-agosto 2010), pp. 42-43 を読んだおかげである。

（2） Gianna Pomata and Nancy G. Siraisi (eds.), *Historia: Empiricism and Erudition in Early Modern Europe* (Cambridge, Mass.: MIT Press, 2005).

（3） Galileo Galilei, *Il Saggiatore*, a cura di Libero Sosio (Milano: Feltrinelli, 1965), p. 264〔ガリレオ『偽金鑑識官』山田慶児・谷泰訳、中央公論新社（中公クラシックス）、二〇〇九年、五七頁〕——ここでわたしは Carlo Ginzburg, “Spie: radici di un paradigma indiziario,” in: Id., *Miti emblemi spie. Morfologia e storia* (Torino: Einaudi, 1986), pp. 172-173〔カルロ・ギンズブルグ『神話・寓意・徴候』竹山博英訳、せりか書房、一九八八頁〕で提起したこの一節についての解釈を発展させている。

（4） David Freedberg, *The Eye of the Lynx: Galileo, His Friends, and the Beginnings of Modern Natural History* (Chicago: Chicago University Press, 2002).

（5） Carlo Ginzburg, “Spuren einer Paradigmengabelung: Machiavelli, Galilei und die Zensur der Gegenreformation,” in: *Spur: Spurenlesen als Orientierungstechnik und Wissenskunst*, hrsg. von Sybille Krämer, Werner Kogge, und Gernot Grube (Frankfurt am Main: Suhrkamp, 2007).

（6） Bloch, art. cit., p. 959.〔松村訳、一三六頁〕

（7） Ibid., p. 969.〔松村訳、一五〇頁〕

（8） Ibid., p. 971.〔松村訳、一五四頁〕

（9） Claude Bernard, *Introduction à l’étude de la médecine expérimentale* (Paris: J. B. Baillière et Fils, 1865), pp. 330-

331.〔クロード・ベルナール『実験医学序説』三浦岱栄訳、岩波書店（岩波文庫）、改訳版一九七〇年、三〇五頁〕――ブロックは Bloch, art. cit., pp. 831, 908〔松村訳、六四、七九―八〇頁〕でベルナールの『実験医学序説』に言及している〔あとの箇所で言及されているのは、十二世紀の聖ベルナールであって、十九世紀の生理学者クロード・ベルナールではない――上村注〕。

（10）Bloch, art. cit., p. 965.〔松村訳、一四五頁〕

（11）Marc Bloch, *Les rois thaumaturges: étude sur le caractère surnaturel attribué à la puissance royale particulièrement en France et en Angleterre*, préface de Jacques Le Goff (Paris: Gallimard, 1983), pp. 89-157.〔マルク・ブロック『王の奇跡――王権の超自然的性格に関する研究、特にフランスとイギリスの場合』井上泰男・渡辺昌美訳、刀水書房、一九八八年、第二巻第一章〕

（12）Marc Bloch, "Pour une histoire comparée des sociétés européennes"（1928）, in: Id., *Mélanges historiques*, I, édité par Charles-Edmond Perrin（Paris: S.E.V.P.E.N., 1963）.〔マルク・ブロック『比較史の方法』高橋清徳訳、創文社、一九七八年〕

（13）Ibid., p. 28.〔高橋訳、二八―二九頁〕

（14）Ibid., p. 30.〔高橋訳、三三―三四頁〕

（15）Ibid., p. 31.〔高橋訳、三五頁〕

（16）Ibid., p. 30, n. 1.〔高橋訳、六二頁注20〕

（17）Marc Bloch, "Liberté et servitude personnelles au Moyen âge, particulièrement en France: contribution à l'étude des classes"（1933）, in: Id., *Mélanges historiques*, I, op. cit., pp. 286-355（とくに p. 332）.

（18）Ibid., pp. 327-328.

（19）Ibid., pp. 355. Cf. Carlo Ginzburg, "A proposito della raccolta dei saggi storici di Marc Bloch," *Studi medievali*, VI, 3（1965）, pp. 335-353.

（20）Carlo Ginzburg, "Streghe e sciamani"（1993）, in: Id., *Il filo e le tracce: Vero, falso, finto*（Milano: Feltrinelli, 2006）, pp. 281-293.〔カルロ・ギンズブルグ『歴史を逆なでに読む』上村忠男訳、みすず書房、二〇〇三年、「結びに代えて――自伝的回顧」、二二八―二五〇頁〕

（21） Carlo Ginzburg, *I benandanti. Ricerche sulla stregoneria e sui culti agrari tra Cinquecento e Seicento* (Torino: Einaudi, 1966), pp. 84-87.〔カルロ・ギンズブルグ『夜の合戦——16—17世紀の魔術と農耕信仰』上村忠男訳、みすず書房、一九八六年、一三二—一三八頁〕

（22） Carlo Ginzburg, *Storia notturna. Una decifrazione del sabba* (Torino: Einaudi, 1989), pp. 70-73, 107-108.〔カルロ・ギンズブルグ『闇の歴史——サバトの解読』竹山博英訳、せりか書房、一九九二年、一五五—一五九、二一二—二一三頁〕

（23） Carlo Ginzburg, "The Inquisitor as Anthropologist," in: Id. *Clues, Myths, and Historical Method*, translated by John and Anne C. Tedeschi (London and Baltimore: The Johns Hopkins University Press, 1989), pp. 156-164.〔上村訳『歴史を逆なでに読む』、「人類学者としての異端裁判官」、一三〇—一四八頁〕

（24） Bloch, "Apologie pour l'histoire" cit., p. 965.〔松村訳、一四五—一四六頁〕

（25） この定義のひとつの反響は、Sanjay Subrahmanyam, "Monsieur Picart and the Gentiles of India," in: *Bernard Picard and the First Global Vision of Religion*, edited by Lynn Hunt, Margaret Jacob, and Wijnand Mijnhardt (Los Angeles: The Getty Research Institute, 2010), pp. 197-214（とくにp. 206）に見いだされる。そこでは、エティック、すなわち「普遍主義的」と、イーミック、すなわち「内部主義的」とが対置されている。

（26） Kenneth L. Pike, *Language in Relation to a Unified Theory of the Structure of Human Behavior*. Second revised edition (The Hague: Mouton, 1967), pp. 37-39. このくだりの最後の文章はMarvin Harris, "History and Significance of the Emic/Etic Distinction," *Annual Review of Anthropology*, 5 (1976), pp. 329-350に（自分はパイクの主張に同意しないとことわったうえで）引用されている。このハリスの論文はクロード・レヴィ＝ストロースの態度にたいする批判でもって締めくくられている。レヴィ＝ストロースの態度は「反啓蒙主義的」であって、バークリの観念論から着想を得ているというのだ。そのレヴィ＝ストロースも、ちょうどそのころ彼の四巻からなる大著『神話論理』（一九六四—一九七一年）が出たばかりのところだったが、パイクの立てた区別についてはこれを斥けていた。エティックは「観察者のイーミック以外のなにものでもない」というのだった。Cf. Claude Lévi-Strauss, "Structuralisme et écologie" (1972), in: Id. *Le regard éloigné* (Paris: Plon, 1983), pp. 143-166.（とくにpp. 161-162）〔クロード・レヴィ＝ストロース『はるかなる視線』1、三保元訳、みすず書房、一九八六年、「構造主義と生態学」、一四六—一七五頁（とくに一六九頁)〕——助けになる指摘が Jean Pierre Olivier de Sardan, "Emique," *L'homme*, 147 (1998), pp. 151-166 でなされている。もっとも、不思議なことにも、この論考にはレヴィ＝ストロースの論考については言及がない（このオリヴィエ・ド・サルダンの論考に注目させてくれたシモーナ・チェルッティに感謝する）。わたし自身はハリスとも（比較にならないぐらい高いレヴェルにある）レヴィ＝ストロースとも見解を異にしている。このことは、以下の論述から明らかになるだろう。

(27)「わたしは歴史的言語学者ではない」とパイクは語っている。Cf. Kenneth L. Pike, "On the Emics and Etics of Pike and Harris," in: *Emics and Etics: The Insider/Outsider Debate, Frontiers of Anthropology*, 7, edited by Thomas N. Headland, Kenneth L. Pike, and Marvin Harris (Newbury Park: Sage Publications, 1990), p. 40.

(28) Carlo Ginzburg, "Saccheggi rituali: Premesse a una ricerca in corso" (seminario bolognese coordinato da Carlo Ginzburg), *Quaderni storici*, 65 (1987), pp. 615-636. 重要な例外は、Simona Cerutti, "Microhistory: Social Relations versus Cultural Models?" in: *Between Sociology and History: Essays on Microhistory, Collective Action, and Nation-Building*, edited by Anna-Maija Castrén, Markku Lonkila, and Matti Peltonen, *Studia Historica*, n. 70 (Helsinki: Finnish Literature Society, 2004), pp. 17-40 である。

(29) Bloch, "Apologie pour l'histoire" cit., pp. 959-960〔松村訳、一三六—一三七頁〕——「史料は自分の用語を押しつけようとする。歴史家は、もしそれらに耳を傾けたなら、毎回異なる時代の口述のもとで書くことになる。しかし他方、彼は当然ながら、自分の時代のカテゴリーによって思考しているのである」。

(30) それぞれ、Nicole Loraux, "Eloge de l'anachronisme en histoire," *Le genre humain*, "L'ancien et le nouveau," juin 1993, pp. 23-39; Georges Didi-Huberman, *Devant le temps: Histoire de l'art et anachronisme des images* (Paris: Minuit, 2000)〔ジョルジュ・ディディ＝ユベルマン『時間の前で——美術史とイメージのアナクロニズム』小野康男・三小田祥久訳、法政大学出版局、二〇一二年〕; Jacques Rancière, "Le concept d'anachronisme et la vérité de l'historien," *L'inactuel*, 6 (1996), pp. 53-68 を見られたい。

(31)「イーミックは分析のひとつの方法であって、行動の直接的なコンテクストではない」と、シモーナ・チェルッティはわたし自身のアプローチを批判して書いている（Cerutti, art. cit., p. 35 ——傍点はギンズブルグ）。しかし、わたしの見解では、イーミックな展望はエティックな展望を媒介にしてのみ把握可能となるのである。ここから、調査の過程で調査者の果たす積極的な役割（チェルッティが恣意的なものであるとしている役割——ibid., p. 34）が生じる。

（32） Arnaldo Momigliano, "Le regole del gioco nello studio della storia antica" (1974), in: Id., *Sui fondamenti della storia antica* (Torino: Einaudi, 1984), p. 483.

（33） 奇妙なことにも、当初の問いの修正という要素が解釈学的循環についてのクリフォード・ギアツの受けとめ方のなかでは見落とされてしまっている。Cf. Clifford Geertz, "'From the Native's Point of View': On the Nature of Anthropological Understanding" (1974), in: Id., *Local Knowledge: Further Essays in Interpretative Anthropology* (New York: Basic Books, 1983), pp. 55-70.〔クリフォード・ギアツ『ローカル・ノレッジ——解釈人類学論集』梶原景昭・小泉潤二・山下晋司・山下淑美訳、岩波書店、一九九一年、九七—一二四頁〕

（34） 脱稿後になってはじめて、わたしは同じ比喩がLorraine Daston and Peter Galison, *Objectivity* (New York: Zone Books, 2007) で用いられていたことに気づいた——「自然について腹話術で話すこと」(p. 257——しかしコンテクスト全体が注目に値する)。

（35） Willard V. Quine, "The Phoeme's Long Shadow," in: *Emics and Etics*, 7, op. cit., p. 167.

（36） David Lowenthal, *The Past is a Foreign Country* (Cambridge: Cambridge University Press, 1985).

（37） Robert Feleppa, "Emic Analysis and the Limits of Cognitive Diversity," in: *Emics and Etics*, 7, op. cit., pp. 101ff.

（38） Paul O. Kristeller, "Humanism and Scholasticism in the Italian Renaissance" (1944-1945), in: Id., *Studies in Renaissance Thought and Letters* (Roma: Edizioni di Storia e Letteratura, 1956), pp. 553-583; Augusto Campana, "The Origin of the Word 'Humanist'" (1946), in: Id., *Scritti*, I: *Ricerche medievali e umanistiche*, a cura di Reno Avesani, Michele Feo e Enzo Pruccoli (Roma: Edizioni di Storia e Letteratura, 2008), pp. 263-281; Carlo Dionisotti, "Ancora humanista-umanista," in: Id., *Scritti di storia della letteratura italiana*, III (1972-1998), a cura di Tania Basile, Vicenzo Fera e Susanna Villari (Roma: Edizioni di Storia e Letteratura, 2010), pp. 365-370; Ernst H. Gombrich, "The Renaissance: Period or Movement," in: Id., *Background to the English Renaissance: Introductory Lectures*, edited by Joseph B. Trapp (London: Gray-Mills Publishing, 1974), pp. 9-30.

（39） Campana, art. cit., pp. 280-281.

（40） Ibid., p. 405.

(41) Erich Auerbach, "Philologie der Weltliteratur," in: Id., *Gesammelte Aufsätze zur romantischen Philologie* (Bern: Francke, 1962), pp. 301-310.〔エーリヒ・アウエルバッハ『世界文学の文献学』高木昌史・岡部仁・松田治訳、みすず書房、一九九八年、四〇五―四一七頁〕—— Enrica Salvaneschi e Silvio Endrighi, "La letteratura cosmopolita di Erich Auerbach," introduzione a: Erich Auerbach, *Philologie der Weltliteratur-Filologia della letteratura mondiale*, tradotto da Regina Engelmann (Bologna: Castel Maggiore, 2006) も見られたい。

(42) Franco Moretti, "Conjectures on World Literature," *New Left Review*, n. s. 1 (January-February 2000), pp. 54-68. Jonathan Arac, "Anglo-Globalism?" *New Left Review*, n. s. 16 (July-August 2002), pp. 35-45 はモレッティの論考とアウエルバッハの論考を比較しながら読むことを示唆している。

(43) Moretti, art. cit., pp. 56-57.

(44) Bloch, "Pour une histoire comparée des sociétés européennes" cit., p. 38.〔高橋訳、五〇頁、六五頁、注32〕

(45) ブロックのくだりは Franco Moretti, *Il romanzo di formazione* (Torino: Einaudi, 1999) の "Prefazione 1999" に(続く条件付与の部分は省いて)直接引用されている。

(46) Franco Moretti, "The Slaughterhouse of Literature," *Modern Language Quarterly*, 61 (2000), pp. 207-227.

(47) Ginzburg, "Spie" cit.

(48) Lucien Dällenbach, *Le récit spéculaire: essai sur la mise en abyme* (Paris: Seuil, 1977).

(49) Cf. Carl Schmitt, *Politische Theologie. Vier Kapitel zur Lehre von der Souveränität*, Zweite Auslage (München und Leipzig: Dunker & Humblot, 1934), p. 33.〔カール・シュミット『政治神学』田中浩・原田武雄訳、未來社、一九七一年、二三―二四頁〕——あるひとりの名前を挙げられていない「プロテスタント神学者」の言葉に言及しての指摘である。わたしがこれまで知らないでわたし自身のものにしてしまっていたこの指摘には原典があったことを気づかせてくれたことにたいして、ヘンリク・エスパダ・リマに感謝させていただく。

(50) この主題への最良の手引きは依然として André Jolles, *Einfache Formen* (Halle: M. Niemeyer, 1930) の "Kasus" と題された章である〔アンドレ・ヨレス『メールヒェンの起源――ドイツの伝承民話』高橋由美子訳、講談社(講談社学術文庫)、一九九九年〕。John Forrester, "If p, then what? Thinking in cases," *History of the Human Science*, 9 (1996), pp. 1-25; Jean-Claude Passeron et Jacques Revel (éd.), *Penser par cas* (Paris: École des Hautes Études en Sciences

Sociales, 2005）も参照のこと。

（51）Roman Jakobson, "Due aspetti del linguaggio e due tipi di afasia," in: Id., *Saggi di linguistica generale*, a cura di Luigi Heilmann（Milano: Feltrinelli, 1966）, pp. 22-45.〔ロマーン・ヤーコブソン「言語の二つの面と失語症の二つのタイプ」『一般言語学』川本茂雄監修、田村すゞ子・村崎恭子・長嶋善郎・八幡屋直子訳、みすず書房、一九七三年、二一—四四頁〕Enzo Melandri, *La linea e il circolo: Studio logico-filosofico sull'analogia*（1968）. Secondo edizione, introduzione di Giorgio Agamben, appendice di Stefano Besoli e Renzo Brigati（Macerata: Qudlibet, 2004）からも多くの援助を得ることができる。

（52）いくつかの書誌を列挙しておく。Kwak Chasob（ed.）, *Mishisa ran muoshinga*（Seoul: Puran Yoksa, 2000）; Carlo Ginzburg, David Ólafsson, Sigurður G. Magnússon, *Molar og mígla: Um einsögu og glataðan tíma*, edited by Ólafur Rastrick and Valdimar Tr. Hafstein（Reykiavik: Bjartur-Reykiavikur Akademian, 2000）; Sigurður G. Magnússon, "The Singularization of History: Social history and Macrohistory within the Postmodern State of Knowledge," *Journal of Social History*, 36: 3（2003）, pp. 701-735; Edward Muir and Guido Ruggiero（eds.）, *Microhistory and the Lost People of Europe*（Baltimore: Johns Hopkins University Press, 1991）; Matti Peltonen, "Carlo Ginzburg and the New Microhistory," *Suomen Antropologi-Antropologi*, 1 Finland, 20（1995）, pp. 2-11; Matti Peltonen, "Clues, Margins, and Monads: The Micro-Macro Link in Historical Research," *History and Theory*, 40: 3（2001）, pp. 347-359; Jacques Revel（éd.）, *Jeux d'échelles: la micro-analyse à l'expérience*（Paris: Gallimard-Seuil, 1996）.

（53）この批判は Arac, "Anglo-Globalism?" cit. によって提起された。それにたいする返答のなかでモレッティはこの点には言及していない。Cf. Franco Moretti, "More Conjectures," *New Left Review*, n.s. 20（March-April 2003）, pp. 73-81.——注8では批評家たちによって用いられる言語について論じられているが、比較の視座のもとでメタ批評的な作業によって遂行されたものとの想定に立った、翻訳されたテクストへの二次的ないし三次的アプローチについては論じられていない。

（54）Arnaldo Momigliano, "Questioni di metodologia della storia delle religioni," in: Id., *Ottavo contributo alla storia degli studi classici e del mondo antico*（Roma: Edizioni di Storia e Letteratura, 1987）, pp. 402-407; Jonathan K. Smith, *Relating Religion: Essays in the Study of Religion*（Chicago: Chicago University Press, 2004）.

ヴァールブルクの鋏

＊ このテクストの別のヴァージョンは、Zentrum für Literaturforschung（二〇一一年六月）、Courtauld Institute（二〇一一年十一月）、二〇一二年にフェッラーラ（スキファノイア宮）で開催されたヴァールブルクにかんする会議で発表された。マリーア・ルイーザ・カトーニ、サルヴァトーレ・セッティス、マルティン・トレムル、クラウディア・ヴェデポール、ジークリット・ヴァイゲルによる批評と助言に大いに感謝する。

（1） ここで提出する解釈と大きく隔たった解釈については、Georges Didi-Huberman, "Dialektik des Monstrums: Aby Warburg and the symptom paradigm," *Art History*, 24 (2001), pp. 621-645を見られたい。

（2） Aby Warburg, "Dürer und die italienische Antike," in: *Werke in einem Band*, herausgegeben und kommentiert von Martin Treml, Sigrit Weigel und Perdita Ladwig (Berlin: Suhrkamp, 2010), pp. 176-182（イタリア語訳："Dürer e l'antichità italiana," in: *Opere*, I: *La rinascita del paganesimo antico e altri scritti (1889-1914)*, a cura di Maurizio Ghelardi [Torino: Aragno, 2004], pp. 403-424, spec. p. 412).

（3） Ernst H. Gombrich, *Aby Warburg. An Intellectual Biography* (London: The Warburg Institute and University of London, 1970, p. 185, nota 1.〔E・H・ゴンブリッチ『アビ・ヴァールブルク伝　ある知的生涯』鈴木杜幾子訳、晶文社、一九八六年、三七五頁注33〕

（4） Fritz Saxl, "Die Ausdrucksgebärden der bildenden Kunst" (1932), in: Aby Warburg, *Ausgewählte Schriften und Würdigungen*, hrsg. von Dieter Wuttke und Carl Georg Heise, 2., revidierte Aufl. (Baden-Baden: Valentin Koerner, 1980), pp. 419-431, spec. p. 429.

（5） Gombrich, *Aby Warburg* cit., p. 179, nota 1〔鈴木訳、三七四頁注24〕: "Wo irgend Pathos zum Vorschein kam, musste es in antiker Form geschehen" cit. in: Karl Heinrich von Stein, *Vorlesungen über Aesthetik* (Stuttgart 1897), p. 77.〔『イタリア・ルネサンスの文化』のなかには、類似のことがらを想起させる記述はあるものの、このブルクハルト

の言葉そのものは見あたらない――上村注〕

（6）Saxl, "Die Ausdrucksgebärden" cit., p. 429, nota 1; Gombrich, *Aby Warburg* cit., pp. 178-179 (Hermann Osthoff, "Von Suppletivwessen der indogermanischen Sprachen," in: *Akademische Rede* [Heidelberg 1899] にもとづいた一九〇三―一九〇六年の覚え書き) et p. 263. 同書 p. 232 も参照。Cf. Charlotte Schoell-Glass, "Superlative der Gebärdensprache," in: Philine Helas *et alii* (eds.) *Bild/Geschichte. Festschrift für Horst Bredekamp* (Berlin: Akademie Verlag, 2007), pp. 155-169.

（7）Martin Warnke, "Vier Stichworte: Ikonologie-Pathosformel-Polarität und Ausgleich-Schlagbilder und Bilderfahrzeuge," in: Werner Hofmann, Georg Syamken, Martin Warnke, *Die Menschenrechte des Auges. Über Aby Warburg* (Frankfurt am Main: Europäische Verlagsanstalt, 1980), pp. 55-83, spec. pp. 61 seqq.; Moshe Barasch, "«Pathos Formulae»: Some Reflections on the Structure of a Concept," in: *Imago Hominis. Studies in the Language of Art* (New York: New York University Press, 1994), pp. 119-127 ("ambiguity" について語っている). Cf. Gombrich, *Aby Warburg* cit., index, *s.v.* Pathosformel; Georges Didi-Huberman, *L'image survivante. Histoire de l'art et temps des fantômes selon Aby Warburg* (Paris: Minuit, 2002), pp. 190-270〔ジョルジュ・ディディ＝ユベルマン『残存するイメージ――アビ・ヴァールブルクによる美術史と幽霊たちの時間』竹内孝宏・水野千依訳、人文書院、二〇〇五年、一八三―二六三頁〕; Warburg, *Werke in einem Band* cit., pp. 31-38 ("Vorbemerkung der Herausgeber").

（8）Aby Warburg, "Der Eintritt der antikisierenden Idealstils in die Malerei der Frührenaissance" (1914), in: *Werke in einem Band* cit., pp. 303-304; Id., *Der Bilderatlas Mnemosyne*, hrsg. von Martin Warnke unter Mitarbeit von Claudia Brink (Berlin: Akademie Verlag, 2000), p. 42, ill. 25 et pp. 76-77, ill. 42.〔アビ・ヴァールブルク／伊藤博明／加藤哲弘／田中純『ムネモシュネ・アトラス』ありな書房、二〇一二年、一五三頁（パネル25）、三二七頁（パネル47）〕パネル（ベルトルド・ディ・ジョヴァンニの《十字架磔刑》も含まれている）にはつぎのようなキャプションがつけられている。「エネルギー論的反転としての苦悩のパトス（十字架の下にペンテウスとマイナデス）。世俗的葬儀における哀悼、英雄化されている。宗教的葬儀における哀悼。救世主の死。［…］埋葬。葬儀における瞑想」。Aby Warburg, *Tagebuch der Kulturwissenschaftlichen Bibliothek Warburg mit Einträgen von Gertrud Bing und Fritz Saxl*, hrsg. von Karen Michels und Charlotte Schoell-Glass (Berlin: Akademie Verlag, 2001), p. 320 も参照のこと。『ムネモ

シュネ』については、Charlotte Schoell-Glass, "Aby Warburg's Late Comments on Symbol and Ritual," *Science in Context*, 12, 4 (1999), pp. 621-642 を見られたい。

（9） Edgar Wind, "The Maenad under the Cross. 1. Comments on an Observation by Reynolds"; Frederick Antal, "The Maenad under the Cross. 2. Some Examples of the Role of the Maenad in Florentine Art of the late Fifteenth and early Sixteenth Century," *Journal of the Warburg and Courtauld Institutes*, 1 (1937), pp. 70-73. ヴィントの覚え書きは Edgar Wind, *Hume and the Heroic Portrait. Studies in Eighteenth-Century Imagery*, edited by Jaynie Anderson (Oxford: Clarendon Press, 1986, pp. 74-76 に収められている。K・W・フォルスターによると、レノルズへの言及は「重要である」という。Cf. K. W. Forster, Katia Mazzucco, *Introduzione ad Aby Warburg e all'Atlante della Memoria*, a cura di Monica Centanni (Milano: Bruno Mondadori, 2002), p. 28.

（10） Sir Joshua Reynolds, *Discourses on Art*, edited by Robert R. Wark (New Haven-London: Yale University Press, 1997), pp. 221-222.〔相澤照明「ジョシュア・レノルズ卿の講話集――翻訳と注解　第一二講話」『佐賀大学文化教育学部欧米文化講座紀要』第一五巻第二号（二〇一一年）、一二九―一四一頁〕

（11） Wind, "The Maenad under the Cross" cit., p. 71.

（12） Charles Darwin, *The Expression of Emotions in Man and Animals* (London 1872) (MAGL. 19. 8. 445).〔邦訳は『人及び動物の表情について』濱中濱太郎訳、岩波文庫、一九三一年（復刊一九九一年）〕フィレンツェ国立中央図書館は、フランス語の訳本も一冊所蔵している：*L'expression des émotions chez l'homme et les animaux*, traduit par Samuel Pozzi et René Benoît (Paris 1874) (MAGL. 19. 8. 435). またわたしがここで使っているイタリア語訳も一冊所蔵している。*L'espressione dei sentimenti nell'uomo e negli animali*, tradotta da Giovanni Canestrini e Francesco Bassani (Torino 1878) (MAGL. 19. 8. 429). ほかに Charles Darwin, *L'espressione delle emozioni nell'uomo e negli animali*, 3ª ed. (Torino 1999)（Paul Ekman によるイントロダクションと Phillip Prodger による挿図の変遷についての論文が含まれている）; Daniel M. Gross, "Defending the Humanities with Charles Darwin's The Expression of the Emotions in Man and Animals (1872)," *Critical Inquiry*, 37 (Autumn 2010), pp. 34-59（最近の研究への参照指示が付いている）も参照されたい。

（13） Gombrich, *Aby Warburg* cit., p. 72.〔鈴木訳、八九頁〕（ゴンブリッチは書名を *The Expression of Emotion in*

Animals and Men と不正確に引用している。正しい書名は *The Expression of the Emotions in Man and Animals* である）

（14） Didi-Huberman, *L'image survivante* cit., p. 232. 同書 pp. 224-240, 242-246 も参照〔竹内・水野訳、二三八、二四二―二五一、二五三―二五五頁〕。ダーウィンとヴァールブルクにかんしては、Gertrud Bing, "A. M. Warburg," *Journal of the Warburg and Courtauld Institutes*, 28（1965）, pp. 299-313, spec. p. 310（E. Cantimori Mezzomonti, Introduzione a A. Warburg, *La rinascita del paganesimo antico* [Firenze: La Nuova Italia, 1966], p. XXVIII にイタリア語訳がある）と Gombrich, *Aby Warburg* cit., p. 242〔鈴木訳、二六八頁〕を参照のこと。ダーウィンを読んだことが「パトスフォルメル」の理論の構築に与えた重要性にかんしてはマウリツィオ・ゲラルディが一般的なかたちにおいてではあるが記している。Cf. Warburg, *La rinascita* cit., p. X.

（15） Cf. Charles Darwin, *The Expression of the Emotions in Man and Animals*, edited by Francis Darwin, second ed.（London: John Murray, 1904）, p. 214, nota 17（ヴァールブルクが参照した一八七二年版では、p. 208, nota 15）（tr. it. *L'espressione dei sentimenti nell'uomo e negli animali* cit., pp. 139-140）.〔濱中訳、二四一、二五四頁〕Paul Ekman (ed.), *Darwin and Facial Expression. A Century of Research in Review*（New York-London: Academic Press, 1973）も参照のこと。レノルズの文章についてのヴィントの解説（"a fundamental law of human expression〔人間の感情表現の基本法則〕" ―― *The Maenad under the Cross* cit., p. 74）には、おそらく無意識にダーウィンの著作の題名からの影響がうかがえるのではないだろうか。

（16） Darwin, *The Expression of Emotions* cit.（1872 ed.）, nota 15, pp. 156-157（tr. it. cit., p. 104）.〔濱中訳、一八六―一八七頁〕

（17） Aby Warburg, *Frammenti sull'espressione. Grundlegende Bruchstücke zu einer pragmatischen Ausdruckskunde*, a cura di Susanne Müller（Pisa: Edizioni del Normale, 2011）, pp. 31, 189. p. 155 への註では、一八九二年版のイタリア語訳への参照を求めている。しかし、ヴァールブルクが引用した頁は、英語版初版（London 1872）への参照を求めていることに注意すべきである。

（18） Aby Warburg, *Gli Hopi. La sopravvivenza dell'umanità primitiva nella cultura degli indiani dell'America del Nord*, a cura di Maurizio Ghelardi, con un saggio introduttivo di Salvatore Settis（Torino: Nino Aragno, 2006）, p. 18.

〔ギンズブルグの引用は、『ホピ族』イタリア語版の編訳者マウリツィオ・ゲラルディによるクロイツリンゲン講演のもとになった未公刊原稿のイタリア語訳からなされている。クロイツリンゲン講演そのものについては、アビ・ヴァールブルク『ヴァールブルク著作集7　蛇儀礼——北アメリカ、プエブロ・インディアン居住地域からのイメージ』（加藤哲弘訳、ありな書房、二〇〇三年）およびアビ・ヴァールブルク『蛇儀礼』三島憲一訳、岩波文庫、二〇〇八年を見られたい——上村注〕Didi-Huberman, “Dialektik” cit., p. 623 に引用されている Philippe-Alain Michaud が *Aby Warburg et l'image en mouvement*（Paris: Macula, 1998）, p. 265 で使った蛇儀礼についての未刊の覚え書きも参照のこと。

（19）この「パトスフォルメル」という語の両義的な意味については、Salvatore Settis, *Laocoonte. Fama e stile*（Roma: Donzelli, 1999）, pp. 68-69 の鋭い観察を参照のこと。しかし、ヴァールブルクがイメージの“energetiche Polarisierung”〔エネルギー論的両極化〕に固執しているのは（セッティスが提案しているように）言語的モデルに由来するのではなく、ダーウィンが提案するレノルズの読解にもとづく生物学的モデルに由来するのである（後出注47を参照のこと）。

（20）ディディ＝ユベルマンはこの文章を引用しているが（*L'image survivante* cit., p. 240〔竹内・水野訳、二五二頁〕）、歴史家としてのヴァールブルクをなおざりにして、ほぼ全面的に「理論家」ヴァールブルクに関心を集中している。

（21）この対置とその含意については、Carlo Ginzburg, “Somiglianze di famiglia e alberi genealogici. Due metafore cognitive,” in: *Ai limiti dell'immagine*, a cura di Clemens-Carl Härle（Macerata: Quodlibet, 2005）, pp. 227-250 を参照されたい。

（22）*Cosmé Tura e Francesco del Cossa. L'arte a Ferrara nell'età di Borso d'Este*（Ferrara: Civiche Gallerie d'Arte Moderna e Contemporanea, 2007）, p. 290 のブルーノ・ベルテッリの一覧を参照。*Plachette e rilievi di bronzo nell'età del Mantegna*, a cura di Francesco Rossi（Milano: Skirà, 2006）, pp. 40-41 も参照。このプレートのサイズは 24.4 × 44.5cm.

（23）この最後の主題については、Chiara Franceschini の補遺の付いた Salvatore Settis, “*Ars moriendi*: Cristo e Meleagro,” in: F. Caglioti（ed.）, “Giornate di studio in ricordo di Giovanni Previtali,” *Annali della Scuola Normale Superiore di Pisa*, s. 4, Quaderni 1-2（2000）, pp. 145-170 を見られたい。そこでは、ラッファエッロのバリオーニ祭壇画が取りあげられている。ただ、セッティスが「［シニョレッリのフレスコのなかで］死体運搬人によって運ばれる人物は髭を生やしている（したがって、イエスであって、メレアグロスではない）」と断言しているのには同意できない。

それはグリザイユで描かれている。したがって、それはイエスの「フィグーラ」としてのメレアグロスなのである。

(24) Aby Warburg, "Le ultime volontà di Francesco Sassetti," in: *Opere*, I: *La rinascita del paganesimo antico* cit., pp. 471 seqq.（ドメニコ・ギルランダイオによってフランチェスコ・サッセッティの記念墓碑上に描かれたグリザイユによるフレスコ画について論じられている）

(25) Bing, "A. M. Warburg" cit., spec. pp. 311, 313.

(26) Charlotte Schoell-Glass, "Warburg über Grisaille. Ein Splitter über einen Splitter," in: *Aby Warburg. Akten des internationalen Symposions Hamburg 1990*, hrsg. von Horst Bredekamp, Michael Diers, Charlotte Schoell-Glass (Weinheim: VCH Acta Humaniora, 1991), pp. 199–221; Warburg, *Tagebuch der Kulturwissenschaftlichen Bibliothek Warburg* cit., p. 429 (14. 3. 1929). グリザイユにかんして、シニョレッリはフィリッピーノとマンテーニャと並んで言及されている（p. 369）。

(27) ヴァールブルクがカール・フォスラーに宛てた『ムネモシュネ』の計画についての一九二九年十月十二日付の手紙を参照。「関連する資料を集め、選別するための旅行をおこなわねばならないでしょう。ボローニャからリミニ、ペルージャ、ローマ、ナポリに向けて。美術の実践の新しい科学の設立を目指す多岐にわたる推論の鎖のひとつとして重要である美術的図像をまとめるのは、ただそうすることによってのみ可能であると考えています」(Schoell-Glass, "Aby Warburg" cit., p. 625 で引用されている）。都市のリストにはオルヴィエートが加えられるべきである。

(28) Cf. Leon Battista Alberti, *Della Pittura–Über die Malkunst*, hrsg. von Oskar Bätschman und Sandra Gianfreda, (Darmstadt: Wissenschaftlichn Buchgesellschaft, 2002), p. 124.〔レオン・バッティスタ・アルベルティ『絵画論』三輪福松訳、中央公論美術出版、新装普及版一九九二年、四五頁〕アルベルティのこの一節は Robert Vischer, *Luca Signorelli und die italienische Renaissance. Eine kunsthistorische Monographie* (Leipzig 1879), p. 286 に引用されている（ヴァールブルクが当然よく知っていた本である）。Sabine Blumenröder, *Andrea Mantegna* (Berlin: Gerb. Mann, 2007), pp. 235–236 も参照のこと（しかし同書ではヴァールブルクについて述べられていない）。

(29) Cf. Gombrich, *Aby Warburg* cit., p. 247.〔鈴木訳、二七二頁〕

(30) Schoell-Glass, "Warburg über Grisaille" cit., spec. p. 208: "*sub adumbratione* [...] die Antike in typologischer Distanz [zu] halten"（しかしこの論文全体がきわめて重要である）; Schoell-Glass, "*En grisaille*: Painting Difference," in:

Text and Visuality, Word and Image Interactions 3, edited by Martin Heusser, Michele Hannoosh, Leo Hoek, Charlotte Schoell-Glass and David Scott,（Amsterdam- Atlanta, Ga.: Rodopi, 1999）, pp. 197-204, spec. p. 201.（不注意から、問題の一節はヴァールブルクのフランチェスコ・サッセッティにかんする論文に結びつけられている）

（31） Erich Auerbach, "Figura"（1939）, in: *Gesammelte Aufsätze zur romanischen Philologie*（Bern: Francke, 1967）, pp. 55-92, spec. p. 72.〔E・アウエルバッハ「フィグーラ」『世界文学の文献学』高木昌史・岡部仁・松田治訳、みすず書房、一九九八年、五〇—一〇三頁〕

（32） アウエルバッハとヴァールブルク図書館との関係については"Aus einen zerstreuten Archiv: Erich Auerbach an Fritz Saxl. Siena und Marburg im Jahre 1935," *Traiekte*, 5, 10（April 2005）, pp. 23-24を参照されたい。この書簡については同誌同号でトレムルが解説している。Martin Treml,"Erich Auerbach und die Kulturwissenschaftliche Bibliothek Warburg: Geschichte einer verhinderten Zusammenarbeit," ivi, pp. 25-28.

（33） Cf. Karlheinz Barck, Martin Treml, "Einleitung: Erich Auerbachs Philologie als Kulturwissenschaft," in: *Erich Auerbach: Geschichte und Aktualität eines europäischen Philologen*, hrsg. von Karlheinz Barck und Martin Treml（Berlin: Kulturverlag Kadmos, 2007）, p. 23.

（34） Schoell-Glass, "*En grisaille*: Painting Difference" cit., p. 201.

（35） Erwin Panofsky, "Die Perspektive als 'symbolische Form'," in: *Bibliothek Warburg-Vorträge 1924-1925*（Leipzig und Berlin 1927）, p. 287〔エルヴィン・パノフスキー『〈象徴《シンボル》形式〉としての遠近法』木田元監訳、川戸れい子・上村清雄訳、筑摩書房、ちくま学芸文庫、二〇〇九年、七一頁〕："So läßt sich die Geschichte der Perspektive mit gleichem Recht als ein Triumph des distanziierenden und objektivierenden Wirklichkeitssinns, und als ein Triumph des distanzverneinenden menschlichen Machtstrebens, ebensowohl als Befestigung und Systematisierung der Außenwelt, wie als Erweiterung der Ichsphäre begreifen...".〔このように、遠近法の歴史は、距離を置いて客観化しようとする現実感覚の勝利としてと同時に距離を解消しようとする人間の権力努力として、そしてまた外界の補強と組織化としてと同時に自己の領域の拡大として概念化された〕

（36） Cf. Carlo Ginzburg, "Da Warburg a Gombrich. Note su un problema di metodo"（1966）, in: *Miti emblem spie*（Torino: Einaudi, 1986）, pp. 37-38, 59-60〔カルロ・ギンズブルグ『神話・寓意・徴候』竹山博英訳、せりか書房、一

九八八年、五六―五七、八五―八七頁〕; Id., "Distanza e prospettiva: riflessioni su due metafore," in: *Occhiacci di legno. Nove riflessioni sulla distanza* (Milano: Feltrinelli, 1998), pp. 171-193.〔カルロ・ギンズブルグ『ピノッキオの眼――距離についての九つの省察』竹山博英訳、せりか書房、二〇〇一年、二八〇―三一六頁〕Tony Molho, "Carlo Ginzburg: Reflections on the Intellectual Cosmos of a Twentieth Century Historian," *History of European Ideas*, 30 (2004), pp. 121-148, spec. pp. 121 seqq. も参照のこと。

(37) Erich Auerbach, *Dante als Dichter der irdischen Welt* (1929) (Berlin: De Gruyter, 2001), p. 11. (Kurt Flasch の後記が付されている) Riccardo Castellana, "Sul metodo di Auerbach," *Allegoria*, 56 (2007), p. 67, nota 23 も参照のこと。

(38) Auerbach, "Figura" cit., p. 72〔高木ほか訳、七三頁〕: "in der sich ein vielleicht unbewußter Ausdruck des figuralen Zeitperspektivismus findet, indem von der (zeitlich vorausgehenden) *figura* gesagt wird, sie sei nicht *veritas*, sondern *imitatio veritatis*".〔「そこでは、フィグーラ的な時間的遠近法主義をおそらくは無意識に表現したものが見いだされる。つまり、(時間的に先行する) フィグーラについて、それは「真理」ではなく、「真理の模倣」である、と言われているのである」〕

(39) Cf. Ginzburg, "Distanza e prospettiva" cit.

(40) Cf. Warnke, Einleitung zur Warburg, *Der Bilderatlas Mnemosyne* cit., pp. 76-77.

(41) Cf. Gombrich, *Aby Warburg* cit., pp. 2 seqq.〔鈴木訳、一〇頁以下〕

(42) "*Transformatio energetica* (als) Forschungsobjekt und Eigenfunktion einer vergleichend historischen Symbol Bibliothek. Das Symbol als katalytische Quintessenz" (Warburg, *Tagebuch* cit., p. 505). わたしはシェル＝グラスの英訳を利用させてもらった。Cf. Schoell-Glass, "Aby Warburg" cit., p. 626. この最後のサブタイトルに先行するサブタイトルの一覧は Peter van Huisstaede, "Der Mnemosyne-Atlas. Ein Laboratorium der Bildgeschichte," in: *Aby M. Warburg. "Ekstatische Nymphe... trauernder Flußgott" Portrait eines Gelehrten*, hrsg. von Robert Galitz und Brita Reimers (Hamburg: Dölling und Galitz Verlag, 1993), pp. 130-171, spec. pp. 151-153 に列挙されている。

(43) Warburg, *Der Bilderatlas Mnemosyne* cit., p. 4〔伊藤ほか訳、六三四頁〕: "Die Restitution der Antike als ein Ergebnis des neueintretenden historisierenden Tatsachenbewußtseins und der gewissenfreiens künstlerischen Einfühlung zu charakterisieren, bleibt unzulängliche descriptive Evolutionslehre, wenn nicht gleichzeitig der Versuch

gewagt wird, in die Tiefe triebhafter Verflochtenheit des menschlichen Geistes mit der achronologisch geschichteten Materie hinabzusteigen. Dort erst gewahrt man das Prägewerk, das die Ausdruckswerte heidinischer Ergriffenheit münzt, die dem orgiastischen Urerlebnis entstammen: dem tragischen Thiasos.”

（44） Warburg, *Werke in einem Band* cit., pp. 633, 639.

（45） だから、Bernd Villhauer, *Aby Warburgs Theorie der Kultur. Detail und Sinnhorizont* （Berlin: Akademie Verlag, 2002）, pp. 136-137 は訂正される必要があるだろう。

（46） Gombrich, *Aby Warburg* cit., p. 1. 〔鈴木訳、一〇頁〕――「〔ビングは〕ある名やある概念にかんするあらゆる覚え書きを解釈することができた。またヴァールブルク自身によって指摘されていたあらゆる欠落部分を埋めることができた」。ヴァールブルクの手稿を調べることによってのみ、ビングが二つの言葉のあいだに空白のままにしていた空間を埋めたのか埋めなかったのか、答えを出すことができるだろう。

（47） ゴンブリッチが、両極性の理論への「最も完全だが、しかしその一方で極度に凝縮され不明瞭な暗示」と定義したヴァールブルクのメモを参照。一九〇七年五月二十五日、ゲーテの『植物変容論』を読んでいたヴァールブルクは、つぎのようなメモを残している。「とりわけ、わたしの創案（geprägtes Eigentum）であるとおもっている両極性（Polarität）の概念は、ゲーテの思索の中心にも存在しているようである。いまやルネサンスの問題は、古典時代の過去におけるエネルギーの頂点の記憶的イメージの再統合に由来する両極化によって引き起こされた、人間の個人的な自己感情のエネルギー論的形態変容の問題として（*als energetische Metamorphose des humanen individuellen Selbstgefühls*）示される。より簡潔には「記憶の再構成を介しての動的な両極化」である」（cf. Gombrich, *Aby Warburg* cit., pp. 241-242, nota 3. 〔鈴木訳、二〇七頁、三七四頁注31〕Andrea Pinotti, *Memorie del neutro. Morfologia dell'immagine in Aby Warburg*, [Milano: Mimesis, 2001], pp. 22, 177 seqq. も参照のこと）。その日までにヴァールブルクはすでにダーウィンの著作を読み、その内容を血となり肉となるまで吸収していた。

（48） ディディ＝ユベルマンはこの点を誤解している。Didi-Huberman, *L'image survivante* cit., p. 483 et passim. 〔竹内・水野訳、五二九―五三〇頁その他〕

（49） 『ムネモシュネ』とモンタージュの関係については、Didi-Huberman, *L'image survivante* cit., pp. 483 seqq. 〔竹内・水野訳、五二九頁以下〕を参照（文献情報が入っている）。

（50）ヴァールブルクは、ボッティチェッリにかんする論考の最後で、「古代の影響」は当然予期された現象ではなかった、と指摘していた（*Werke in einem Band* cit., p. 108）。
（51）Ibid., p. 691.
（52）ヴァールブルクはもろもろの「パトスフォルメル」を図像アトラス『ムネモシュネ』の宇宙論的次元に挿入するのは容易でないことを承知していた。Cf. van Huisstaede, “Der Mnemosyne-Atlas” cit., p. 152.
（53）*Kulturwissenschaftliche Bibliographie zum Nachleben der Antike. Erster Band. Die Erscheinungen des Jahres 1931 in Gemeinschaft mit Fachgenossen bearbeitet von Hans Meier, Richard Newald, Edgar Wind*, hrsg. von Bibliothek Warburg, (Leipzig-Berlin: Bibliothek Warburg, 1934); Warburg Institute, *A Bibliography of the Survival of the Classics. Second Volume. The Publications of 1932–1933* (London: The Warburg Institute, 1938).
（54）Georges Didi-Huberman, *Atlas ou le gai savoir inquiet. L'œil de l'histoire*, 3 (Paris: Minuit, 2011).〔ジョルジュ・ディディ＝ユベルマン『アトラス、あるいは不安な悦ばしき知（歴史の眼3）』伊藤博明訳、ありな書房、二〇一五年〕

内なる対話——悪魔の代言人としてのユダヤ人

＊　この論考は二〇一三年五月二十五日におこなわれたわたしの二〇一三年度マルティン・ブーバー記念講演にわずかな修正をほどこしたヴァージョンである。書誌にかんする示唆を提供してくださったセルジョ・ランドゥッチと、わたしのテクストに文章表現上の改訂をほどこしてくれたヘンリー・モナコに感謝する。

（1）Martin Buber, *I and Thou*, a new translation with a prologue by Walter Kaufmann (New York: Scribner's Sons, 1970), pp. 58, 67–68, 76, 94 et passim.〔マルティン・ブーバー『我と汝・対話』田口義弘訳、みすず書房、一九七八年、一三、二四―二五、三五、六一頁その他〕
（2）Mikhail Bakhtin, *Problems of Dostoevsky's Poetics* (1929), trans. R. W. Rotsel (Ann Arbor: Ardis, 1973).〔ミハイル・バフチン『ドストエフスキーの詩学』望月哲男・鈴木淳一訳、筑摩書房、ちくま学芸文庫、一九九五年〕バフチン

とブーバーの関係については、Tzvetan Todorov, *Mikhaïl Bakhtine: Le principe dialogique* (Paris: Seuil, 1981), p. 151, nota 1〔ツヴェタン・トドロフ『ミハイル・バフチン　対話の原理――付バフチン・サークルの著作』大谷尚文訳、法政大学出版局、二〇〇一年、三七五頁〕を見られたい。Nina Perlina, "Bakhtin and Buber: Problems of Dialogic Imagination," *Studies in Twentieth Century Literature*, 9 (1984), pp. 13-28 は、ブーバーとバフチンのアプローチの類似性を不当に強調している。バフチンがヘルマン・コーエンの思想に接近するにあたっては、後者の弟子マトヴェーイ・イサエヴィチ・カガーンが仲立ち役をつとめていた。Todorov, op. cit., p. 13〔大谷訳、九―一〇頁〕; Katerina Clark and Michael Holquist, *Mikhail Bakhtin* (Cambridge, Mass.: Harvard University Press, 1984), index, s.v. 'Kagan' and p. 80. バフチン／ヴォローシノフとブーバーの関係については、Renate Lachmann, *Memory and Literature: Intertextuality in Russian Modernism*, trans. R. Sellars & A. Wall (Minneapolis: University of Minnesota Press, 1997), p. 119 を見られたい。

（3）この方向における最初の二つのこころみについては、わたしの論考 "The Inquisitor as Anthropologist," in: Carlo Ginzburg, *Clues, Myths, and the Historical Method* (London-Baltimore: The Johns Hopkins University Press, 1989), pp. 156-164〔「人類学者としての異端裁判官」、カルロ・ギンズブルグ『歴史を逆なでに読む』上村忠男訳、みすず書房、二〇〇三年、一三〇―一四八頁〕と、"Alien Voices: The Dialogic Element in Early Modern Jesuit Historiography," in: Carlo Ginzburg, *History, Rhetoric, and Proof* (Hanover, N.H.-London: University Press of New England, 1999), pp. 71-91〔「他者の声――近世初期イエズス会士たちの歴史叙述における対話的要素」、カルロ・ギンズブルグ『歴史・レトリック・立証』上村忠男訳、みすず書房、二〇〇一年、九九―一二六頁〕を見られたい。

（4）Thomas Woolston, *A Discourse on the Miracles of Our Saviour*[5] (London 1728), p. 4.（わたしは Id., *Six Discourses and Defenses of His Discourses* [New York-London: Garland, 1979] を参照した。各講話はそれぞれ別個に頁ナンバーが付けられている）。ドルバックによって訳されたか彼の息のかかったとみられるフランス語訳、*Discours sur les miracles de Jesus-Christ, traduit de l'anglais de Woolston* [Amsterdam 1780?] も見られたい（わたしはボローニャのアルキジンナシオ市立図書館にあるコピー、I.H. VI. 30-31 を参照した）。ウールストンの著作の最初の部分はアルベルト・ラディカーティ〔Arberto Radicati (1698-1737) イタリアの自由思想家〕によっても *Discours sur les miracles de nôtre Seigneur* というタイトルで訳されている。Cf. Miguel Benítez, *La Face cachée des Lumières: Recherches sur les manuscrits philosophiques clandestins de l'âge classique* (Oxford: Voltaire Foundation, 1996), p. 6, nota. Jacques Georges de Chauffepié, *Nouveau dictionnaire historique et critique pour servir de supplément ou de continuation au dictionnaire historique et critique de Mr Pierre Bayle* (Amsterdam 1756), IV, pp. 761-762, s. v. 'Woolston, Thomas' も見られたい。レズリー・スティーヴン卿はウールストンを精神異常者で道化者ととらえている（「聖堂のなかで自分の帽子を振って鈴の音を響かせるたんなる道化者」）。しかし、論争全体への現在もなお価値ある案内を提供している。Cf. Leslie Stephen, *History of English Thought in the Eighteenth Century* (1876), with a preface by Crane Brinton (New York: 1962), I, pp. 192-213.〔L・スティーヴン『十八世紀イギリス思想史（上）』中野好之訳、筑摩書房、一九六九年、二五一—二六一頁〕William Trapnell, *Thomas Woolston: Madman and Deist?* (Bristle: Thoemmes Press, 1994) は分析に深みがないが、いくつかの有益な（大部分は伝記上の）情報をふくんでいる。Roger D. Lund, "Irony as Subversion: Thomas Woolston and the Crime of Wit," in: Id. (ed.), *The Margins of Orthodoxy: Heterodox Writing and Cultural Response, 1660-1750* (Cambridge: Cambridge University Press, 1995), pp. 170-194 を見られたい。

（5） ヴォルテールによると、ウールストンは彼の『講話』を三万部売ったという。Cf. Trapnell, *Thomas Woolston* cit., pp. 58, 170.

（6） Woolston, *Fourth Discourse*, p. 28.

（7） Ibid., pp. 28-29.

（8） Ibid., p. 34.

（9） Woolston, *Fifth Discourse*, pp. 10-11.

（10） Ibid., p. 42.

（11） Ibid., pp. 42-43.

（12） Ibid., p. 44.

（13） Ibid., pp. 54-55.

（14） Roman Jakobson, "Language in Operation," in: *Mélanges Alexandre Koyré*, II: *L'aventure de l'esprit* (Paris: Hermann, 1964), p. 273. わたしは、バフチンの仕事への言及が続いているこのくだりを "The Inquisitor" cit., p. 159〔上村訳、一三七頁〕で引用した。Émil Benveniste, "La nature des pronoms," in: *Problèmes de linguistique générale*, I

(Paris: Gallimard, 1966), pp. 251-257（初出は Morris Halle et al. [eds.], *For Roman Jakobson. Essays on the Occasion of his Sixtieth Birthday* [The Hague: Mouton, 1956]）〔エミール・バンヴェニスト「代名詞の性質」『一般言語学の諸問題』岸本通夫監訳、みすず書房、一九八三年、二三四―二四一頁〕も見られたい。これは右のヤーコブソンのくだりへのすばらしい暗々裡のコメントである。

(15) グリザイユにかんしては、わたしのペーパー、"Le forbici di Warburg," in: Maria Luisa Catoni, Carlo Ginzburg, Luca Giuliani e Salvatore Settis, *Tre figure. Achille, Meleagro, Cristo*, a cura di M. L. Catoni (Milano: Feltrinelli, 2013), pp. 111-132〔本書所収〕を見られたい。

(16) Trapnell, *Thomas Woolston* cit., p. 103. ここでわたしは Leo Strauss, *Persecution and the Art of Writing* (New York: Free Press, 1952) と Francesco Orlando, *Towards a Freudian Theory of Literature with an Analysis of Racine's Phèdre* (Baltimore-London: The Johns Hopkins University Press, 1976) を参照している。

(17) Michael Baxandall, *Painting and Experience in Fifteenth-Century Italy: A Primer in the Social History of Pictorial Style* (Oxford: Clarendon Press, 1972), esp. pp. 29-108.〔マイケル・バクサンドール『ルネサンス絵画の社会史』篠原三男ほか訳、平凡社、一九八九年〕

(18) Gilbert D. McEwen, *The Oracle of the Coffee-House: John Dunton's* Athenian Mercury (San Marino, CA: Huntington Library, 1972); Stephen Parks, *John Dunton and the English Book Trade* (New York-London: Garland, 1976).

(19) Cf. Leslie Stephen, in: *Dictionary of National Biography*, LV, p. 206, s.v. 'Swift, Jonathan'.

(20) [Elkanah Settle], *The New Athenian Comedy, containing The Politicks, Oeconomicks, Tacticks, Crypticks, Apocalypticks, Stypsticks, Scepticks, Penumaticks, Dogmaticks, &cc. of that most Learned Society* (London 1693).

(21) [Charles Gildon], *The History of the Athenian Society*, in: *A Supplement to the Athenian Oracle, being a collection of the remaining questions and answers in the old Athenian Mercuries, intermixt with many cases in Divinity, History, Philosophy, Mathematicks, Love, Poetry* (London 1710). チャールズ・ギルドンについては、Parks, *John Dunton* cit., pp. 98 ff. を参照。

(22) [Gildon], *The History* cit., p. 6.

(23) Kathryn Shevelow, *Women and Print Culture: The Construction of Femininity in the Early Periodical* (London: Routledge, 1989); Helen Berry, *Gender, Society and Print Culture in Late Stuart England: The Cultural World of the Athenian Mercury* (Aldershot-Burlington, VT: Ashgate Publishing, 2003).

(24) [Gildon], *The History* cit., p. 13.

(25) Ibid., p. 6.

(26) Johann Gottfried Heidfeld, *Sphinx theologico-philosophica...promens ac proponens pia, erudita, arguta ac festiva aenigmata...* (Herborn 1600).

(27) [Gildon], *The History* cit., p. 5.

(28) *The Athenian Oracle*, I (London 1703), p. 91.

(29) [Gildon], *The History* cit., p. 2.

(30) *The Athenian Oracle*, II³ (London 1728), n. p. (チャールズ・リチャードソンによる詩)

(31) *The Athenian Oracle*, I, pp. 156-158.

(32) André Jolles, *Einfache Formen. Legende, Sage, Mythe, Rätsel, Spruch, Kasus, Memorabile, Märchen, Witz*, hrsg. von Wolfgang Braungart, Peter Eisenberg und Helmuth Kiesel (Halle [Saale]: Max Niemeyer, 1930), pp. 171-199 (とくに pp. 179, 191). 〔アンドレ・ヨレス『メールヒェンの起源——ドイツの伝承民話』高橋由美子訳、講談社、講談社学術文庫、一九九九年、二五五―二九三頁（とくに二六六頁、二八〇頁）〕『単純形式』をふくむヨレスの理論的著作の集成がイタリア語で出版された。André Jolles, *I travestimenti della letteratura. Saggi critici e teorici (1897-1932)*, a cura di Silvia Contarini, premessa di Ezio Raimondi (Milano: Bruno Mondadori, 2003). "caso" にかんする章 (pp. 379-399) を見られたい。

(33) *The Athenian Oracle*, II, pp. 87-88, 476-480.

(34) Ibid., p. 139.

(35) Paul Hazard, *La crise de la conscience européenne (1680-1715)*, I (Paris: Boivin, 1935), pp. 158 seqq. 〔ポール・アザール『ヨーロッパ精神の危機　1680-1715』野沢協訳、法政大学出版局、一九七三年、一五〇頁以下〕

(36) Woolston, *Sixth Discourse*, p. 19.

(37) ヒュームとウールストンの関係については、わたしのペーパー、“Une conversation sur les miracles (Hume au collège de La Flèche, entre 1735 et 1737),” *Asdiwal*, 7 (2012), pp. 55–69 を見られたい。

(38) Woolston, *Sixth Discourse*, p. 31.

(39) Trapnell, *Thomas Woolston* cit., pp. 73–75. ウールストンにたいして神を冒瀆しているとの非難がなされるにあたって架空の「ユダヤ教のラビ」が演じた役割は、Lund, “Irony as Subversion” cit. もふくめて、これまで解釈者たちに見落とされてきた。ウールストンの『講話』への同時代の生き生きとした反応としては、匿名のパンフレット、*Free Thought on Mr. Woolston and his Writings, in a Letter to a Gentleman in Leyden* (London 1729) を見られたい。また、*An Expostulatory Letter to Mr Woolston, on Account of his Late Writings* (London 1730); *An Impartial Examination and full Confutation of the Argument brought by Mr. Woolston's pretended Rabbi (as publish'd in his Last Performance) against the Truth of our Saviour's Resurrection*[2] (London 1730) も見られたい。

(40) Richard Smalbroke, *A Vindication of the Miracles of Our Blessed Saviour in which Mr Woolston's Discourses on Them Are particularly Examin'd...*, I (London 1729).

(41) ここでスモールブロークが言及しているのはフランスのイエズス会士ヴァヴァスールの『戯言論』である。この著作については別の場所であつかうつもりである。

(42) Smalbroke, *A Vindication* cit., pp. vii–viii.

(43) Cf. Stephen, *History of English Thought* cit., I, p. 197.〔中野訳、(上)二五二頁〕

(44) [Thomas Sherlock], *The Trial of the Witnesses of the Resurrection of Jesus* (1729) (Elisabethtown, NJ. 1808). Cf. Trapnell, *Thomas Woolston* cit., pp. 163–164.「カトリック陰謀事件 (Popish Plot)」とされるもの〔英国教会のタイタス・オーツなる人物が一六七八年、イングランドのカトリック教徒が国家転覆の陰謀をくわだてていると吹聴して回ったことに端を発して、一六八一年にかけてイングランド社会を襲った集団ヒステリー事件〕にかかわる裁判の記録が出版されたことがこのジャンルの読者層をつくり出すのに寄与したのかもしれない。それらの政治的パンフレットの多くは一七〇三年にパリでベネディクト大修道院の聖エドモンドによって一巻本にして綴じられ、現在フランス国立図書館の Fol-NC. 3692 (1–23) に保管されている。

(45) *The Trial* cit., pp. 10–11.

(46)　Thomas Woolston, *Defence of His Discourse on the Miracles of Our Saviour*, Part I（London 1729）, p. 59.

(47)　[Abraham Le Moine, Thomas Sherlock], *Les temoins de la Resurrection de Jesus Christ examinez et jugès selon les regules du barreau, pour servir de réponse aux objections du Sr. Woolston, et des quelques autres auteurs, traduit de l'Anglais sur la sixième édition: On y a joint une dissertation historique sur les écrits de Mr. Woolston, sa condemnation et les écrits publiès contre lui par A. Le Moine, ministre de l'Eglise Anglicane, et chapelain du duc de Portland*（The Hague 1732）, pp. ii–iii.（わたしはボローニャのアルキジェンナシオ市立図書館所蔵のコピー、3. QQ. II. 10を参照した）ル・モワーヌはp. xcviで著者がシャーロックであるらしいことを明らかにしている。

(48)　Ibid.

(49)　Leo Strauss, "Persecution and the Art of Writing," in: Strauss, op. cit., p. 30.〔レオ・シュトラウス「迫害と著述の技法」（石崎嘉彦訳）、『現代思想』第二四巻第一四号（一九九六年十一月臨時増刊号）、一九〇頁〕

(50)　Ibid., pp. 22, 24.〔石崎訳、一八五、一八六頁〕

(51)　Michael Holquist, *Dialogism: Bakhtin and His World*（London-New York: Routledge, 1990）はバフチンの対話論理の政治的コンテクストを無視している。わたしは近く公表されるペーパーでアイロニーとその政治的含意についてあつかう予定である。

(52)　[Anthony Collins], *A Discourse Concerning Ridicule and Irony in Writing in a Letter to Nathanael Marshall*（London 1729）, p. 24. そこで引用されているAnthony Ashley Cooper, Earl of Shaftesbury, *Characteristics of Men, Manners, Opinions, Times*（1711）のくだりについては、Ibid., ed. Lawrence E. Klein（Cambridge: Cambridge University Press, 1999）, p. 34を見られたい。著者名の同定にかんしては、Trapnell, *Thomas Woolston* cit., pp. 149–150; Giovanni Tarantino, *Lo scrittoio di Anthony Collins (1676–1729): I libri e i tempi di un libero pensatore*（Milano: Mondadori, 2004）, p. 56を参照。この問題に言及した一般的概説として、Jomsi Redwood, *Reason, Ridicule and Religion: The Age of Enlightenment in England, 1660–1750*（London: Thames and Hudson, 1976）; Daniel C. Fouke, *Philosophy and Theology in Burlesque Mode: John Toland and 'The Way of Paradox'*（Amherst, NY: Humanity Books, 2007）を見られたい。

(53)　[Anthony Collins], *A Dialogue between Mr Grounds and Scheme, etc. and Tom Woolston, in which the*

Insincerity and Absurdities, contained in the Latter's Discourses on the Saviour's Miracles, are fully detected and proved (London 1729). タイトルに組みこまれている「グラウンズ氏」と「スキーム氏」というのは、コリンズ自身の著作、*Discourse of the Grounds and Reasons of the Christian Religion* (London 1724) と *The Scheme of Literal Prophecy Considered in a View of the Controversy Occasioned by a Late Book Intitled A Discourse of the Grounds and Reasons of the Christian Religion* (London 1727) のことを暗に指している。「あるひとりの同じ自由思想家」によるこのパンフレットへの非難をこめた言及として、*An Answer to the Jewish Rabbi's two letters to Mr. Woolston, with some Observations on Mr. Woolston's own Reflections on Our Saviour's Conduct* (London 1729), p. 31 を見られたい。ウールストンと『グラウンズ氏、スキーム氏』の著者（すなわちアンソニー・コリンズ）との友情関係への諷刺的な言及が *Free Thought on Mr. Woolston and his Writings* cit., p. 17 に見いだされる。

(54) [Collins], *A Dialogue* cit., p. 16.

(55) Ibid., p. 38.

(56) [Thomas Morgan], *The Moral Philosopher, in a Dialogue between Philalethes a Christian Deist, and Theophanes a Christian Jew* (London 1737).

(57) Cf. L. Stephen, *Dictionary of National Biography*, XXXIX (London 1894), s. v. 'Morgan, Thomas'; Id., *History of English Thought* cit., I, pp. 140-142.〔中野訳、（上）一八四―一八七頁〕モーガンはいつもの偽名 'Peter Annet' を使って、トマス・シャーロックの『裁判』を攻撃した論争的なパンフレットを書いている。これにたいするシャーロックの回答がここでもまた匿名の著作、*The Sequel of the Tryal of the Witnesses of the Resurrection being an Answer to the Exception of a late Pamphlet entitled, The Resurrection of Jesus considered by a Moral Philosopher, revised by the Author of the Tryal of the Witnesses* (London 1749) である。

(58) Enrico De Negri, *La teologia di Lutero. Rivelazione e dialettica* (Firenze: La Nuova Italia, 1967).

(59) [Morgan], *Dialogue* cit., p. 25.

(60) Ibid., p. 26.

(61) Ibid., p. 27.

(62) Ibid., p. 41.

(63) Ibid., p. 43.

(64) Ibid., p. 31.

(65) Ibid., p. 71.

(66) Ibid., p. 394.

(67) Ibid., p. 408.「宗教の個別的な様態ないし取り替え」にたいするこのような無関心さは、Francis Webber, *The Jewish Dispensation consider'd and vindicated, with a View of the Objections of Unbelievers, and particularly of a late Author called the Moral Philosopher, a Sermon preach'd before the University of Oxford at St. Mary's, on Sunday, October 23d, 1737* (Oxford 1738), p. 14 によって批判された。

(68) John Toland, *Nazarenus, or Jewish, Gentile, and Mahometan Christianity*[2] (London 1718), pp. v-vi et passim.

(69) [Morgan], *Dialogue* cit., p. 43.

(70) Ibid., p. 45.

(71) p. 45 における第四エスドラス書への言及はスピノザ『神学・政治論』第八章に誘発された可能性がある。

(72) [Morgan], *Dialogue* cit., pp. 246-247.

(73) [Thomas Morgan], *The British Apollo, containing two thousand Answers to curious Questions in most Art and Sciences, serious, comical, and humorous, approved by many of the most learned and ingenious of both Universities and of the Royal-Society, perform'd by a Society of Gentlemen (1708-1711)*[3] (London 1726).

(74) [Morgan], *Dialogue* cit., pp. vii-viii.

(75) Ibid., pp. 119-208.

(76) Ibid., pp. 179-183.

(77) Ibid., p. 183.

(78) *Determinism and Freewill: Anthony Collins' A Philosophical Inquiry Concerning Human Liberty*, ed. James O'Higgins S. J. (The Hague: Martinus Nijhoff, 1976).

(79) Ibid., pp. 107-108. O・ヒギンズは、彼の序文 (pp. 41, 42, 45) でコリンズへのスピノザの影響をできるだけ小さくしようと、その甲斐もないことにも努めている。しかし、この点については、G. Tarantino, *Lo scrittoio di Anthony*

Collins cit., p. 72 et passim. を見られたい。

(80) [Morgan], *Dialogue* cit., pp. 184-185.

(81) Ibid., pp. 188-189.

(82) Ibid., pp. 191-192.

(83) Charles Illouz et Laurent Vidal, "L'historien et l'avocat du diable," *Genèses*, 53 (2003), pp. 113-138; 54 (2004), pp. 112-129.

ミクロストリアと世界史

(1) Lara Putnam, "To Study the Fragments/Whole: Microhistory and the Atlantic World," *Journal of Social History*, 39 (2006), pp. 615-630; Filippo de Vivo, "Prospect or Refuge? Microhistory, History on the Large Scale," *Cultural and Social History*, 7 (2010), pp. 387-397; Francesca Trivellato, "Is There a Future for Italian Microhistory in the Age of Global History?" *California Italian Studies*, 2 (2011).

(2) Walter Benjamin, "Über den Begriff der Geschichte, VI," in: *Sul concetto di storia*, a cura di Gianfranco Bonola e Michele Ranchetti (Torino: Einaudi, 1997), p. 26.〔ヴァルター・ベンヤミン『[新訳・評注]歴史の概念について』鹿島徹訳・評注、未來社、二〇一五年、四九頁〕

(3) Marc Bloch, "Pour une histoire comparée des sociétés européennes," in: Id., *Mélanges historiques* (Paris: S.E.V.P.E.N., 1963), t. I, pp. 16-40.〔マルク・ブロック『比較史の方法』高橋清徳訳、創文社、一九七八年〕

(4) David Hume, *A Treatise of Human Nature*, edited by Ernest Campbell Mossner (Middlesex: Harmondsworth, 1969), III, II, V, pp. 576-577.〔デイヴィッド・ヒューム『人性論』4、大槻春彦訳、岩波書店(岩波文庫)、一九五二年、一一二―一一三頁〕――J・L・オースティンは言語の行為遂行的次元にかんする彼の講義を「わたしはそのことにこれまで特別の注意が払われた例を知らない」という言葉でもって始めている。J. L. Austin, *How to Do Things with Words*, edited by J. O. Urmson and Marina Sbisà. Second ed. (Cambridge, Mass.: Harvard University Press, 1975), p.

1.〔J・L・オースティン『言語と行為』坂本百大訳、大修館書店、一九七八年、四頁〕オースティンはもちろんヒュームの思想に通暁していた。p. 29を見られたい。

（5） Galileo Galilei, *Dialogo dei massimi sistemi*, a cura di Libero Sosio (Torino: Einaudi, 1970), p. 252〔ガリレオ・ガリレイ『天文対話』上、青木靖三訳、岩波書店（岩波文庫）、一九五九年、三一一頁〕; L. Congiunti, "Il metodo di Galileo," *Verifiche*, 23 (1994), pp. 97–124.

（6） Enrico De Negri, *La teologia di Lutero: Rivelazione e dialettica* (Firenze: La Nuova Italia, 1967).

（7） Giambattista Vico, *De antiquissima Italorum sapientia*, a cura di Manuela Sanna (Roma: Edizioni di Storia e Letteratura, 2005), p. 26.〔ジャンバッティスタ・ヴィーコ『イタリア人の太古の知恵』上村忠男訳、法政大学出版局、一九八八年、四四頁〕Cf. Isaiah Berlin, "A Note on Vico's Concept of Knowledge," in: Giorgio Tagliacozzo and Hayden V. White (eds.), *Giambattista Vico: an International Symposium* (Baltimore, Md: Johns Hopkins University Press, 1969), p. 371.

（8） M・H・フィッシュは、Giambattista Vico, *The Autobiography of Giambattista Vico*, translated by Max Harold Fisch and Thomas Goddard Bergin. Second ed. (Ithaca, NY: Cornell University Press, 1963), p. 211, n. 39のコメントのなかで、ファウスト・ニコリーニに反論して、ヴィーコは「ホッブズのラテン語著作を知っていたにちがいない」と主張している。そしてこのことはニコーラ・アッバニャーノによって、Giambattista Vico, *La scienza nuova e opere scelte*, a cura di Nicola Abbagnano (Torino: UTET, 1952) への序文 (pp. 14–15) のなかで立証されている。Cf. Eugenio Garin, *Dal Rinascimento all'Illuminismo: studi e ricerche*. Seconda ed. riveduta (Firenze: Le Lettere, 1993), pp. 137–155.

（9） Thomas Hobbes, *De homine* (Amsterdam: Apud Ioannem Blaeu, 1668), I, 62. Extra info: X (*Opera philosophica*).〔トマス・ホッブズ『人間論』本田裕志訳、京都大学学術出版会、二〇一二年、一四一—一四三頁〕

（10） Thomas Hobbes, *Leviathan*, edited by C. B. Macpherson (Harmondsworth: Penguin, 1968), p. 81 (=*Opera philosophica*, III, 21).〔トマス・ホッブズ『リヴァイアサン』1、水田洋訳、岩波書店（岩波文庫）、一九五四年、三七ページ〕

（11） Giambattista Vico, *Principi di scienza nuova*, a cura di Andrea Battistini (Milano: Oscar Mondadori, 2011), par.

133.（以下、*Scienza* と略記）〔ヴィーコ『新しい学』1、上村忠男訳、法政大学出版局、二〇〇七年、一二一頁［133］〕

（12） Jacques-Bénigne Bossuet, *Discours sur l'histoire universelle*（Amsterdam: Estienne Roger, 1710）, p. 17（*Discorso sopra la storia universale…, trasportato dalla lingua francese alla italiana da Selvaggio Canturani*［すなわちカルメル会修道士 Arcangelo Agostini］［Venezia: presso Paolo Baglioni, 1712］. ヴィーコの“Provvidenza”とボシュエの“Providence”にかんしては、Benedetto Croce, *La filosofia di Giambattista Vico*（Bari: Laterza, 1933）, p. 120〔ベネデット・クローチェ『ヴィコの哲学』青木巖訳、東京堂、一九四二年、一七六頁〕を見られたい。

（13） Bossuet, *Discorso*, p. 21; cf. Vico, *Scienza*, pp. 84-85.（ヴィーコはすでに『普遍法の単一の原理と単一の目的』［一七二〇年］でも同様の記述をおこなっている。Cf. Giambattista Vico, *Opere giuridiche*, a cura di Paolo Cristofolini［Firenze: Sansoni, 1974］, p. 389）この両者の符合（しかし意味合いが同じということではない）については Paolo Rossi, *Le sterminate antichità*（Firenze: La Nuova Italia, 1999）, pp. 464-465 でも指摘されてきた。ニノスにたいする同じ年号（世界創造後二七三七年）は James Usher, *Annales Veteris et Novi Testamenti, a prima mundi origine deducti*（Lutetiae Parisiorum, 1673）, p. 24 によっても与えられていた。これがたぶんボシュエの年代誌の源泉なのではないかとおもわれる（わたしはこの示唆をカルミネ・アンポーロに負っている）。ヴィーコが人間の行為の意図せざる結果を強調しているのも、ボシュエから着想を得たのであったにちがいない。Cf. *Discorso*, pp. 459-460.

（14） Vico, *Scienza*, pp. 204-205［par. 376］.〔ヴィーコ『新しい学』2、上村忠男訳、法政大学出版局、二〇〇八年、二一一―二二二頁〕

（15） ヴィーコが典拠にしているのはウァッロの『ラテン語について』である。Cf. Marcus Terentius Varro, *On the Latin Language*, VIII, translated by Roland G. Kent（London: W. Heinemann; Cambridge, Mass.: Harvard University Press, 1958）, pp. 77-78.

（16） Vico, *Scienza*, pp. 206-207［par. 379］.〔上村訳『新しい学』2、二一四―二一六頁〕Vico, *Scienza*, pp. 312［par. 554］〔上村訳『新しい学』2、一七九―一八一頁〕も見られたい。

（17） Amos Funkenstein, *Theology and the Scientific Imagination from the Middle Ages to the Seventeenth Century*（Princeton, NJ: Princeton University Press, 1986）, p. 280.（フンケンシュタインは、アッバニャーノの引用している『人間論』一〇に、アッバニャーノとは独立に言及している。注8を参照のこと）。これとは異なる読解については、

Sergio Landucci, *I filosofi e i selvaggi* (Bari: Laterza, 1972), p. 294 et n. 66 を見られたい。ヴィーコ－ホッブズ関係を理解するためのひとつの鍵としてのタキトゥスの詩行については、Carlo Ginzburg, “Fear Reverence Terror: Reading Hobbes Today,” *Max Weber Lecture Series* (S. Domenico di Fiesole: European University Institute, 2008), p. 8, n. 22 を見られたい（この論点はその後 P. Alarcón, “El temor reverencial: un principio político en Hobbes y Vico,” *Cuadernos sobre Vico*, 23 (2009), 24 (2010), pp. 91-111 によって発展させられている）。

（18） Vico, *Scienza*, pp. 541-542 [331].〔上村訳『新しい学』1、一八六頁〕Cf. Berlin, “A Note” cit., pp. 370, 373.

（19） Giambattista Vico, “La scienza nuova prima” (II, LXVI), in: *Opere filosofiche*, a cura di Paolo Cristofolini (Firenze: Sansoni, 1971), pp. 255-256. “Nosce te ipsum” については、すでにヴィーコは「開講演説」でも言及している。Cf. *Opere filosofiche*, p. 709.

（20） Hobbes, *Leviathan*, pp. 82-83.〔水田訳、四〇頁〕

（21） Vico, *De universi iuris*, in: *Opere giuridiche*, p. 387. マリア・ルイーザ・カトーニがわたしに想い起こさせてくれたのだが、古代ギリシアでは「ストイケイア」は「最初の諸要素」と「アルファベットの文字」の双方を意味していた。

（22） ホッブズと「歴史」については、Steven Shapin and Simon Schaffer, *Leviathan and the Air-Pump: Hobbes, Boyle and the Experimental Life* (Princeton, NJ: Princeton University Press, 1985), pp. 102, 108 を見られたい。バーリンは「人類学的歴史主義」ということを口にしている。Cf. Berlin, “A Note” cit., p. 372.

（23） Amos Funkenstein, “Natural Science and Social Theory: Hobbes, Spinoza, and Vico,” in: Giorgio Tagliacozzo (ed.), *Giambattista Vico's Science of Humanity* (Baltimore, Md: Johns Hopkins University Press, 1976), pp. 187-214.

（24） Hobbes, *Leviathan*, p. 83.〔水田訳、四〇頁〕Cf. D. W. Hanson, “The Meaning of ‘Demonstration’ in Hobbes's Science,” *History of Political Thought*, XI (1990), pp. 578-626.

（25） Vico, “La scienza nuova prima” (II, VII, II), in: *Opere filosofiche*, p. 202.

（26） カール・レーヴィットは “modificazioni” には自他間の相違の意味合いはないと論じている。Cf. Karl Löwith, “Verum et factum convertuntur: le premesse teologiche del principio di Vico e le loro conseguenze secolari,” in: *Omaggio a Vico*, a cura di Antonio Corsano (Napoli: Morano, 1968), pp. 75-76.〔K・レーヴィット『学問とわれわれの時代の運命』上村忠男・山之内靖訳、未來社、一九八九年、八―九頁〕しかし、ヴィーコがフィロロジーを強調し

ているという事実は必然的に相違の存在を含意している。

（27） Vico, *Vita di Giambattista Vico scritta da se medesimo*, in: *Opere filosofiche*, p. 14.〔ジャンバッティスタ・ヴィーコ『自伝』上村忠男訳、平凡社、二〇一二年、三九頁〕

（28） Shapin and Schaffer, *Leviathan*, p. 347.

（29） Hobbes, *Dialogus physicus, sive de natura aëris*（Londini: Typis J. B. & prostant Venales apud A. Crook, 1661）, p. 31.

（30） Vico, *De antiquissima Italorum sapientia*, in: *Opere filosofiche*, p. 83.〔上村訳『イタリア人の太古の知恵』、一一〇頁〕

（31） *Principes de la Philosophie de l'Histoire, traduits de la Scienza Nuova de J. B. Vico, et précédés d'un discours sur le système et la vie de l'auteur* par Jules Michelet（Paris: J. Renouard, 1827）; *Mémoires de Vico, écrits par lui même, suivis de quelques opuscules, lettres, etc: précédés d'une introduction sur sa vie et ses ouvrages*, trad. par Jules Michelet（Brussels: Société belge de librairie, 1835）. 両書とも、J. Michelet, *Oeuvres*, I（Brussels: Melines, Cans et Campagnie, 1840）に再録されている。

（32） Michelet, *Principes*, p. 76.

（33） Vico, *La Science nouvelle: traduite par l'auteur de l'essai sur la formation du dogme catholique*（Paris: J. Renouard, 1844）. Cf. G. Mastroianni, "Marx e la Belgioioso," *Giornale Critico della Filosofia Italiana*, 2（2012）, pp. 406–426.

（34） Ferdinand Lassalle und Karl Marx, *Der Briefwechsel zwischen Lassalle und Marx: nebst Briefen von Friedrich Engels und Jenny Marx an Marx und von Karl Marx an Gräfin Sophie Hatzfeldt*, hrsg. von Gustav Mayer（Stuttgart: Dt. Verl.-Anst., 1922）, pp. 386–387. Arshi Pipa, "Marx's Relationship to Vico: A Philological Approach," in: Giorgio Tagliacozzo（ed.）, *Vico and Marx: Affinities and Contrasts*（Atlantic Highlands, NJ: Humanities Press, 1983）, pp. 290–325 は、マルクスのラサール宛て書簡におけるヴィーコ称賛は反語的なものであると論じているが、説得性に欠ける。

（35） Eugene Kamenka, "Vico and Marxism," in: G. Tagliacozzo and H. V. White（eds.）, *Giambattista Vico*, pp. 137–143.

（36） Karl Marx, *Das Kapital: Kritik der politischen Oekonomie*, mit einem Geleitwort von Karl Korsch（Berlin: G.

Kiepenheuer, 1932), p. 355, nota 4.〔マルクス『資本論』3、向坂逸郎訳、岩波書店（岩波文庫）、一九五〇年、一〇七—一〇八頁〕カール・コルシュの序文におけるコメント（pp. 7-8）を見られたい。

(37) Samuel Moore と Edward Aveling の英訳を見られたい。www.marxists.org/archive/marx/works/1867-CI/.

(38) Karl Marx und Friedrich Engels, *Die deutsche Ideologie*, in: Marx und Engels, *Werke*, Band 3 (Berlin: Dietz, 1990), p. 21. ——「ひとは意識をつうじて、宗教をつうじて、そのほか任意に採用したいとおもうものをつうじて、人間を動物から区別することができる。しかし、人間自身は、彼らが彼らの生活手段を生産しはじめるやいなや、みずからを動物から区別しはじめるのである［…］」。〔マルクス＝エンゲルス『ドイツ・イデオロギー』古在由重訳、岩波書店（岩波文庫）、一九五六年、二四頁〕

(39) Vico, *Scienza*, p. 559 [pars. 1036].〔ヴィーコ『新しい学』3、上村忠男訳、法政大学出版局、二〇〇八年、一七八—一七九頁〕

(40) Vico, *La Science nouvelle*, pp. 102-103.

(41) [Michelet], *Mémoires de Vico*, p. 292.

(42) Paul Lafargue, "Persönliche Erinnerungen an Karl Marx," in: *Mohr und General: Erinnerungen an Marx und Engels* (Berlin: Dietz, 1965), p. 331. フィッシュは「ヴィーコの知識理論」に言及したさいに、ラファルグのこの一節を引用している。

(43) *De l'antique sagesse de l'Italie*, traduite par Jules Michelet, in: Michelet, *Mémoires de Vico*, p. 237; Vico, *Opere filosofiche*, p. 63.〔上村訳『イタリア人の太古の知恵』、三五頁〕

(44) www.marxists.org/archive/marx/work/1845/theses/theses.htm (W. Lough, trans.) を見られたい。〔向坂訳『資本論』一〇八頁。フォイエルバッハにかんするテーゼ四には、フォイエルバッハの仕事は「宗教的な基礎をその世俗的な基礎に解消させることにある」とあったうえで、「しかし世俗的な基礎がそれ自身から浮きあがって、ひとつの独立王国が雲のなかに定着するということは、この世俗的な基礎の自己分裂および自己矛盾からのみ説明されるべきである」とある（古在訳『ドイツ・イデオロギー』附録「フォイエルバハについて」、二三六頁）——上村注〕

(45) Paul Lafargue, *Le matéreialisme économique de Karl Marx: I, L'idéalisme et le matérialisme dans l'histoire; II, Le milieu naturel: théorie darwinienne; III, Le milieu artificiel: théorie de la lutte des classes* (Paris: Henry Oriol,

1884). I, p. 5でヴィーコはボシュエと対置され、ヴィーコのほうが好意的に扱われている。

（46） Jean Jaurès et Paul Lafargue, *Idéalisme et Matérialisme dans la conception de l'histoire: conférence de Jean Jaurès et réponse de Paul Lafargue*（Paris: S. I., 1895）, p. 18.

（47） Georges Sorel, *Étude sur Vico et autres texte*, présentés et annotés par Anne-Sophie Menasseyre（Paris, H. Champion, 2007）; Greziella Pagliano Ungari, "Vico et Sorel," *Archives de Philosophie*, 40（1977）, pp. 267-281.

（48） メナセイルは彼女の序文で（Sorel, *Étude sur Vico*, p. 48, nota 73）ラファルグのテクストにヴィーコ的なニュアンスが込められていることを見過ごしている。

（49） Antonio Labriola, "En mémoire du Manifeste du parti communiste"（1895）, in: Antonio Labriola, *Essais sur la conception matérialiste de l'histoire*, avec une préface de Georges Sorel（Paris: V. Giard et E. Brière, 1897）. 同書はトロツキーが読んでいる（Trotsky, *Ma vie* [Paris: Gallimard, 1953], pp. 148, 152〔トロツキー『わが生涯』林茂・栗田勇・渋沢竜彦・浜田泰三訳、現代思潮社、一九六二年、二三四―二三五、二三九―四〇頁〕）。Cf. Antonio Labriola, *Scritti filosofici e politici*, a cura di Franco Sbarberi（Torino: Einaudi, 1973）; Alain Pons, "Da Vico a Labriola," *Bollettino del Centro di Studi Vichiani*, 17（1987）, pp. 181-193.

（50） Labriola, *Scritti*, vol. II, p. 511（*In memoria del Manifesto dei comunisti*）.〔アントニオ・ラブリオーラ『思想は空から降ってはこない――新訳・唯物史観概説』小原耕一・渡部實訳、同時代社、二〇一〇年、六二頁〕

（51） Ibid., vol. II, p. 519.〔同、七二―七三頁〕

（52） Labriola, *Scritti*, vol. II, p. 720（*Discorrendo di socialismo e di filosofia*）.〔アントニオ・ラブリオーラ『社会主義と哲学――ジョルジュ・ソレルへの書簡』小原耕一・渡部實訳、同時代社、二〇一一年、一一六頁〕（一八九七年五月二十八日付書簡）

（53） Ibid., vol. II, p. 756.〔同、一七九頁〕（一八九七年七月二日付書簡）

（54） Ibid., vol. II, p. 535（*Del materialismo storico. Dilucidazione preliminare*）.〔小原・渡部訳『思想は空から降ってはこない』、一一一頁〕

（55） Giovanni Gentile, *La filosofia di Marx*（1899）（Firenze: Le Lettere, 2003）, pp. 71-74.

（56） Cf. Giovanni Gentile, "L'atto del pensiero come atto puro," *Annuario della Biblioteca Filosofica di Palermo*（1912）, pp. 27–42（とくに p. 42）.

（57）ジェンティーレは『マルクスの哲学』の一九三七年版でレーニンの称賛の言葉に言及している（*La filosofia*, p. 9）。ジェンティーレの思想がグラムシに与えたインパクトについては、以下を参照されたい。Christian Riechers, *Antonio Gramsci: il marxismo in Italia*（Napoli: Thélème, 1975）; Giancarlo Bergami, *Il giovane Gramsci e il marxismo (1911–1918)*（Milano: Feltrinelli, 1977）; Salvatore Natoli, *Giovanni Gentile filosofo europeo*（Milano: Bollati Boringhieri, 1992）, pp. 94–109.

（58）E. H. Carr, *What is History?*（New York: Vintage Books, 1961）〔E・H・カー『歴史とは何か』清水幾太郎訳、岩波書店（岩波新書）、一九六二年〕は、究極的にはヘーゲル的なものであるこの観念の受容に貢献してきた。

（59）Benedetto Croce, *Teoria e storia della storiografia*. Seconda ed. riveduta（Bari: Laterza, 1920）, p. 3.〔クロォチェ『歴史の理論と歴史』羽仁五郎訳、岩波書店（岩波文庫）、一九五二年、一五頁〕

（60）クローチェとジェンティーレの論争にかんしては、Benedetto Croce, "Intorno all'idealismo attuale," in: *La cultura italiana dell'900 attraverso le riviste*, vol. III, a cura di Angelo Romanò（Torino: Einaudi, 1960）, pp. 595–605が利用可能である。

（61）Giovanni Gentile, *The Theory of Mind as Pure Act*, translated by W. W. Carr（London: Macmillan and Co., 1922）〔*Teoria generale dello spirito come atto puro*. Seconda ed. riveduta（Pisa: Spoerri, 1920）〕.

（62）たとえば、William H. Dray, *History as Re-enactment: R. G. Collingwood's Idea of History*（Oxford: Clarendon Press, 1995）, pp. 26–27; Heikki Saari, *Re-enactment: a Study in R. G. Collingwood's Philosophy of History*（Åbo: Åbo Akademi, 1984）. Cf. W. J. van der Dussen, *History as Science: the Philosophy of R. G. Collingwood*（The Hague: Nijhoff, 1981）.

（63）コリングウッドは彼の『自伝』（一九三九年）ではこの件に言及していない。Cf. Arnaldo Momigliano, "La storia antica in Inghilterra"（1945）, in: *Sesto contributo alla storia degli studi classici e del mondo antico*（Roma: Edizioni di Storia e Letteratura, 1980）, vol. II, p. 761; H. S. Harris, Introduction to Giovanni Gentile, *Genesis and Structure of Society*（Urbana, IL: University of Illinois Press, 1966）, pp. 14–20. しかし、Benedetto Croce, "In commemorazione di un amico inglese, compagno di pensiero e di fede"（1946）, in: Id., *Nuove pagine sparse*（Napoli: Ricciardi, 1948）, vol. I, pp. 25-39（とくにp. 32）も見られたい。

（64）ジェンティーレのインパクトについては、H. S. Harris, "Croce and Gentile in Collingwood's New Leviathan," in: D. Boucher et al. (eds.), *Philosophy, History, and Civilization: Interdisciplinary Perspectives on R. G. Collingwood* (Cardiff: University of Wales Press, 1995), pp. 115-129を見られたい。デ・ルッジェーロの（過大評価な）インパクトについては、J. Connelly, "Art Thou the Man: Croce, Gentile, or de Ruggiero?" in: op. cit., pp. 92-114を見られたい。

（65）R. G. Collingwood, "Croce's Philosophy of History" (1921), in: R. G. Collingwood, *Essays in the Philosophy of History* (Austin, TX: University of Texas Press, 1965), pp. 3-22.〔R・G・コリングウッド『歴史哲学の本質と目的』峠尚武・篠木芳夫訳、未來社、一九八六年、五一―八三頁〕Cf. Alessandra Greppi Olivetti, *Due saggi su R. G. Collingwood* (Padova: Liviana, 1977).

（66）R. G. Collingwood, *The Idea of History*, edited by J. van der Dussen. Revised edition (Oxford University Press, 1993), pp. 429, 444.〔一九二八年の講義録はこの一九九三年の改訂版ではじめて公表された。したがって、一九四六年のClarendon Press版を底本として一九七〇年に紀伊國屋書店から出た小松茂夫・三浦修訳『歴史の観念』では訳出されていない――上村注〕コリングウッドは、一九二八年を自分の知的生涯の分水嶺であったと回顧している。Cf. R. G. Collingwood, *An Autobiography* (Oxford University Press, 1970 [1939]), pp. 99, 107, 115.〔R・G・コリングウッド『思索への旅――自伝』玉井治訳、未來社、一九八一年、八六、一一一、一二〇頁〕

（67）R. G. Collingwood, Review of "Philosophy and History: Essays Presented to Ernst Cassirer," *English Historical Review*, 52 (1937), pp. 141-146（とくにp. 143）. これはRaymond Klibanski and H. J. Paton (eds.), *Philosophy and History: Essays Presented to Ernst Cassirer* (Oxford: Clarendon Press, 1936) の書評である。ジェンティーレの論考は暗々裡にクローチェを攻撃したものであった。Cf. Carlo Ginzburg, *Il filo e le tracce. Vero falso finto* (Milano: Feltrinelli, 2006), pp. 213-214 et nota 33.〔カルロ・ギンズブルグ『歴史を逆なでに読む』上村忠男訳、みすず書房、二〇〇三年、一一二―一一三頁および二二一―二二二頁の注33〕

（68）Dray, *History*, p. 53, note 33は、コリングウッドの問いを「危険なことにも彼自身のカリカチュアに近い」ものとみなしている。しかし、その問いは「わたしはジャージーにくるまった少年である」とか「これはわたしの父の書斎のカーペットだ」といったたぐいの事実にかかわるものであった（Collingwood, *An Autobiography*, p. 113〔玉井訳『思索への旅』、二二七頁〕）。

（69）　Collingwood, *An Autobiography*, pp. 112-114.〔玉井訳『思索への旅』、二二五—二二七頁〕J. Connelly, "Art Thou the Man?" p. 106は、このくだりとジェンティーレの論考についての一九三七年の書評とのあいだのギャップを見落としている。現在のコンテクストのなかに「要約された」ものとしての過去という考えの自民族中心的意味合いについては、Leo Strauss, "On Collingwood's Philosophy of History," *The Review of Metaphysics*, 5（1952）, pp. 559-586（とくにp. 563）を見られたい。

（70）　Gentile, "L'atto del pensare," p. 33. コリングウッドは、『自伝』のなかで、ファシズムに忠誠を誓って自らの名声を傷つけるまでのジェンティーレに、名指しはせずに「とても有能で卓越した哲学者」として言及している（p. 158〔玉井訳、一六五頁〕）。

（71）　Collingwood, *The Idea of History*, p. 447.

（72）　"presentification"〔現在化〕という造語は最初フッサールの造語"Gegenwärtigung"を英訳するために導入されたものであった。

（73）　Collingwood, *An Autobiography*, pp. 29ff., 37.〔玉井訳『思索への旅』三四頁以下、四七頁〕Gentile, *Genesis* へのH. S. Harris の序文（p. 18）を見られたい。

（74）　Carlo Ginzburg, "Our Words, and Theirs: A Reflection on the Historian's Craft, Today," in: Susanna Fellman and Marjatta Rahikainen（eds.）, *Historical Knowledge: In Quest of Theory, Method, and Evidence*（Cambridge Scholars Publishing, 2012）, pp. 97-119.〔本書所収〕

（75）　クローチェの『ジャンバッティスタ・ヴィーコの哲学』（一九一三年）を英訳したコリングウッドは、彼自身をヴィーコの弟子であると考えていた。T. M. Knox, Introduction to R. G. Collingwood, *The Idea of History*（Oxford University Press, 1946）, Part VIII を見られたい。おそらくコリングウッドはここで提示されているヴィーコについての読みには賛同しなかったことだろう。

（76）　コリングウッドの没後に公刊された一九二八年の講義にアクセスできなかったH・G・ガダマーは、この件について洞察力に富む（そして拒否的な）コメントをしている。Cf. Hans- Georg Gadamer, *Wahrheit und Methode*, 3., erweiterte Aufl.（Tübingen: Mohr, 1972）, pp. 352-353; Id., *Truth and Method*（New York: Continuum, 2006）, p. 366.

〔ハンス＝ゲオルク・ガダマー『真理と方法』2、轡田收・巻田悦郎訳、法政大学出版局、二〇〇八年、五七二―五七四頁〕Kenneth B. McIntyre, "Historicity as Methodology or Hermeneutics: Collingwood's Influence on Skinner and Gadamer," *Journal of the Philosophy of History*, 2 (2008), pp. 138-166を見られたい。

（77） Cf. J. Breuer, "Re-enactment and Neo-Realism," in: Iain McCalman et al. (eds.), *Historical Reenactment: From Realism to the Affective Turn* (Basingstoke: Palgrave Macmillan, 2010), pp. 79-89. 洗練されたヴァージョンと粗野なヴァージョンとが隣接した関係にあることはK. Bowan, "R. G. Collingwood, Historical Reenactment and the Early Music Revival," in: op. cit., pp. 134-158から浮かびあがってくる。

（78） Benedetto Croce, "Le fonti della gnoseologia vichiana" (1912), in: Id., *Saggi sullo Hegel* (Bari, Laterza, 1948), pp. 235-262〔ベネデット・クローチェ『ヴィーコの哲学』上村忠男訳、未來社、二〇一一年、一一一―一五四頁所収〕では、ホッブズについては一度も言及されていない。

（79） フランコ・ヴェントゥーリはかつてミクロストリアを「添加剤をほどこした歴史」と皮肉げに呼んで却下したことがあった。しかし、わたしが唱道している見方のもとでは、ミクロストリアが人為的な性格を有していることはむしろ美点とみなされるべきであろう。

（80） Carlo Ginzburg and Carlo Poni, "The Name and the Game: Unequal Exchange and the Historiographical Marketplace," in: Edward Muir and Guido Ruggiero (eds.), *Microhistory and the Lost People of Europe* (Baltimore, Md: Johns Hopkins University Press, 1991), pp. 2-10. 変則的《アノマリー》なものについては、Carlo Ginzburg, *Il filo e le tracce*, p. 267〔ギンズブルグ『糸と痕跡』上村訳、二〇一―二〇二頁〕を見られたい。

（81） Sanjay Subrahmanyam, "Monsieur Picart and the Gentiles of India," in: Lynn Hunt, Margaret C. Jacob and Wijnand Mijnhardt (eds.), *Bernard Picart and the First Global Vision of Religion* (Los Angeles, CA: Getty Research Institute, 2010), pp. 197-214（とくにpp. 199-201）; Carlo Ginzburg, "Provincializing the World: Europeans, Indians, Jews (1704)," *Postcolonial Studies*, 14 (2011), pp. 135-150.〔本書所収〕（ここでは新しい証拠にもとづいて発展させられている）

（82）「ポンディシェリー、十月一日」の手紙のなかで、ラ・クレキニエールはポンディシェリー初代総督フランソワ・マルタン（一六三四―一七〇六）によって彼のためになされた証言に言及している（Archives Nationales, Colonies,

C²65, 100–1)（記録文書のコピーを送ってくれたサンジャイ・スブラーマニアムに感謝する）。

(83) Arnaldo Momigliano, "Ancient History and the Antiquarian" (1950), in: *Contributo alla storia degli studi classici* (Roma: Edizioni di Storia e Letteratura, 1979), pp. 67–206; Id., "Prospettiva 1967 della storia greca" (1967), in: *Quarto contributo alla storia degli studi classici e del mondo antico* (Roma: Edizioni di Storia e Letteratura, 1969), pp. 43–58.

(84) Paul Alphandéry, in: *Revue de l'histoire des religions*, 47 (1923), pp. 294–305.

(85) Noémi Hepp, *Deux amis d'Homère au XVIIe siècle* (Paris: Klincsieck, 1970); Claude Fleury, *Ecrits de jeunesse*, éd. par Noémi Hepp et Volker Capp (Paris: Champion, 2003), pp. 153–181. Margalit Finkelberg and Guy G. Stroumsa, *Homer, the Bible, and Beyond: Literary and Religious Canons in the Ancient World* (Leiden: Brill, 2003); Guy G. Stroumsa, *A New Science: The Discovery of Religion in the Age of Reason* (Cambridge, MA: Harvard University Press, 2010), pp. 49–61も見られたい。

(86) La Créquinière, *The Agreement of the Customs of the East Indies with those of the Jews* (London: 1705; reprint: New York: AMS Press, 1999), pp. 136–137.

(87) *Cérémonies et coutumes religieuses de tous les peuples du monde*, representées par des figures dessinées de la main de Bernard Picard (Amsterdam: chez J. F. Bernard, 1723), Vol. I, Vol. II, pp. 7–50. ラ・クレキニエールの『一致』の英訳版がジョン・トーランドの手になるという説には疑問がある（この件にかんして指摘をしてくれたジョヴァンニ・タランティーノに感謝する）。

(88) ここでは総計二五一頁（それぞれ recto〔表面〕と verso〔裏面〕からなる）の最も新しい頁付けに従う。

(89) このトピックについては別稿を準備中である。

(90) M. Gilles Bernard Raguet, *La Nouvelle Atlantide de François Bacon, Chancelier d'Angleterre* (Paris: chez Jean Musier, 1702).

(91) Bibliothèque nationale de France（以下、BnF と略記), ms. Z-1499(16): *Du domaine et des limites de la Louisiane*, de l'abbé Raguet, pp. 13–14.

(92) BnF, ms. occ. fr. 9723, 175v–176r. ラ・クレキニエールは「イザヤ書」一八・二と一八・七にたいして二つの異なる訳語をあてている七〇人訳聖書の不整合を指摘している。*Traduction oecuménique de la Bible* (Paris: Cerf, 1996)

では、問題の語はどちらのくだりでも“glabre”と訳されている。

(93) BnF, ms. occ. fr. 9723, 176r.

(94) Samuel Bochart, *Geographia sacra* (Frankfurt: J. D. Zunneri, 1674), pp. 379-391（とくに p. 381).

(95) BnF, ms. occ. fr. 9723, 187v. 彼がギニアに滞在していたことを暗示しているそれ以外の箇所にかんしては、c. 111r, 186v. を見られたい。

(96) *Histoire des contestations sur le diplomatique, avec l'analyse de cet ouvrage composé par Jean Mabillon* (Paris: F. Delaulne, 1708).（引用はこの版からおこなう）これのラテン語は B. German, S. J., *Aureliansis Disceptaiones Diplomaticae* (Wien: Typis J. nobilis de Kurzbeck, 1790) に収録されているが、ラテン語訳は原本のブリリアントなスタイルを損ねてしまっている。

(97) *Histoire*, p. 153. Barthélémy Germon, *De veteribus regum Francorum diplomatibus et arte secernendi antique diplomata vera a falsis, disceptatio* (Paris: apud Johannes Anisson, 1706), pp. 52 ff. を見られたい。

(98) *Histoire*, p. 154.

(99) BnF, ms. fr. 17681 (vol. IV), 81r-83r. アラウナは今日のヴァローニュ（ノルマンディー地方）である。

(100) Claude Fleury, *Les Moeurs des Israëlites* (Brussels: E. H. Frik, 1712), pp. 9-10.

(101) BnF, ms. occ. fr. 9723, 121r.「ギリシア人そしてつづいて」という語句は行の上にラ・クレキニエールによって付加されている。

(102) BnF, ms. occ. fr. 9723, 121v.

(103) BnF, ms. occ. fr. 9723, 147r.

(104) BnF, ms. occ. fr. 9723, 122r.

(105) BnF, ms. occ. fr. 9723, 18v.

(106) BnF, ms. occ. fr. 9723, 188v.「二人の著名な同時代人」というのはジョン・マーシャムとジョン・スペンサーのことではないかと推察される。Paul Hazard, *La crise de la conscience européenne* (Paris: Boivin, 1935), vol. III, pp. 34-35〔ポール・アザール『ヨーロッパ精神の危機　1680-1715』野沢協訳、法政大学出版局、一九七三年、五四―五五頁〕を見られたい。ラ・クレキニエールはスペンサーの『祭式にかんするヘブライ人の律法』を読んでいた。Cf. BnF,

ms. occ. fr. 9723, 108v.

(107)　BnF, ms. occ. fr. 9723, 18v.

(108)　BnF, ms. occ. fr. 9723, 19r. J.-F. Bernard, "Dissertation préliminaire" à *Cérémonies et coutumes* も見られたい。

(109)　Cf. Amnon Raz-Krakotzkin, *The Censor, the Editor, and the Text: The Catholic Church and the Shaping of Jewish Canon in the Sixteenth Century*, translated by Jackie Feldman (Philadelphia: University of Pennsylvania Press, 2005).

(110)　これらのテーマについては、わたしは "*Ecce*. Sulle radici scritturali dell'immagine di culto cristiana," in: Carlo Ginzburg, *Occhiacci di legno. Nove riflessioni sulla distanza* (Milano: Feltrinelli, 1998), pp. 100-117〔カルロ・ギンズブルグ『ピノッキオの眼――距離についての九つの省察』竹山博英訳、せりか書房、二〇〇一年、一五三―一八七頁〕; "Distanza e prospettiva. Due metafore," in: op. cit., pp. 171-193〔同、二八〇―三二六頁〕; "The Letter Kills': On Some Implications of 2 Corinthians 3: 6," *History and Theory*, 49 (2010), pp. 71-89 で探査した。

無意志的な啓示――歴史を逆なでしながら読む

＊　この論考の最初のスペイン語ヴァージョンはグアテマラのサン・カルロス大学「マルク・ブロック・チェアー」の開設記念講演で読まれ、*Cinco Reflectiones sobre Marc Bloch*, introduccíon por Edeliberto Cifuentes Medina (Guatemala 2015) に収録された。貴重な示唆を与えてくれたマリーア・ルイーザ・カトーニとフランコ・バッケッリに感謝する。

(1)　Marc Bloch, *Apologie pour l'histoire ou Métier d'historien*, éd. annotée par Étienne Bloch, préface de Jacques Le Goff (Paris: Armand Colin, 1993).〔マルク・ブロック『[新版] 歴史のための弁明――歴史家の仕事』松村剛訳、岩波書店、二〇〇四年〕

(2)　Massimo Mastrogregori, "Le manuscript interrompu: *Métier d'historien* de Marc Bloch," *Annales E.S.C*, 1989, pp. 147-159.

（3） Massimo Mastrogregori, "Due scritti inediti di Marc Bloch sulla metodologia storiografica," *Rivista di storia della storiografia moderna*, 1988, 2-3, pp. 152-180（とくに pp. 169-180）; Marleen Wessel, "Réflexions pour le lecteur curieux de méthode. Marc Bloch et l'ébauche originelle du *Métier d'historien*," *Genèses*, 3（1991）, pp. 154-161. Marc Bloch, *L'Histoire, la Guerre, la Résistance*, éd. par Annette Becker et Étienne Bloch（Paris: Gallimard, 2006）, pp. 505-515 も見られたい。

（4） Marc Bloch, *Pleidooi voor de geschiedenis of geschiedenis als ambacht*, vert. Marleen Wessel（Nijmegen: SUN, 1989）, pp. 203-212.

（5） Wessel, "Réflexions"　cit., pp. 158-159.

（6） Carlo Ginzburg, "Spie. Radici di un paradigm indiziario," in: *Crisi della ragione. Nuovi modelli nel rapporto tra sapere e attività umane*, a cura di Aldo Gargani（Torino: Einaudi, 1979）, pp. 59-106.〔この論考はその後、Carlo Ginzburg, *Miti emblemi spie. Morfologia e storia*（Torino: Einaudi, 1986）, pp. 158-209 に収録された。邦訳はカルロ・ギンズブルグ『神話・寓意・徴候』竹山博英訳、せりか書房、一九八八年、一七七―二二六頁〕

（7） ヴェッセルは、彼女のオランダ語訳 Marc Bloch, "Opmerkingen voor de methodologische geinteresseerde lezer," in: *Pleidooi voor de geschiedenis* cit, p. 208, n. 5 で、わたしのエッセイ「証跡」の1節を引用している。

（8） Bloch, *L'Histoire* cit., pp. 823-842（"Comment et pourquoi travaille un historien"）. 日付にかんしては、p. 824 および p. 842 を見られたい。

（9） Bloch, *L'Histoire* cit., p. 893.

（10） Carlo Ginzburg, *Il filo e le tracce. Vero falso finto*（Milano: Feltrinelli, 2006）, pp. 9-10.〔カルロ・ギンズブルグ『糸と痕跡』（上村忠男訳、みすず書房、二〇〇八年）、九―一〇頁〕

（11） Wessel, "Réflexions" cit., p. 159.

（12） Carlo Ginzburg, "A proposito della raccolta dei saggi storici di Marc Bloch," *Studi medievali*, s. 3, VI（1965）, pp. 335-353. Cf. Francesco Pitocco, *Crisi della storia, crisi della civiltà europea. Saggio su Marc Bloch e dintorni*（Milano: Mondadori, 2012）, pp. 6-14.

（13） 一九三一年のときの考察が Bloch, *L'Histoire* cit., pp. 923-924 でほぼそのまま再開されているのを見られたい。

（14）　Bloch, *L'Histoire* cit., p. 906.

（15）　Arnaldo Momigliano, "Ancient History and the Antiquarian," *Journal of the Warburg and the Courtauld Institute*, XIII（1950）, pp. 285–315. この論考はその後、Arnaldo Momigliano, *Contributo alla storia degli studi classici*（Roma: Edizioni di Storia e Letteratura, 1955, 1979）, pp. 67–106 に収録されている。*Momigliano and Antiquarianism: Foundations of the Modern Cultural Sciences*, ed. Peter N. Miller（Toronto: University of Toronto Press, 2007）に収録されている論文のなかに多くの資料や省察の糸口が見いだされる。とくに Ingo Herklotz, "Momigliano's 'Ancient History and the Antiquarian': a Critical Review," pp. 127–153 を見られたい。この論文はかならずしもつねに説得的であるわけではないが、ここでわたしが展開している見方にとって有益な鋭い観察が豊富に散りばめられている。

（16）　Momigliano, *Contributo* cit., p. 102.

（17）　Massimo Mastrogregori, *Il manoscritto interrotto di Marc Bloch. Apologia della storia o mestiere di storico*（Pisa-Roma: Istituto Editoriali e Poligrafici Internazionale, 1995）, p. 88.

（18）　インゴ・ヘールクロッツは（彼はブロックには言及していない）、わたしの論考〔Carlo Ginzburg, "Montrer et citer. La vérité de l'histoire," *Le Débat*, n. 56（septembre-octobre 1989）, pp. 43–54.「展示と引用——歴史の真実性」『歴史を逆なでに読む』上村忠男訳、みすず書房、二〇〇三年、五二—七七頁〕をも引用しながら、古遺物研究と歴史的懐疑主義のつながりを斥けている（Herklotz, "Momigliano's 'Ancient History and the Antiquarian' cit., pp. 236 seqq.; pp. 149–150, nota 42）。しかし、わたしはヘールクロッツがまだ知ることができないでいたその論考の拡大ヴァージョンで十六世紀の古遺物研究家フランチェスコ・ロボルテッロの『歴史的能力についての論議』を取りあげたが、そこではモミリアーノのテーゼがすでに確認されている（Ginzburg, *Il filo e le tracce* cit., pp. 23–24.「描写と引用」、上村訳『糸と痕跡』二九—三〇頁）。ピーター・N・ミラーが根拠もなしにモミリアーノのものだとしている歴史的懐疑主義とファシズムのアナロジーは、いうまでもなくばかげている（cf. Peter N. Miller, "Momigliano, Antiquarianism," in: *Momigliano and Antiquarianism* cit., p. 27.

（19）　Marc Bloch, "Réflexions d'un historien sur les fausses nouvelles de la guerre"（1921）, in: Id., *L'Histoire* cit., p. 297. Cf. Ginzburg, "A proposito della raccolta" cit., pp. 340–341.

（20）　Arnaldo Momigliano, *The Classical Foundations of Modern Historiography*（Sather Classical Lectures）, Foreword by Riccardo Di Donato (Berkeley and Los Angeles: University of California Press, 1990), p. 1. ここでは、モミリアーノが一〇年前に主張していたこと、すなわち、古遺物研究はひとたび姿を消してしまったが、新しい装いのもとでふたたび登場しているということが、いっそう明確に提示されている。このように異なった装いのもとで古遺物研究がふたたび姿を見せていることをHerklotz, “Momigliano's ‘Ancient History and the Antiquarian’” cit., pp. 143-144 も Miller, “Momigliano, Antiquarianism” cit., pp. 29, 52 も見落としている。ここから、モミリアーノの一九五〇年論文において枢軸をなしている点にかんする彼らの誤解が生じてくる。

(21) Arnaldo Momigliano, “Historicism Revisited” (1974), in: *Sesto contributo alla storia degli studi classici e del mondo antico* (Roma: Edizioni di Storia e Letteratura, 1980), I, p. 24.

(22) Arnaldo Momigliano, “Le regole del giuoco nello studio della storia antica,” in: *Sui fondamenti della storia antica* (Torino: Einaudi, 1984), pp. 477-486.

(23) Ibid., p. 486.

(24) Cf. Bloch, *Apologie* cit., p. 92.〔松村訳、六六頁〕――「嘆かわしいハンドブック〔提要〕の支配」。Mastrogregori, *Il manoscritto interrotto di Marc Bloch* cit., p. 97 は、『歴史のための弁明』はしかしながら結局のところ提要で終わっている、と指摘している。

(25) Momigliano, “Le regole del giuoco” cit., p. 485.

(26) Francesco Guicciardini, *Ricordi*, edizione critica a cura di Raffaele Spongano (Firenze: Sansoni, 1951), n. 143, p. 155.〔グイッチャルディーニ『政治と人間をめぐる断章』永井三明訳、清水弘文堂、一九七〇年、九一頁〕

(27) Cf. Jean Chapelain, *De la lecture des vieux romans*, éd. par Jean-Pierre Cavaillé (Paris: Paris-Zanzibar, 1999). ここでは、拙稿 “Parigi 1647: un dialogo sulla finzione e sulla storia,” in: *Il filo e le tracce* cit., pp. 78-93〔上村訳「パリ、一六四七年――作り話と歴史についてのある対話」、『糸と痕跡』、五二―七三頁〕で述べたことをふたたび取りあげ、発展させている。

(28) アリストテレス『詩学』第二五章(1460b10)――詩人は「過去にそうであったり現在そうであるもの、人々がそうであると語ったり考えたりしているもの、そのようであるべきもの」を再現する(傍点はギンズブルグ)。

(29) たとえば、古遺物研究家シャントロー・ルフェーヴルの『封土とその起源についての論考』(パリ、一六六二年)

を見られたい（この論考については、拙稿 “Paris 1647” で取りあげた）。

（30） Cf. Noémi Hepp, *Deux amis d'Homère au XVIIe siècle. Textes inédits de Paul Pellisson et de Claude Fleury* (Paris: Klincksieck, 1970). フルーリの *Remarques sur Homère* の手稿版が収録されており、きわめて有益な序文が付いている。若きフルーリは、シャプランの『対話』を対話者のひとりであるジル・メナージュから寄贈されていたのではないかと推測される（cf. p. 24 nota2）。Noémi Hepp, *Homère en France au XVIIe siècle* (Paris: Klincksieck, 1968) も見られたい。以下の叙述にかんしては、Guy G. Stroumsa, “*Homeros Hebraios*: Homère et la Bible aux origines de la culture européenne (17e-18e siècles),” in: *L'Orient dans l'histoire religieuse de l'Europe. L'invention des origines*, éd. par M. A. Amir-Moezzi et J. Scheid (Turnhout: Brepols, 2000), pp. 87-100 と、別の観点からアプローチしたわたしの論考、“Provincializing the world: Europeans, Indians, Jews (1704),” *Postcolonial Studies*, vol. 14, 2 (2011), pp. 135-150〔本書所収〕を見られたい。

（31） Hepp, “Deux amis” cit., pp. 137-138.

（32） Ibid., pp. 153, 146-147.

（33） “accommodatio〔適応〕” の概念については、Amos Funkenstein, *Theology and the Scientific Imagination from the Middle Ages to the Seventeenth Century* (Princeton: Princeton University Press, 1986), pp. 202-289 を見られたい。アウグスティヌスのくだりは pp. 223-224 に引用されている。このアリストテレスの「適応」の概念については、わたしも “Distanza e prospettiva. Due metafore,” in: Carlo Ginzburg, *Occhiacci di legno. Nove riflessioni sulla distanza* (Milano: Feltrinelli, 1998), pp. 171-193〔カルロ・ギンズブルグ『ピノッキオの眼——距離についての九つの省察』竹山博英訳、せりか書房、二〇〇一年、一八〇—二一六頁〕で詳しく検討した。

（34） Hepp, “Deux amis” cit., pp. 153, 146-147, 159-160, 163.

（35） クロード・フルーリが所有していて、彼の死後売却された書籍の一覧には、スピノザの著作は入っていない。Cf. *Catalogus librorum bibliothecae ... D. Claudii Fleury quorum fiet auctio die lunae 7 mensis Augusti* (Parisiis 1724).

（36） Claude Fleury, *Les Moeurs des Israëlites* (Bruxelles: Jean-François Bernard, 1682), pp. 29-30, 153-154, 216, 246-247, 273-274, 339-340.

（37） Ibid., pp. 100-101.

（38） Ibid., p. 8.

（39） Cf. Funkenstein, *Theology* cit., p. 210.

（40） Arnaldo Momigliano, “Roman ‘Bestioni’ and Roman ‘Eroi’ in Vico’s *Scienza nuova*”（1966）, in: *Terzo contributo alla storia degli studi classici e del mondo antico*, I（Roma: Edizioni di Storia e Letteratura, 1966）, pp. 153-177（とくに p. 157）.

（41） Ibid., p. 159.

（42） Claude Fleury, *Costumi degli Israeliti e de’ Christiani*, trasportata dal francese da Selvaggio Canturani（Venezia: presso Nicolo Pezzana, 1712）. “Selvaggio Canturani” はカラメル会修道士 Arcangelo Agostini の偽名である。*Dizionario biografico degli Italiani*（Istituto dell’Enciclopedia Italiana Treccani）, I, p. 460 における該当項目（G. E. Ferrari 執筆）を見られたい。

（43） Giambattista Vico, *Principi di Scienza Nuova*, a cura di Andrea Battistini（Milano: Mondadori, 2011）, p. 134, §§ 149-150.〔ジャンバッティスタ・ヴィーコ『新しい学』1、上村忠男訳、法政大学出版局、二〇〇七年、一一六頁〕

（44） *Principes de la Philosophie de l’Histoire, traduits de la SCIENZA NUOVA de Jean-Baptiste Vico, et précédés d’un discours sur le système et la vie de l’Auteur*, par Jules Michelet（Paris: Jules Renouard, 1827）. *Mémoires de Vico, écrits par lui même, suivis de quelques opuscules, lettres, etc., précédés d’un introduction sur sa vie et ses ouvrages par M. Michelet*（Bruxelles: Société belge de librairie, 1837）も見られたい。

（45） Alessandro Manzoni, *Discorso sopra alcuni punti della storia longobardica in Italia*, premessa di Dario Mantovani, a cura di Isabella Becherucci（Milano: Centro Nazionale Studi Manzoniani, 2005）, pp. 69-71, 74-75. Cf. Alessandro Manzoni, “Discours sur quelques points de l’histoire des Lombards e Italie,” *Bibliothèque universelle des Sciences, Belles-Lettres et Arts*, rédigée à Genève, 1831, t. II, XVIe année, littérature, t. XXLVIII, fasc. II, pp. 225-252（とくに pp. 247, 248-249）; t. III, pp. 1-29. イタリア語のオリジナルか、このフランス語訳のいずれかを、ヤーコプ・ブルクハルトが読んだのではないかとおもわれる。ブルクハルトの『ギリシア文化史』の序文には「無意志的な啓示」にかんするマンゾーニのくだりの影響がうかがえる。

（46） Giambattista Vico, *La Sienza Nuova Prima, con la polemica contro gli «Atti degli eruditi» di Lipsia*, a cura di

Fausto Nicolini (Bari: Laterza, 1931), libro II, capo IX: "Idea di una nuova arte critica", pp. 67-68.

（47）わたしはブロックの本のイタリア語訳（*I re taumaturghi. Studi sul carattere sovrannaturale attribuito alla potenza dei re particolarmente in Francia e in Inghilterra*, trad. Silvestro Lega [Torino: Einaudi, 1973]）に寄せた序文でこの点に触れた。

（48）ここでは、シモーナ・チェルッティとのあいだで何年か前から続いている議論を受けている。彼女からわたしはとても多くのことを学んできた。Cf. Simona Cerutti, "À rebrousse-poil. Dialogue sur la méthode," *Critique*, juin-juillet 2011, nn. 769-770, "Sur les traces de Carlo Ginzburg," pp. 564-575; Carlo Ginzburg, "Our Words, and Theirs: A Reflection on the Historian's Craft, Today," in: *Historical Knowledge. In Quest of Theory, Method and Evidence*, ed. by Susanna Fellman and Marjatta Rahikainen (Cambridge: Cambridge Scholars Publishing, 2012), pp. 97-119.〔本書所収〕

編訳者あとがき

今年一月初旬のことである。カルロ・ギンズブルグから「あなたが関心をもたれるかもしれない」との添え書きとともに『ケンブリッジ世界史』第四巻『グローバル世界の構築（一四〇〇―一八〇〇年）』第二部『変化のさまざまなパターン』（二〇一五年）に寄せられた「ミクロストリアと世界史」と題する論考のＰＤＦが送られてきた。

さっそく目を通してみたところ、二部構成のうちの前半部「ミクロストリアの潜在力」において、〈真なるもの（verum）〉と〈作られたもの（factum）〉の置換可能性の命題、すなわち、知識の規準はそれをみずから作ったことであるという命題をめぐっての、ホッブズとヴィーコに端を発して、ミシュレを介してマルクスへと連なっていき、さらにはそのマルクスのヴィーコ解釈から示唆を得たフランスの思想家ソレル、ならびにイタリア最初の傑出したマルクス主義理論家と目されるアントニオ・ラブリオーラに啓発されたジェンティーレとクローチェ、そして両者から影響を受けたコリングウッドへと連なっていく哲学的思索の伝統について、立ちいった考察がなされているではないか。そして、前半部の最後で、ミクロストリア的視点に立ったところからの事例研究《ケース・スタディーズ》はそれ自体が右の伝統のなかで息づいていた「歴史への実験指向的なアプローチ」のひとつの具体的な見本とみなしうることが再確認されたうえで、「一個の事例研究《ケース・スタディ》の、対象に近接した分析が、はるかに広大な（まさにグローバルな）もろもろの仮説への道を開くこともありうる」として、そのことを実証すべく、「ひとつの事例研究《ケース・スタディ》」と見出しされた後半部で、一七〇四年に出版されたラ・クレキニエールという人物の『東インド人の習俗とユダヤ人およびその他の古代の諸国民の習俗との一致』という書物の分析に入っている。具体性に富み、教えられるところの少なくない論考だった。

そこで、一九八六年にみすず書房から杉山光信訳で出た『チーズとうじ虫』の日本語訳に接して以来、この歴史学界の鬼才の著作に親しんできた日本の読者に、七十五歳を過ぎてなお衰えを知らない最近の活動ぶりをぜひとも紹介したいと思い立ち、二〇一〇年度バルザン賞受賞を記念して二〇一一年十月にプリンストンの高等研究所でおこなわれた講演「わたしたちの言葉と彼らの言葉」の拙訳（『思想』二〇一二年七月号に掲載）に、ちょうど美術史家の沖縄県立芸術大学教授・尾形希和子の協力を得て『みすず』の本年六、七月号に掲載すべく日本語訳を準備中だった「ヴァールブルクの鋏」（二〇一三年）も合わせて、論集を作成したい旨を本人に伝えたところ、快諾してくれた。こうして、ギンズブルグ本人とも協議のうえ、さらに四本の最新論考をくわえて出来上がったのが、本書である。わたしの独自編集になる彼の日本語版論集としては、『歴史を逆なでに読む』（みすず書房、二〇〇三年）に次ぐ、二番目の論集ということになる。

本書に収録された論考の初出はつぎのとおりである。

「緯度、奴隷、聖書——ミクロストリアの一実験」
“Latitude, Slaves, and the Bible: An Experiment in Microhistory,” *Critical Inquiry*, 31 (Spring 2005), pp. 665-683.

「世界を地方化する——ヨーロッパ人、インド人、ユダヤ人（一七〇四年）」
“Provincializing the World: Europeans, Indians, Jews (1704),” *Postcolonial Studies*, vol. 14, 2 (2011), pp. 135-150.

「わたしたちの言葉と彼らの言葉――歴史家の仕事の現在にかんする省察」
"Our Words, and Theirs: A Reflection on the Historian's Craft, Today," in: *Historical Knowledge: In Quest of Theory, Method and Evidence*, edited by Susanna Fellman and Marjatta Rahikainen (Cambridge: Cambridge Scholars Publishing, 2012), pp. 97-119.

「ヴァールブルクの鋏」
"Le forbici di Warburg," in: Maria Luisa Catoni, Carlo Ginzburg, Luca Giuliani, Salvatore Settis, *Tre figure. Achille, Meleagro, Cristo*, a cura di Maria Luisa Catoni (Milano: Feltrinelli, 2013), pp. 109-132.

「内なる対話――悪魔の代言人としてのユダヤ人」
"Inner Dialogues: The Jew as Devil's Advocate" (Martin Buber Lecture), *The Israel Academy of Sciences and Humanities Proceedings*, vol. VIII, no. 8 (2014), pp. 193-215.

「ミクロストリアと世界史」
"Microhistory and World History," in: *The Cambridge World History*, vol. VI: *The Construction of a Global World, 1400-1800 CE*, part 2: *Patterns of Change*, edited by Jerry H. Bentley, Sanjay Subrahmanyam, Merry E. Wiesner-Hanks (Cambridge: Cambridge University Press, 2015), pp. 447-473.

「無意志的な啓示――歴史を逆なでしながら読む」
"Revelacíones involuntarias. Leer la historia a contrapelo," in: *Cinco Reflectiones sobre Marc Bloch*,

introducción por Edeliberto Cifuentes Medina (Guatemala 2015). ただし、訳出にあたっては、その後ギンズブルグから送られてきた英文の改訂版“Unintentional Revelations: Reading History Against the Grain”（未公表）を底本に採用した。

タイトルを一見したかぎりでは雑多な素材があつかわれているようにもみえる。しかし、著者が本書のために寄せてくれた序文でも説明しているように、そこには歴史研究の進め方をめぐっての歴史の実務家にして理論家であるギンズブルグ独特の方法論が計七本の論考をつなぐ連結環として作動していることが見てとられるのではないかとおもう。

最後ながら、編集を担当してくださったみすず書房編集部の守田省吾さんに感謝する。

二〇一六年七月

上村　忠男

著者略歴

（Carlo Ginzburg）

歴史家．1939年，イタリアのトリーノに生まれる．ピサ高等師範学校専修課程修了．ボローニャ大学・近世史講座教授，カリフォルニア大学ロスアンジェルス校教授を経てピサ高等師範学校教授．著書『夜の合戦——16-17世紀の魔術と農耕信仰』（上村忠男訳，みすず書房1986［原著1966］）『チーズとうじ虫——16世紀の一粉挽屋の世界像』（杉山光信訳，みすず書房1984，《始まりの本》2012［1976］）『神話・寓意・徴候』（竹山博英訳，せりか書房1988［1986］）『闇の歴史——サバトの解読』（竹山博英訳，せりか書房1992［1989］）『裁判官と歴史家』（上村忠男・堤康徳訳，平凡社1992［1991］）『ピエロ・デッラ・フランチェスカの謎』（森尾総夫訳，みすず書房1998［1994］）『ピノッキオの眼——距離についての九つの省察』（竹山博英訳，せりか書房2001［1998］）『歴史・レトリック・立証』（上村忠男訳，みすず書房2001［1999］）『歴史を逆なでに読む』（上村忠男訳，みすず書房2003）『糸と痕跡』（上村忠男訳，みすず書房2008［2006］）ほか．

編訳者略歴

上村忠男〈うえむら・ただお〉 1941年兵庫県尼崎市に生まれる．東京大学大学院社会学研究科（国際関係論）修士課程修了．東京外国語大学名誉教授．学問論・思想史専攻．著書『ヴィーコの懐疑』（みすず書房，1988）『歴史家と母たち——カルロ・ギンズブルグ論』（未來社，1994）『歴史的理性の批判のために』（岩波書店，2002）『グラムシ 獄舎の思想』（青土社，2005）『ヘテロトピア通信』（みすず書房，2012）ほか．訳書 グラムシ『知識人と権力』（みすず書房，1999）アガンベン『残りの時』（岩波書店，2005）『いと高き貧しさ』（共訳，みすず書房，2014）『身体の使用』（同，2016）ヴィーコ『新しい学』全3冊（法政大学出版局，2007-08）カッチャーリ『死後に生きる者たち』（みすず書房，2013）ほか多数．

カルロ・ギンズブルグ

ミクロストリアと世界史

歴史家の仕事について

上村忠男訳

2016年 9月 8日　印刷
2016年 9月20日　発行

発行所　株式会社 みすず書房
〒113-0033 東京都文京区本郷5丁目32-21
電話 03-3814-0131(営業) 03-3815-9181(編集)
http://www.msz.co.jp

本文組版　キャップス
本文印刷所　精興社
扉・表紙・カバー印刷所　リヒトプランニング
製本所　松岳社
装丁　安藤剛史

ISBN 978-4-622-08545-4
［ミクロストリアとせかいし］

チーズとうじ虫 16世紀の一粉挽屋の世界像	C. ギンズブルグ 杉山光信訳 上村忠男解説	3800
歴史を逆なでに読む	C. ギンズブルグ 上村忠男訳	3600
歴史・レトリック・立証	C. ギンズブルグ 上村忠男訳	3500
糸と痕跡	C. ギンズブルグ 上村忠男訳	3500
死後に生きる者たち 〈オーストリアの終焉〉前後のウィーン展望	M. カッチャーリ 上村忠男訳 田中純解説	4000
バロックのイメージ世界 綺想主義研究	M. プラーツ 上村忠男他訳	6000
バロック人ヴィーコ	上村忠男	3900
ルーダンの憑依	M. ド・セルトー 矢橋透訳	6500

（価格は税別です）